Eberhard Behnke

Pastor Karl Kayser
und seine Chronik des Kirchspiels
Wichmannsburg

S P U R E N 4

SCHRIFTENREIHE ZUR GESCHICHTE BIENENBÜTTELS
UND SEINER ORTSTEILE

BIENENBÜTTEL 2006

Impressum

Copyright 2006 by Gemeinde Bienenbüttel
Alle Rechte vorbehalten

Redaktion: Arbeitskreis Geschichte Bienenbüttel

Konzept, Fotos und Layout: Eberhard Behnke

Herstellung und Verlag: Books on Demand GmbH, Norderstedt

ISBN-10 3-8334-6316-3

ISBN-13 978-8334-6316-7

Die Kirche in Wichmannsburg.

Federzeichnung von W. Burmeister 1977

3

Inhaltsverzeichnis

Vorwort

Im bibliografischen Kirchenlexikon wird Karl Kayser als Territorialkirchenhistoriker beschrieben, dessen Hauptverdienste neben pastoralem und kirchenmusikalischem Engagement auf dem Gebiet der niedersächsischen Kirchengeschichtsforschung lagen, die er durch zahlreiche Darstellungen, Ortschroniken und grundlegende Quellenpublikationen bereicherte.

Seine Chronik des Kirchspiels Wichmannsburg wird auch heute noch wegen der akribischen Vorarbeiten und genauen Quellenangaben zu Recht als Muster einer Gemeindechronik angesehen. Wie er in seinem Vorwort schreibt, war ihm schon damals wichtig, *die gesammelten Nachrichten durch Angabe der Fundorte und andere dienliche Bemerkungen für wissenschaftliche Zwecke nutzbar zu machen.*

Kayser verstand es, seine damaligen Leser durch lebendige Schilderungen auf seine geschichtliche Zeitreise mitzunehmen. Möge diese Neuauflage dazu beitragen, dem heutigen Leser die Entwicklungen des Bienenbütteler Raumes, insbesondere des Kirchspiels Wichmannsburg näher zu bringen.

Einige seiner Ausführungen entsprechen allerdings nicht mehr heutigem Wissensstand und bedurften der Kommentierung. Holger Runne hat diese Aufgabe dankenswerterweise übernommen und in umfangreichen Erläuterungen auch heute nicht mehr geläufige Begriffe und Redewendungen verständlich gemacht. Die Münzrelationen wurden bereits in Spuren 2 dieser Schriftenreihe erläutert.

Die Schreibweisen und auch das Schriftbild haben sich natürlich in den Jahren seit der Drucklegung 1877 verändert. Hier waren, um den Lesefluss nicht zu stören, Angleichungen an die heutigen Schreibweisen vorzunehmen. Wörtliche Zitate und Urkundenauszüge sind weiterhin in Originalschreibweise wiedergegeben. Orts- und Personenregister sowie die Quellennachweisungen und Bemerkungen wurden nicht am Ende der Kapitel, sondern aus technischen Gründen am Schluss des Buches zusammengefasst.

Die kirchengeschichtliche Aufarbeitung der Zeit nach 1875 muss einer späteren Betrachtung vorbehalten bleiben.

Bienenbüttel, September 2006

Pastor Karl Kayser - Leben und Werk

Es ist Sonntag, der 1. Oktober 1871. Der junge Karl Kayser ist zwei Tage nach seiner Amtseinführung als Pastor der Wichmannsburger Kirchengemeinde mit seinen Eltern auf dem Rückweg von seinem Antrittsbesuch bei Superintendent Bückmann in Bevensen. Am sogenannten Bargdorfer Berg scheuen plötzlich die Pferde, gehen durch und rasen in vollem Lauf mit dem Wagen den Berg hinunter auf den Bahnübergang zu. Um das Gespann zum Halten zu bringen und seine Eltern zu retten, springt Kayser geistesgegenwärtig vom Wagen und zügelt die Pferde. Er verletzt sich dabei aber selbst am Knie so schwer, dass er wochenlang liegen muss und das Gehen mühsam an Krücken wieder lernt. Seine erste Predigt in Wichmannsburg hält er sitzend.[a] So schicksalhaft seine Amtszeit begann, so äußerlich und innerlich rastlos, geprägt von sozialem Engagement, vor nimmermüdem Interesse an der Kirchengeschichte seiner Wirkungsstätten und des niedersächsischen Raumes, verlief auch sein weiteres Leben.

Das Leben und Wirken Karl Kaysers war mit unserer engeren Heimat stark verwurzelt. Er hat geschichtlich unübersehbar Spuren hinterlassen. Blicken wir also an dieser Stelle auch in der Schriftenreihe zur Geschichte Bienenbüttels und seiner Ortsteile noch einmal zurück auf sein Leben.

Vater Heinrich Kayser war Pastor in Fallersleben. Hier wurde <u>Karl</u> Adolf Friedrich August Kayser als Ältester von vier Kindern am 1. Februar 1843 geboren. Zwei Jahre später übernahm Vater Heinrich dann das Pfarramt der Gemeinden Elze und Mehle.

Es waren unruhige Zeiten in Deutschland. 1855, König Georg V. hob gerade die vom liberalen Bürgertum mit der Revolution 1848 erstrittenen umfangreichen Reformen wieder auf und gab dem Adel die alten Standesvorrechte zurück, bat Vater Karl Kayser um seine Versetzung. In der Kirchengemeinde **Bienenbüttel** fand er seine neue Wirkungsstätte (1855 - 1889) und seine Familie somit eine neue Heimat.

Die erste schulische wie auch musikalische Vorbildung erhielt der junge Karl von seinem Vater, während die intensive sprachliche Ausbildung wohl weitgehend seiner Mutter Minette, geb. Köring, zuzuschreiben ist. Englisch, Französisch und wohl auch Schwedisch standen auf dem Unterrichtsplan. Hier hatte er eine hervorragende Lehrerin in seiner Mutter, die mehrere Jahre als Erzieherin bei einem französischen Diplomaten tätig gewesen war, der u.a. als Gesandter in Kopenhagen seinen Aufgabenbereich hatte. [b]

Mit 14 Jahren besuchte er dann das Gymnasium Johanneum in Lüneburg und gehörte in dieser Zeit auch dem Verein Teutonia, einem geselligen Schülerverein an. Dieser hatte sich laut Statut der *gemeinschaftlichen Selbstbildung der Schüler auch außerhalb der Schule durch Lesen guter deutscher Schriften, Declamirübungen und dem Vortrag eigener Arbeiten* verschrieben. Ob schon in dieser Zeit das außergewöhnliche Interesse an geschichtlichen Zusammenhängen geweckt war, ist nicht zu sagen.[c]

Konfirmationsschein Kaysers vom 5. April 1857

In den ersten beiden Semestern seines sich ab 1863 anschließenden Studiums der Theologie an der Universität in Göttingen belegte er auch das Fach Kirchengeschichte. Nach seinem ersten theologischen Examen wurde er Hauslehrer beim Kammerherrn Adolf von Moltke, dem Bruder des Feldmarschalls, auf Ranzau in Holstein. Im November 1867 kam er als Rektor nach Burgdorf bei Celle, wo er zugleich an die prinzhornsche Präparandenanstalt musste und bestand zwei Jahre später sein zweites theologisches Examen.

Nach der anstrengenden Schulzeit in Burgdorf fand er nur kurz Gelegenheit, sich im Elternhaus in Bienenbüttel zu erholen. Denn ein Telegramm des Abtes Uhlhorn berief ihn schon bald für die neuerrichtete Pfarrkollaboratur in Linden bei Hannover. Dort hielt er am Gründonnerstag 1870 seine erste Predigt. Die große Lindener Gemeinde bestand überwiegend aus Fabrikarbeitern, aber er fand sich rasch in das schwere Amt ein. Für die schwedischen Arbeiter hielt er sogar Gottesdienst in schwedischer Sprache. Pastor der dortigen Gemeinde war sein späterer Schwiegervater Hermann Nolte, zu dieser Zeit schon schwer leidend. Der junge Kayser wohnte mit im Pfarrhaus und hatte sozusagen gleich weitgehend Familienanschluss im Haus Nolte gefunden. Die ersten Monate waren eher unbeschwert, sein musikalisches Talent wurde anerkannt, sodass er bald den von Pastor Nolte gegründeten Kirchenchor übernahm. Zusammen mit Familienmitgliedern wurde im Pastorenhaus oft und fleißig musiziert. Gute klassische Stücke waren bevorzugt oder er spielte auf seiner Geige. Doch die Zeit änderte sich, als im August 1870 der

Krieg mit Frankreich ausbrach. Der glorreiche Sieg überdeckte das menschliche Leid nicht und Kayser leistete für die vielen verwundeten Franzosen, da er fließend französisch sprach, die erste Lazarettseelsorge. Doch bei den Betreuten fand er wenig Verständnis für seine geistlichen Beistand.[d] So vergingen Herbst und Winter, bis im Januar 1871 endlich Frieden geschlossen wurde.

Schon im September 1870 war die Pfarrstelle in Wichmannsburg durch den Tod Pastor Schützes vakant geworden und Vater Heinrich Kayser mit der Spezialvikarie über Wichmannsburg betraut worden. Dieser hätte den Sohn natürlich gerne wieder in der Nähe des Elternhauses gesehen. Es kam aber nicht zur Bewerbung, da Abt Uhlhorn ihn nicht so schnell wieder aus dem Lindener Amt entlassen, auch Kayser selbst seiner Gemeinde nach so kurzer Zeit nicht schon wieder den Rücken kehren wollte. Im übrigen widerstrebte es ihm überhaupt geführt zu werden, statt sich selber die Ziele zu setzen.

Der Prorector und Senat der Königlich Hannoverschen Georg-August-Universität in Göttingen bezeugt 1863, dass Carl Kayser „als der Theologie Beflissener unter die Zahl der hiesigen Studirenden aufgenommen ist".

Als neuer Seelsorger in Wichmannsburg wurde Pastor Rösebeck ernannt, dieser erkrankte aber gleich nach der Amtseinführung, wurde bettlägerig und starb nach wenigen Wochen im April 1871, sodass die Stelle zum zweiten Mal innerhalb eines Jahres neu zu besetzen war.

Inzwischen war ein neues Pfarrwahlgesetz in Kraft getreten, das die Besetzung der Pfarrstellen wechselweise vom Konsistorium und von der Kirchengemeinde vorschrieb. Letztere war im vorliegenden Fall an der Reihe und wählte dann auch den inzwischen 28-jährigen Karl Kayser, der sich nun doch entschlossen hatte, dem Wunsch der Gemeinde zu entsprechen, fast einstimmig in das neue Amt. Wie es ihm gleich zu Beginn seiner Amtszeit ergangen ist, haben wir zu Beginn erfahren.

Seine folgenden sechs Amtsjahre in Wichmannsburg möge hier die Kirchenchronik kurz schildern: [e]

Er ließ die sehr verfallene Kirche gründlich renovieren. Die ganze Apsis (Altarraum) wurde neu gebaut und der Gottesdienst musste in dieser Zeit den ganzen Sommer über unter den mächtigen schattenspendenden Eichen zwischen Balken, Steinen und Tonnen abgehalten werden. Er führte die vollständige Liturgie im Gottesdienst ein und gründete einen vierstimmigen Kirchenchor, der, etwa 40 Personen an der Zahl, sonntags nach der Kinderlehre in der Schule übte. Er suchte den Branntweingenuss zu mindern, Säufer zu bekehren, eiferte gegen den noch sehr verbreiteten Aberglauben und rottete zwei Schlupfwinkel der Unzucht durch seelsorgerische Bemühungen vollständig aus. Die dort sesshafte Zigeunerfamilie Viktoria suchte er zu geordneter Tätigkeit und Reinlichkeit zu erziehen und nahm sogar eine 14-jährige Tochter im Pfarrhaus auf, um sie im Glauben zu erziehen.

Ihm oblag in dieser Zeit neben den Schulen in Wichmannsburg, Hohnstorf und Edendorf auch die Aufsicht über die Schulen in der Parochie Römstedt, die der

dortige Pastor Vitrock niedergelegt hatte. Am 13. November 1872 erschien die *"Allgemeine Verfügung über Einrichtung, Aufgabe und Ziel der Preußischen Volksschule"*. Kayser arbeitete hiernach ein ausführliches, für jede Woche berechnetes Stoffverzeichnis aus, das auch im Bienenbütteler und Römstedter Lehrplan Verwendung fand. Da neue Unterrichtsfächer wie Raumlehre und Zeichnen vom Kultusminister mit "Allgemeiner Verfügung" eingeführt wurden, den Lehrern daher noch neu und unbekannt waren, erteilte er diesen Privatunterricht, gab 1874 für den Unterrichtsstoff extra einen Leitfaden der Raum- und Formenlehre heraus [f] und ließ auch Zeichenvorlagen und zugehörige Schülerhefte für die Mittelstufe (3.- 6. Schuljahr) drucken.[g] Das Buch sollte zudem, wie Kayser selber formuliert, den Anforderungen städtischer Schulen, Fortbildungs- und Präparandenanstalten genügen und war deshalb für höhere Ansprüche ausgelegt. So schreibt auch das Württembergische Schulwochenblatt: "Das Büchlein überschreitet manchmal den Umkreis dessen, was in die Volksschule gehört."

Seine herausragende literarische Arbeit aus dieser Zeit ist sicher die "Chronik des im hannoverschen Amte Medingen belegenen Kirchspiels Wichmannsburg", die Kayser, nachdem er die sehr vernachlässigte Pfarregistratur neu geordnet und eingehende Studien in den umliegenden Archiven betrieben hatte, zu Papier brachte.

Der Kontakt zur Familie Pastor Noltes in Linden und besonders zur Tochter Magdalene war in der Zwischenzeit nicht abgerissen und bei einem neuerlichen Besuch in Linden im Februar 1872 wurde dann bei einem sogenannten großen Pastorenkränzchen für alle doch ein wenig überraschend die Verlobung bekannt gegeben. Es folgte allerdings eine schwere Zeit für die junge Verlobte. Der Vater war im November 1871 gestorben. Wohl infolge des Krieges brach die Rote Ruhr in Linden aus. Mutter und Schwester erkrankten schwer, wurden von ihr aufopfernd gepflegt und erholten sich erst nach Monaten wieder, die Großmutter starb nach sechwöchigem Ringen. Nach der Genesung von Mutter und Schwester wurde dann die Hochzeit auf den 29. April 1873 festgesetzt und die

Die Familie Kayser vor der Superintendentur in Göttingen im Jahr 1900, v.l.n.r. hinten: Magdalene, geb. Nolte, Ernst, Karl und Heinrich; vorne: Hanna, Karl Kayser, Otto und Albrecht.

Trauung dann auch in Linden unter dem Bibelwort "Ich und mein Haus wollen dem Herren dienen" vollzogen. Doch schon rechtzeitig am gleichen Tag brach man auf und kam noch zum Abend in Wichmannsburg an, wo das Brautpaar mit Gesang und festlich gedecktem Abendtisch empfangen wurde. In der Folgezeit rückte natürlich der Verkehr mit dem Elternhaus in Bienenbüttel in den Vordergrund und es bildete sich auch schon bald ein guter Bekanntenkreis aus Ökonomen und Nachbarn. Nachwuchs hatte sich inzwischen angesagt und an des Kaisers Geburtstag war es soweit, am 22. März 1874 erblickte Stammhalter Karl Kayser das Licht der

Welt. Noch zwei weitere Mädchen wurden hier geboren. Seine Amtszeit in Wichmannsburg endete 1877 mit der Versetzung als Pfarrer an die Lamberti-Gemeinde in Hildesheim.

Der Umzug fiel natürlich nicht leicht und wären die dortigen sozialen Verhältnisse vorher bekannt gewesen, hätte der Lebensweg sicher eine andere Bahn genommen. Die Ehefrau beklagt die erbärmlichen Wohnungs- und Küchenverhältnisse, auch die Schmälerung der Einnahmen, sodass alles mühsam Ersparte bald wieder aufgezehrt war. Das Schlimmste stellte jedoch das Leben unter dem Proletariat dar. Ständig grassierten ansteckende Krankheiten, die schließlich auch die Familie nicht verschonten. Die beiden Mädchen sowie das bereits in Hildesheim geborene vierte Kind starben an Scharlach, Crupp (Diphterie) und Gehirnhautentzündung. Zwei weitere Söhne erblickten in Hildesheim das Licht der Welt. Neue Aufgaben waren neben seiner Tätigkeit an der Lamberti-Gemeinde zu bewältigen, deutlich tritt hier auch wieder die soziale Komponente seines Wirkens hervor. Er übernahm die Militär- und Gefängnisseelsorge, unterrichtete weiterhin noch an der Taubstummenanstalt und lehrte auch am dortigen Mädcheninstitut. Außerdem stellte er in alten Urkunden den unberechtigten Verlust des alten Schulhauses an die Stadt fest, erhielt es zurück und erwarb durch dessen Verkauf das neue Pfarrhaus.

Nach 8-jähriger Tätigkeit in Hildesheim hieß es wieder umziehen. Kayser war zum Superintendent und Schlossprediger in Osterode am Harz ernannt worden. Das brachte wieder neue Unruhe mit sich, zumal die Familie zunächst mit einer kleinen Mietwohnung vorlieb nehmen musste, da die Superintendentur erst renoviert wurde. Dann aber fand man doch deutlich bessere Lebens- und Wohnverhältnisse vor, lebte sich auch schnell ein und fand bald einen neuen Freundeskreis mit Landrat Rottländer und anderen Persönlichkeiten. Es wurde wieder viel musiziert (der Landrat war ein Schüler Liszts). Drei Kinder wurden in Osterode geboren, eins starb allerdings im Alter von zwei Jahren an Nasendiphterie. Er war Gründer und Leiter des gemischten Kirchenchores und rief hier einen Brockenverein und die Herberge zur Heimat ins Leben. 1888 wurde er Mitglied der theologischen Prüfungskommission, drei Jahre später folgte dann die letzte Station.

Kayser wurde Ostern 1891 als Superintendent und Pastor an die St. Jacobikirche in Göttingen berufen, bereiste einige Jahre später Italien und arbeitete hier mehrere Wochen im vatikanischen Archiv. In Göttingen wurden auch die letzten beiden seiner insgesamt elf Kinder geboren, wovon vier, wie bereits erwähnt, im Kindesalter wieder starben. Neben den vielfältigen Aufgaben, die sein Amt mit sich brachte, hat er in all den Jahren doch immer wieder Zeit und Muße zu intensiver wissenschaftlicher Arbeit gefunden, sich und seiner Familie sicher auch nicht geringe Entsagungen auferlegend. Oft endete sein Studium und sein schon besessener Fleiß erst zu nächtlicher Stunde. Nur so ist auch der Umfang seines literarischen Nachlasses zu erklären. Vermutet werden darf hier auch, dass in seinen Göttinger Amtsjahren die Nähe zur umfangreichen Universitätsbibliothek sein Arbeitseifer noch beflügelt hat.

Schon 1883 beschäftigte ihn der Gedanke zur Gründung eines "Vereins für kirchliche Geschichte Niedersachsens", um das reiche, noch unedierte urkundliche

Karl Kayser mit Familie, Schwester Henny und Schwager in Göttingen im September 1901: v.l.n.r. hinten: Hanna, Ernst, Karl, Dienstmädchen, Albrecht; vorne: Karl Kayser, Otto, Ehefrau Magdalene, Schwester Henny Haentzsche geb. Kayser und Bruno Haentzsche (Pastor in Bienenbüttel), Heinrich.

Material auch zu publizieren und der Öffentlichkeit zugänglich zu machen. Doch warum dieser Gedanke erst zwölf Jahr später auch konkrete Formen annahm, ist nicht mehr nachzuvollziehen. Jedenfalls verfasste Kayser 1895 den Entwurf eines Aufrufes zur Gründung einer entsprechenden Gesellschaft, versicherte sich vorher aber zugleich der Zustimmung zahlreicher gleichgesinnter Freunde der niedersächsischen Kirchengeschichte.[h] Am 11. Juni 1895 wurde in Hannover eine Versammlung abgehalten, Kayser trug die Grundgedanken vor und die Versammlung entschied sich nach ausführlichen Diskussionen für die Gründung einer Gesellschaft und gleichzeitig für die Herausgabe einer entsprechenden Zeitschrift. Die "Gesellschaft für niedersächsische Kirchengeschichte" war geboren, die Zeitschrift erscheint in diesem Jahr in ihrer 104. Ausgabe. Kayser selber wurde zum Schriftführer gewählt und hatte so mit der Prüfung der eingehenden Manuskripte, der Korrektur und der Registeranfertigung selbst ein Großteil der Vereins- und Verlagsarbeit übernommen. Er war zudem in den folgenden Jahren auch noch der eifrigste Autor der Beiträge. Sechs Jahre lang führte er diese Zeitschrift, bis er dieses Amt wegen Arbeitsüberlastung dann doch schweren Herzens aufgeben musste. Auf seine besonders auch für die lokale Forschung interessanten Publikationen sei am Schluss dieses Beitrages hingewiesen. Seine kirchengeschichtlichen Verdienste würdigte die theologische Fakultät der Universität Göttingen 1899 mit der Verleihung der Ehrendoktorwürde, fünf Jahre später wurde er vom König zum außerordentlichen Mitglied des Kgl. Landeskonsitoriums ernannt. Mit 64 Jahren erkrankte er an Diabetis. Sein letztes großes Werk, der "Abriß der hannover-braunschweigischen Kirchengeschichte" mußte unvollendet bleiben. Am 16. Mai 1910 nahm ihm schließlich der Tod die Feder aus der Hand.

Anmerkungen:

Die familiären Ausführungen sind dem Familienarchiv Kayser entnommen. Herrn Werner Kayser, Rosbach sei an dieser Stelle herzlich für die Unterstützung gedankt.

Der umfangreiche literarische Nachlass, die Vorarbeiten und Manuskripte seiner Arbeiten befinden sich im Archiv des Landeskirchenamtes Hannover, Bestand N 3 und ist in der Zeitschrift der Gesellschaft für niedersächsische Kirchengeschichte (ZGnKG) im Jahrbuch Band 64, S. 166 - 168 abgedruckt.

Von seinen zahlreichen Veröffentlichungen seien hier nur die aufgelistet, die auch den Raum der Lüneburger Heide berühren:

Chronik des im hannoverschen Amte Medingen belegenen Kirchspiels Wichmannsburg,
        Hannover 1878
Die reformatorischen Kirchenvisitationen in den welfischen Landen 1542 - 1544,
        Göttingen 1897
Die Kelten des Bardengaus, nachgewiesen an Ortsnamen,
        Hannover 1909
Abriß der hannover-braunschweigischen Kirchengeschichte.

In ZGnKG, Jahrbuch 1898, 1899, 1904
Mitteilungen zur Reformation des Klosters Ebstorf.
In ZGnKG, Jahrbuch 1907
Die Anfänge des Volksschulwesens in den altwelfischen
Herzogthümern der Provinz Hannover.
In Zeitschrift des Historischen Vereins für Niedersachsen, 1904

Quellen und Literatur:

a) Kirchenchronik Wichmannsburg, handschriftliche Fortführung, S. 128 f.
b) Familienarchiv Kayser, Lebenslauf, dargestellt von Pastor Karl Kayser jun.
c) Frdl. Mitteilung Herr OStDir Senne, Johanneum Lüneburg. Das Archiv des Gymnasiums ist nach
dem 2. Weltkrieg bei einem Brand vernichtet worden.
d) siehe 2, Magdalene Kayser, Kurzer Rückblick auf mein Leben wie auch folgende persönliche
Schilderungen
e) siehe 1, Seite 129 - 131
f) Leitfaden der Raum- und Formenlehre für Volksschulen, Hannover 1879, 2. Auflage
g) Kreisarchiv Uelzen, Schulchronik Hohnstorf, S. 93
h) ZGnKG, Jahrbuch Band 15, Nachruf S. 1 - 7

Überarbeitete Form des 1993 im HEIMATKALENDER FÜR STADT UND KREIS UELZEN erschienenen Aufsatzes.

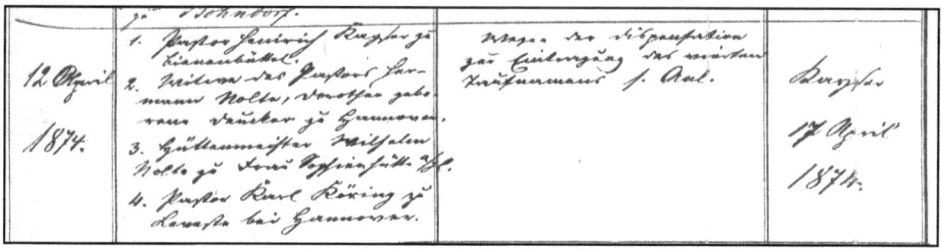

Der Schriftzug Karl Kaysers, hier beim Taufeintrag seines ersten Sohnes

Die Vorfahren

Von Kaysers Schwester Henny Haentzsche bei einem Familientreffen am 20.11.1908 in Bienenbüttel vorgetragen.

Min Vader sin Vader, dat wör denn en Smed,
en Smed un en Huswert, wo fien em dat let!
To Lindhorst bi Hittfeld, sin Hus kannst noch seihn,
mit siene veer Linnenböm makt sick dat schön.
Mit Schünen un Goren un Feld un wat mehr,
ick bün do mal hen wäst, dat is noch nicht lang her.
Nu hett't en Kesing (Cousin) – dat ick grad darup kam –
heet ock „Heinrich Kayser" – min Vader sein Nam.

Min Großvader wör en gesegneten Mann,
he füng sienen Dag mit Gebett jümmer an.
He bä ock bi Disch un det Abends vör Nacht,
mit all siene Deinsten Gotts Woord he betracht.
Sien Fru harr dan'n nämlichen framen Sinn,
un'n bäter Husfru kann'n ok woll nich finn.
Se harrn nägen Kinner, söß Deerns un drei Söhn,
de Jüngst was mien Vader, het de Best ok wol wän!

Min Vader, de harr blot erst dörteihn Johr,
do leg all sien Vader uppe Dodenbohr!
In'n Arm von sien Jüngsten, so week un so lind,
störw he as en seliges Gotteskind.
Mien Vader sien Bröder, so jung un so schön,
de beiden hewwt längst nich sin Oeller geseihn.
Se störwen in ehr beste Glück
un letten ehr Fruns un lütt Kinner torück.
De Swestern hewwt alle, soväl as ich weet,
in groote un schöne Buerhöw freet.
Ehr Kinner hewwt Brot un dorbi Gottes Segen,
de mag se geleiten up all ehren Wegen!

Min Muder ehr Vader wör erste Pestohr,
in Hittfeld bi Harburg, un dat is mi klor:
En düchtigen Man was't un ok en Gelehrten,

jedoch wör he dabi ok keenen Verkehrten!
Dat stünn datomalen in Dütschland ganz leeg,
dat wör in den Tied von de Freeheitskreeg.
Napolium de harr hier dat ganze Regieren,
un wiel mien Großvader französisch künn parlieren,
so dähn se to'n „Maire", to'n Burmester em wählen,
do möß he sick bannig mit't Utländsche quälen.

He harr ok nen großen Franzosenhaß,
dat güng ja hier allens verdreer und verdwas.
Denn kömmt de Kosacken as Fründ her to't End,
ach leiwe Tied, harren se sick Fiend doch benennt!
So smeerig! – von binnen un buten labennig,
de maken dat Lebend erst recht noch elennig!
Up Vörposten släpens – do wör gar keen Redden
Grotmudder ehr ihlerbest Frömmenbedden!
Na endlich beköm de Franzos sienen Lohn,
do wör dat vörbi mit den „Grande Nation"!

Up Friedrich sien Lorbeern harr Dütschland erst slapen,
do füng an ehr König to Waffen to rapen.
Nu güng dat denn vörwärts von Sieg to Sieg,
un selige Fröd folgt dann schrecklicher Krieg.
Großvader, de wör von Begeisterung vull,
un dat wör gewiss, dat he helpen nu wull,
en annern Geist hier in Dütschland zu weken,
ne annere Jugend hier uptotrekken.

De mannhaft un christlich un dütsch wor dorto,
un wiel he dat Tüg harr, so makt he dat so!
He nöm sick de Söhns von de besten Geslechten,
un de ünnerwies he in'n Goden und Rechten.
He bröch se ganz bet na de Univers'tät,
keen School wör nich nödig, dat Lehren he däd.

16

So het he ertrokken manch düchtigen Mann,
wofür em uns' Vaderland dankbar sin kann.

He harr an mien Vadern all lang sien Gefallen,
denn de wör de Best in de School ja vun allen.
He wüß sein Kategismus von buten un binnen.
Dorbi sach he schön ut, as Melk un as Blod,
un wat noch dat Best wör – de Jung, de war
good!
Un as nun sein Vader so fröh störben wör,
do kommt Herr Pestohr eenen Dag in de Dör:
„Frau Kayser", so segt he, „gebt mir euren
Sohn,
ich will ihn bereiten zur Konfirmation.
Dann laßt ihn mit meinen vier Söhnen studieren,
daß einst er das geistliche Amt möge zieren".

So kom denn mien Vader hen na't Primariat,
sät achter de Böker un lehr fröh un spat.
Pestohr Köring, de harr em so leiw, so leiw,
dat binah för sien Süben nix öberbleiw.
Veer Johr hett mien Vader denn bie em lehrt,
denn het he to Göttingen dree Johr stodeert.
He makt sein Examens ganz sniedig un fien,
den mößt he noch mannig Johr Huslehrer sien.
Dat gäw to de Tied gar to väle Pestohren,
un harr ne Gemeen sich mal enen erkoren,

de bleiw do besitten sien ganzes Leben,
drüm wörn man weinige Stä' to vergeben.

Mien Vader, de harr gode Konnektschon,
drüm köm he ok hen na ne hoge Person.
Tein Johr het he wesen bi den Herrn von Bülow,
de wör Erbmarschall bi Mölln up Gudow.
Do wörn veer Söhns, de he harr to regieren,
un naher up Schoolen na Lün'borg to führen.
De Öllste, sien Werner, wor meist als sien Kind,
„Herr Kayser" bleiw jümmer sien trueste Fründ.
As Vader nu dreeunvörtig all wör,
do harr he denn endlich de hoge Ehr,
as Collaborator na Fallersleben,
to Zupedent Hempel sick to begeben.

Un da höll he Hochtied, nu mutt't doch herut,
mit Körings Minette, sien leiwe Brut.
Sien'n Swiegervader sein gröttste Freud,
in't Oeller weert, dat se sick fünnen beid.
In söteste Leiw, so rein un so tru,
un gortogeern gäw' heer'n sin Dochter tor' Fru.
All dörteihn Johr wör'n se verlawt all in' Stillen,
do döt sick denn endlich ehr Wunsch sick erfül-
len.
Negenunddörtig Johren in Leiw un in Fräden,
hett Gott jüm tosam up de Erd noch beschäden!

Die Schmiede der Familie Kayser in Lindhorst

17

Stammtafel der Hittfelder Linie Kayser
(Bienenbütteler Linie)

I.
Kayser, Barthold, 1571 Grobschmied in Hittfeld

II.
Kayser, Arp, 1600 Grobschmied in Hittfeld

III.
Kayser, Symon, * 1601 in Hittfeld, † Ostern
1656 in Salzhausen Nr. 18 (Schmiede und
Krug)
oo II. 1637
Lüers, Marlene, Rolfsen Nr. 1

IV.
Kayser, Christoph, Schmied in Pattensen,
* 1641 in Salzhausen, † 8.7.1710 in Pattensen
oo 6.5.1667
Schröder, Lisabeth, Pattensen, Tochter und
Erbin des Schmieds Peter Schröder

V.
Kayser, Christoph, Schmied in Pattensen,
* 1675
oo 25.10.1701
Heidtmann, Ilsabe, Pattensen Nr. 11, * 1672,
† 26.5.1739

VI.
Kayser, Andreas, Amtsschmied in Lindhorst
1704 – 1767
oo I. 1.2.1728 in Pattensen
Bollmeyer, Christine Eleonore, 1709 – 1753,
(Amtsvogt-Nachfahrin)

VII.
Kayser, Andreas Christoffer, Schmied (2.
Kind), *18.3.1741 in Lindhorst, † 27.12.1804 in
Lindhorst
oo
Schütte, Anna Margaretha. * 1773 in Hittfeld,
† 8.12.1830 in Lindhorst

VIII.
Kayser, Christoph Johann, Kleinkötner und
Schmied (2. Kind), *9.1.1776 in Lindhorst,
† 23.12.1824 in Lindhorst
oo 23.11.1796 in Hittfeld
Haunschild, Margaretha Elisabeth, * 3.7.1777
in Lindhorst, † 8.4.1854 in Hittfeld

IX.
Kayser, Johann Heinrich, (6. Kind), **Pastor
in Bienenbüttel (1855 – 1889),** * 20.11.1808 in
Lindhorst, † 14.5.1889 in Bienenbüttel
oo 5.1.1842 Kloster Wülfinghausen
Köring, Christine Wilhelmine Georgine Annette
(genannt Minette), * 25.1.1806 in Bleckede,
† 17.1.1881 in Bienenbüttel; Eltern: Karl Wilhelm Köring, Pastor, * 20.12.1758 in Kolenfeld,
† 24.6.1831 in Hittfeld, und Louise Dorothea
Helene Lueder, * 31.7.1771 in Wunstorf,
† 30.12.1829 in Hittfeld.

Kinder:
1. **K a r l Adolf Friedrich August**,
   * 1.2.1843 in Fallersleben
2. Henriette Dorothee Elisabeth Sophie
   M a r i e , * 28.9.1844 in Fallersleben,
   † 4.11.1911 in Hannover;
   oo I. 2.8.1870 Ernst Bodo Philipp
   August Raven, Superint. In Lüne
3. L o u i s e , * 22.6.1846 in Elze,
   † 16.10.1858 in Bienenbüttel
4. Anna Marg. Doroth. Louise Julie
   H e n r i e t t e , * 13.7.1849, † 7.5.1938
   in Bienenbüttel; oo mit Bruno
   Haentzsche, Pastor in **Bienenbüttel**
   (1890-1934), * 6.11.1861, † 8.5.1937

X.
Kayser, Karl Adolf Friedrich August, Superintendent, **Pastor in Wichmannsburg (1871-
1877),** * 1.2.1843 in Fallersleben, † 16.5.1910
in Göttingen
oo 29.4.1873 in Linden (Hannover)
Nolte, Magdalene Caroline Ottilie Luise,
* 18.4.1853 in Pöhlde (Harz), † 9.11.1938 in
Göttingen, Eltern: Hermann Wilhelm Ernst
August Nolte, Pastor, * 25.9.1805 in Pattensen,

† 9.11.1872 in Linden, und Eleonore Marianne Dorothea Duncker, * 20.3.1814 in Pattensen, † 26.6.1888 in Hannover

Kinder:
1. Heinrich Hermann Wilhelm Karl, * 22.3.1874 in **Wichmannsburg** † 6.7.1955 in Göttingen
2. Elisabeth, * 5.8.1875 in **Wichmannsburg**, † 25.4.1884 in Hildesheim
3. Margarethe, *4.3.1877 in **Wichmannsburg**, † 12.12.1882 in Hildesheim
4. Klara, * 12.1.1879 in Hildesheim, † 30.3.1882 in Hildesheim
5. Ernst, * 17.2.1881 in Hildesheim † 1.4.1972 in Wuppertal
6. Rudolf, * 31.3.1883 in Hildesheim † 16.7.1968 in Zeitz
7. Marie, * 26.8.1885 in Osterode (Harz), † 29.12.1887 in Osterode
8. Hanna, * 17.9.1887 in Osterode †14.12.1965 in Alfeld/L.
9. Heinrich, * 20.6.1890 in Osterode † 25.5.1934 in Berlin
10. Albrecht, * 19.11.1891 in Göttingen † 12.11.1982 in Hannover
11. Otto, * 2.8.1895 in Göttingen, vermisst 1945 in Russland

Quelle: Familienkundliche Aufzeichnungen Dr. Reinecke, Salzhausen
Die Aufzeichnungen Werner Kaysers, Rosbach beginnen bei Andreas Kayser 1704

Vater
Johann Heinrich Kayser
Pastor in Bienenbüttel
1855 - 1889

Mutter
„Minette" Köring

19

Chronik

des

im hannoverschen Amte Medingen belegenen

Kirchspiels
Wichmannsburg

nebst einer Karte des Kirchspiels und einem Plane der alten Burg
Wichmann Billungs

sowie
angehängten Quellennachweisungen und Bemerkungen

zusammengetragen von

K. Kayser
Pastor zu Wichmannsburg

Hannover 1878

Der

Gemeinde Wichmannsburg

gewidmet

Vorwort zur Chronik

Es ist mir eine Freude, meiner lieben Gemeinde, in der ich sechs glückliche Jahre leben und wirken durfte, beim Scheiden dieses geringe Zeichen meiner herzlichen Zuneigung überreichen zu können. Was in stillen Winterabenden nach und nach aus alten und neuen Schriften zusammengetragen, was auf den gewohnten Gängen durch den Pfarrsprengel von den Betagten sorgsam erkundet oder durch eigenes Forschen der stummen Erde abgelauscht wurde, das biete ich jetzt meiner Gemeinde auf ihren Wunsch in diesen Blättern gesammelt dar. Möge die Chronik Alten und Jungen das werden, was sie sich selbst davon versprechen. Zunächst ein Wegweiser durch die vergangenen und schier vergessenen Jahrhunderte, damit sie wissen, was in ihrer Heimat sich Denkwürdiges begeben und auf welch wunderbaren Wegen die Vorsehung ihre Väter geführt hat. Sodann ein Spiegel, in welchem sie ihre eigenen Zustände, Ordnungen und Einrichtungen in ihrem Werden und Wechseln zum Besseren wie zum Schlechteren klarer erkennen. Endlich eine Auslucht, durch die sie hinausschauen in das Schauspiel der weiteren Stammes- und Volksgeschichte, welches erst dann an Leben und Verständnis gewinnt, wenn man die heimatliche Scholle und ihre Kinder darin verflochten sieht.

Zugleich hoffe ich durch diesen Versuch vielen meiner Amtsbrüder, die ja die Nächsten dazu sind, Lust und Mut zur Bearbeitung der Geschichte ihrer Gemeinden zu machen, welche vielleicht weit bedeutenderen und originelleren Stoff, als die meinige, darbieten. Es würde nicht wenig zur Hebung der Vaterlandsliebe und zur Bildung des Volkes in Haus und Schule beitragen, wenn in dieser Zeit, wo so viele bisher verschlossene Archive geöffnet werden, deren Urkunden mit Hilfe des wenigen Alten, das noch vorhanden ist, noch eben verstanden werden können, ein neuer Zweig der Literatur in solchen Chroniken sich entwickelte, die bei aller scheinbaren Geringfügigkeit ihres Inhalts doch für ihren Kreis einen unberechenbaren, bleibenden Wert haben und immer mehr gewinnen.

Namentlich würde aber auch für die Altertumswissenschaft manch schätzbares Goldkörnlein abfallen, von denen viele schließlich auch einen Haufen gutes Gold bilden. Zu diesem Zweck empfiehlt es sich gewiss, wie auch in diesem Buch geschehen, die gesammelten Nachrichten durch Angabe der Fundorte und andere dienliche Bemerkungen für wissenschaftliche Zwecke nutzbar zu machen.

Wichmannsburg, im November 1877

Der Verfasser

Erstes Kapitel
Von den ältesten Bewohnern unserer Gegend

In grauer Vorzeit, als das anmutige Ilmenautal, welches jetzt von brausenden Eisenbahnzügen durcheilt wird, noch nicht einmal ungepflasterte Heerstraßen hatte, und da, wo jetzt stattliche Kirchtürme blühender Städte und freundlicher Dörfer sich erheben, noch tiefe Sümpfe und undurchdringliche Wälder ausgebreitet waren, aus denen die grauen Hütten und steinernen Altäre ihrer heidnischen Bewohner kaum merklich sich abhoben, da wohnten in diesen Gegenden die Langobarden oder Loingobarden, ein einfaches, mannhaftes, sittiges Volk, in den Künsten des Krieges und Friedens wohl erfahren, welches vermutlich seinen Namen von demjenigen Teil des Bardenstammes erhalten hat, welcher im Loingo oder Leingau saß, der an der Leine, Aller, Örtze und Böhme zu suchen ist.

Nach den Barden wurde derjenige Landstrich, welcher unsere engere Heimat, nämlich die Kreise Uelzen und Lüneburg und einen Teil des Kreises Harburg umfasst, lange Zeit hindurch, jedenfalls noch um das Jahr 1205 nach Christo, der Bardengau genannt.[1] Unter den Barden zeichnete sich besonders das edle Geschlecht der Bardos aus, welches vielleicht dem ganzen Stamm den Namen gab. Noch heute weisen die Orte Bardowick, Barnsen (früher Bardonhusen), Barnstedt (fr. Bardonstede), Bardenhagen, Brambostel (fr. Bardonborstal), Barendorf (fr. Bardonthorpe), vielleicht auch Barum, auf das edle Geschlecht der Bardos zurück.

Die Geschichte hat uns von den glücklichen Zeiten der Freiheit des edlen Langobardenvolks wenig aufbewahrt, aber die Erinnerung an die einstige Unabhängigkeit des Stammes lebt noch heute in unserem Bauernstand, welcher seit anderthalbtausend Jahren den Kampf um dies verlorene Paradies der Freiheit mit ebenso klarem Bewusstsein als entschiedenem Glück gekämpft hat. Denn der Verlust ihrer Selbstständigkeit bildet gleichsam die Einleitung zu der Geschichte der Bardengauer. Wenige Jahrhunderte nach Christi Geburt nämlich, als fast alle Völker der Erde wie von höherer Gewalt durcheinander geschüttelt wurden, trat auch für unseren Gau jene wichtige Begebenheit ein, welche zuerst Herren und Knechte in unserem Land schuf und jene Fesseln über unser Volk warf, deren allmähliche Lüftung und endliche Lösung der Entwicklung aller Kulturvölker als Aufgabe vorgezeichnet scheint.

Das tapfere Volk aber, an welches die Langobarden ihre Selbstständigkeit verloren, waren die Sachsen. Diese saßen ursprünglich in Holstein, überschritten dann die Elbe und gewannen bald die Herrschaft in ganz Norddeutschland. Sie vertrieben aber die Barden nicht, sondern machten sie zu Hörigen, die man Liten (Leute) oder Laten, d.h. in ihren Wohnsitzen Belassene nannte, beseitigten den bardischen Adel und setzten ihnen Herzöge und Herren aus sächsischem Geschlecht. Daher kam es, dass die Barden mit den Sachsen bald zu einem Volk verschmolzen und bardische Sitten und Namen sich unter sächsischer Herrschaft erhielten und teilweise bis heute erhalten haben.

Allein auf die Dauer vermochte das Land doch beide Stämme nicht zu tragen. Viele unterdrückte Langobarden zogen es vor, lieber ihre heimatliche Scholle zu verlassen, als unter dem Joch der Fremdherrschaft das Eigenleben ihres Stammes dahinsiechen zu sehen. Die Auswanderung wurde darauf durch Vereinbarung mit den Sachsen ganz gesetzmäßig geordnet. Man teilte das Volk in drei Haufen und loste, welcher Haufen auswandern und sich neue Wohnsitze gründen sollte.[2] Der ausgeloste Haufen wählte sich zwei sächsische Führer, Ibor und Agion, Gebrüder, jugendlich und edel, deren Mutter Gambara als Prophetin galt, und sammelte sich bei Scoringa[3] (vermutlich Schieringen, heute ein Forsthaus bei Bleckede), nannte sich Winiler und saß dort einige Jahre. Die Orte Winsen und Wienebüttel weisen noch auf die Winiler zurück. Aber hier ließen ihnen die Wenden, welche auch Vandalen oder Slawen genannt wurden, keine Ruhe, und als diese glücklich zurückgeschlagen waren, nötigte sie eine Teuerung zum Weiterzug. Sie wandten sich jetzt nach Süden, kamen nach Mauringa (Moringen) und nach Patespruna (Paderborn), in dessen Nähe noch heute in den Dörfern Hagen und Recklinghausen eigentümlich langobardische Sitten, insbesondere die Veeste gefunden werden. Dort wählten sie Agions Sohn, Agelmund, zum König, durchzogen ganz Deutschland und nahmen um 490 n. Chr. das Rugiland (zwischen Regen, Donau und Thaya) und hernach Thracien (das untere Donauland) ein. Einige kehrten nach Filda (Fulda) zurück, die übrigen aber wandten sich nach Oberitalien und gründeten dort unter ihrem König Alboin 568 das Langobardenreich, welches erst Karl d. Gr. zerstörte. Daher finden wir unter den italienischen Langobarden (in der Lombardei) eigentümlich lüneburgische Sitten. Ihre Äcker maßen sie, wie unsere Vorfahren im Bardengau, nach König Luitprands Fuß, von denen 14 auf eine Rute gingen. Der Amtmann hieß bei ihnen Sculdahis, bei uns Schultheiß, wie er die Schuld oder Pflicht einfordern oder heischen musste. Ihr Korn maßen sie nach Iscaffili, unserem deutschen „Scheffel", ihre Äcker teilten sie in Breidas, bei uns „Breiten", und was der alten bardischen Sitten und Namen mehr waren.

Die zurückgebliebenen Langobarden hatten aber durch die Auswanderung nichts weniger als Ruhe und Frieden bekommen. Denn die benachbarten Wenden, die von jenseits der Elbe kamen, weil sie in ihren Gegenden auch nicht Raum hatten, wurden durch die freigewordenen Wohnsitze zur Einwanderung gereizt. Sie zogen von der Elbe westwärts bis an das Ufer der Ilmenau, welches damals von

Verteidigern fast entblößt war, und bald entspann sich zwischen den Sachsen und Wenden ein heißer langwieriger Kampf, welcher bis in das elfte Jahrhundert dauerte und welcher zuletzt, als die Sachsen durch Karl den Großen zum Christentum bekehrt waren, in einen Kampf zwischen Christentum und Heidentum überging.

Zweites Kapitel
Altes Gemeindeleben im Bardengau

Unseren Altvordern war die Gemeinde nicht wie heutzutage nur ein äußerlicher Verband von Eingesessenen zu polizeilichen, gerichtlichen und kirchlichen Zwecken, sondern ein natürliches Ganzes, wie die Familie und der Stamm, kurz nicht eine politische, sondern soziale Körperschaft, frei und naturwüchsig wie der Wald, in welchem sie wohnten.[4] Denn ursprünglich war diese Gegend Wald und wurde in Holzmarken eingeteilt, die sich ohne Unterbrechung eine an die andere reihten und deren Grenzen oder „Schneden" noch bekannt sind. Sie finden sich im wesentlichen in den heutigen Gemeindebezirken wieder. Aus den Holzmarken wurden allmählich die Dorffeldmarken ausgerodet. Die Hauptbeschäftigung der Bewohner war deshalb auch ursprünglich nicht der Ackerbau, sondern die Weide- und Waldwirtschaft. Unter dem Vieh wiederum sind Schafe und Schweine das einzige, welches wir unter den ältesten Abgaben entdecken. Erst später wurde die Rinder- und Pferdezucht betrieben. Nur wer Markgenosse war und einen Hofstall besaß, hatte Land, Wald, Weide und Wasser. Aber sein Eigen war von alledem nur der Hofstall, alles andere blieb „Almende" oder Gemeinheit, d.h. Eigentum der Markgemeinde, an welchem der Einzelne nur Nutznießer war. Niemand besaß auch nur eine Quadratrute Land, die er hätte verkaufen, verteilen oder vereinzeln können. Alle Dorfgenossen waren gleichsam Hörige ihrer eigenen Gemeinde, in welcher sie Sitz und Stimme hatten. Das Feldland wurde in Lose geteilt, und wenn die einzelnen Feldlose abgeerntet waren, wurden sie als gemeine Weide von allen benutzt. Die Grundstücke der Einzelnen wechselten. Dieser Wechsel, wie auch die Fruchtfolge, wurde von der Gemeindeversammlung bestimmt. In dieser hatte der „Burschult", später von den Sachsen „Burmester" genannt, den Vorsitz. Sein Amt war ein Ehrenamt, nur dass er hier und da von den Gemeindelasten befreit war oder eine Wiese, einen Acker, das sogenannte Schulzenstück zum Nießbrauch erhielt. Er hatte entfernt nichts mit all den staatlichen Diensten unserer Ortsvorsteher zu schaffen, sondern lediglich die Interessen der Wald- und Feldwirtschaft wahrzunehmen. Durch den sog. „Knüppel", in welchen jeder Geladene seine Marke zu kerben hatte, rief er, wie noch heute, die Gemeinde nach dem „Burmal" zusammen. Wer nicht erschien, musste mit allem zufrieden sein, was beschlossen wurde. Die Witwen der Höfner stimmten, wie noch heute, anstatt ihrer Männer.

Ein bedeutungsvoller Fortschritt war es, als mit der Zeit der jährliche Wechsel der Grundstücke aufhörte und der Acker ein, freilich unveräußerliches, Sondereigentum der Bauern wurde. Hierbei wurden in der Regel jedem Hof zwei Hufen Land zugeteilt, nur dass die sächsische Hufe 30 Morgen, die wendische Hufe 15 Morgen betrug. Kötner gab es bis um das Jahr 1000 n. Chr. noch nicht. Von jetzt an lohnte es sich, allen Fleiß auf seinen Acker zu verwenden, weil jeder die Früchte seines Fleißes selbst genoss. Dieser Umschwung scheint in die Zeit der sächsischen Eroberung zu fallen, wo die Herren des Landes die einzelnen Flächen unter sich verteilten, auf denen übrigens die Eingesessenen wohnen blieben und eine ziemliche Freiheit genossen. Die Abhängigkeit der Bauern wuchs erst in den beständigen Kämpfen mit den Wenden, wo sich sowohl ganze Gemeinden, als auch einzelne Höfe in den Schutz mächtiger Edelherren begaben und die Markgenossen nun Hörige bestimmter Personen und Familien wurden. Um ihr Leben zu fristen, mussten sie sich jenen oft mit Gut und Blut verschreiben und, wenn sie auch auf ihren Höfen gelassen wurden, schwere Abgaben an den Gutsherrn entrichten, zu deren Eintreibung in jedem Dorf in der Regel ein Meier (major = Ältester) eingesetzt wurde, der meistens zugleich Burmester war.

Die Lebensweise unserer Vorväter war einfach und mäßig, ihre Sprache rau und ungelenk. Sie trugen anfangs Kleider von Tierfellen, dann selbstgewebte und selbstgefärbte wollene und linnene Gewänder. Nur die Reicheren tauschten wohl prächtige Baumwollenstoffe und Geschmeide gegen Viehhäupter von jüdischen und christlichen Hausierern ein, die aus Italien kamen. Gerstenbrot und Brei, wozu sie das Mehl mit platten Steinen in irdenen Setten mahlten, Milch und Fleisch, Rüben und Zwiebeln und der jetzt so selten gewordene, aus Honig bereitete Met bildeten ihre Hauptnahrung. Wenn im Mai die Zeiten der Gerichtsversammlungen kamen, oder wenn ein Götterfest, eine Hochzeit, ein Leichenschmaus gehalten wurde, so sprachen sie dem Met wacker zu, Tanz und Spiel liebten sie bis zur Leidenschaft. Bei den Opfern wurden zu Ehren des Krodo, d.h. des Großen, auf riesigen Opfersteinen unter alten Eichen weiße Hengste geschlachtet, ein Teil davon dem Gotte unter feierlichen Gebärden und Gesängen verbrannt, das übrige gemeinschaftlich verzehrt. Der Kronsberg, d.h. Krodos Berg, und der Hingsthop,[5] d.h. Hengsthügel, beide bei Hohnstorf, zeigen uns noch Stätten, wo solche Opfer gebracht wurden.

Besonderen Wert legten die Vorfahren auf eine feierliche und glänzende Bestattung. Sie verbrannten ihre Leichen auf großen Holzstößen, oft mitsamt ihren Schmucksachen, Waffen und Pferden. Die Aschen- und Knochenreste bargen sie in schmucklosen Urnen von einem halben bis zu zwei Fuß Durchmesser, welche wie man glaubt, schon damals in Duingen massenhaft fabriziert und von Händlern umhergetragen wurden. Die Urnen setzten sie, mit flachen Steinen umgeben, auf die Erde und schütteten einen hohen Hügel darüber auf. Auch scheint jede Familie ihren besonderen Hügel gehabt zu haben, wenigstens finden wir oft um eine größere Haupturne fünfzehn und mehr kleinere Urnen in einem Hügel beigesetzt. Jedes Dorf hatte seinen Begräbnisplatz, und zwar gen Osten an der äußersten Grenze der Feldmark. In unserer Parochie finden sich solche Grabhügel an sechs Stellen, von denen drei in der Hohnstorfer, zwei in der Solchstorfer, eine in der Edendorfer Feldmark liegen. Davon gehören die drei Hohnstorfer zu den Ortschaften Niendorf, Verle und Wichmannsburg, der Begräbnisplatz für Hohnstorf selbst ist nicht mehr zu erkennen. Die beiden Solchstorfer gehören zu Solchstorf und Cote, die Edendorfer zu Edendorf. Bei Bargdorf finden sich solche Grabhügel nicht.[6]

Es kommen in der Parochie aber auch sogenannte Hünengräber mit großen Decksteinen auf Steinunterlagen und Hünenbetten mit einer Einfassung von Steinen in ovaler oder unregelmäßig rechteckiger Form vor. Ein solches Hünen- (auch Hunnen-) Bett gibt es z.B. auf der Hohnstorf-Solchstorfer Grenze. Ein Hünengrab mit riesigem Deckstein befand sich noch um 1860 bei Edendorf auf dem Dreyer'schen Feld bei Reisenmoor. Die aufrecht stehenden Steine hatten eine Höhe von 9 Fuß, der Deckstein war so groß, dass viele Fuder davon weggefahren sind. Von diesen Steinen wurde das Fundament des Basse'schen Hauses in Edendorf und mehrere steinerne Torpfosten hergerichtet. Ein ähnliches Grab wurde schon einige Jahre früher im sogenannten „Steert" aufgegraben. Es enthielt unter einem Deckstein von 79 Kubikfuß eine aus 1 ½ bis 2 Fuß hohen, aufrechten Steinen gemauerte, etwa 10 Fuß lange Grabkammer, in welcher sich ein menschliches Gerippe von beträchtlicher Länge in liegender Stellung befand, dessen einzelne Knochenteile vollständig und in der richtigen Reihenfolge aneinander saßen. Beim Herausnehmen des Gebeins zerfiel dasselbe nach und nach zu Staub. Schmuck und Waffen wurden nicht gefunden. Die Leiche lag mit dem Kopf nach Westen, mit den Beinen nach Osten. Von den Steinen dieses Hünengrabs ist die kleine Eisenbahnbrücke zwischen Bevensen und Medingen erbaut. Eine kleinere Grabkammer fand man im Solchstorfer Holz, sie enthielt Urnen mit Asche und Knochen. Außerdem wurden vollständig erhaltene und nach gewisser Ordnung gelegte menschliche Gerippe in der Basse'schen Lehm- und Mergelkuhle um 1866 gefunden, die frühesten Spuren des Begrabens.

Von einem alten Grabhügel scheint sich sogar der Name des Bestatteten erhalten zu haben, nämlich von dem großen Grab hinter Hohnstorf, welches der Hohnsberg heißt. Hier liegt ohne Zweifel jener Hohn begraben, von welchem Hohnstorf seinen Namen trägt. Wenn ein anderer Platz daselbst der Jasberg genannt wird, so dürfte dies dasselbe sein, was anderswo Jarlsberg oder Garlsberg (Kerlsberg) heißt und soviel wie Riesengrab bedeutet, wie es denn auch in derselben Feldmark ein Jastal gibt.

Drittes Kapitel
Die alte Verfassung des Bevenser Gos

Der ganze Bardengau war in achtzehn kleinere, gleichförmig organisierte Distrikte eingeteilt, welche größtenteils Go hießen und deren einer der Go Bevensen war.[7] Er fällt genau mit der Grenze des gegenwärtigen Amts Medingen zusammen, nur dass diesem i.J. 1795 noch Höver und Oetzendorf einverleibt wurden. Die Eckpunkte der Schnede wurden in üblicher Weise nach Brücken, alten Bäumen, Gewässern, großen Steinen und den Kesselhaken bestimmter Häuser, später, als die Wassermühlen aufkamen, auch nach deren Kammrädern festgestellt. Dem Gau vorstand ein Gogreve oder Goherr, der Inhaber der höchsten Polizei- und Militärgewalt des Go. Er führte seine Mannschaften ins Feld und war Vorsitzender in den Gogerichten. In den Krieg zogen nur die Höfner, die einstigen Liten, während die später entstandenen Kötner, unfreier und ärmer, vom Goherrn zu den Schanz- und Feldarbeiten benutzt wurden. Der Go Bevensen stellte gleich der übrigen Gaue etwa 120 Mann Bewaffnete, welche mit Schwertern und Spießen, Bogen und Schilden bewehrt waren. In jedem Dorf blieb einer zurück, um die Feld- und Weidewirtschaft zu besorgen.

Dem Goherrn waren nun wieder mehrere Haufenführer unterstellt, wie dem Hauptmann die Unteroffiziere. Das waren die Veestherrn, d.s. diejenigen Höfner, welche an der Spitze der Veeste standen, in die der Go eingeteilt war.[8] Der Name Veest kommt wahrscheinlich her von verfesten, festmachen, weil die Veestherren die vom Gogericht Geächteten dingfest zu machen hatten. Diese Veestherrn mussten auch den Heerbann ordnen und die Mannschaft ihres Distrikts dem Goherrn zuführen. Der Go Bevensen war in acht Veeste geteilt: *1) Im Gho to Bevenhusen. 2) Im Gho to Barme oder dat Barumer Veest. 3) Dat Solchsdorper Veest. 4) Dat Emmendorper Veest. 5) Dat Jastorper Veest. 6) Dat Oldenmedinger Veest 7) Dat Römstedter Veest. 8) Dat Himbarger Veest.* Die gegenwärtige Parochie Wichmannsburg gehörte in ältesten Zeiten zum Solchstorfer Veest. Unsere Höfner folgten dem Solchstorfer Veestherrn in den Krieg. Denn unsere gegenwärtige Parochie Wichmannsburg oder die damaligen Dörfer Bargdorf, Wichmannsburg nebst Hönkenmühle, Hohnstorf, Verle, Edendorf, Cote und Solchstorf bildeten eben das Solchstorfer Veest.

Wie nun das Heer ein reines Volksheer war, so waren auch die Gogerichte[9] reine Volksgerichte. Unter dem Vorsitz des Goherrn versammelte sich regelmäßig im Monat Mai und auch sonst in dringenden Fällen das ganze Volk der Bauern unter ehrwürdigen Bäumen, wo die geheiligte Persönlichkeit des Gerichtsherrn, von den Schöffen umgeben, barhäuptig und ohne Waffen zu Gericht saß. Da herrschte lautlose ernste Stille, denn es wurde über Hals und Hand entschieden. Der Gerichtsherr legte den Fall vor und fragte, was rechtens sei und die Schöffen hatten das Recht zu finden (zu schöpfen). Die Urteile waren streng, der Vollzug rasch. Auf Gewalt und Diebstahl stand der Tod, auf Verletzungen hohe Brüche. Einfacher Totschlag wurde noch im 16. Jahrhundert mit 60 Mark, dem damaligen Wert eines kleinen Bauernhofes, eine Fahrwunde, Lähmnis, Beinbruch oder Handab mit 30 Mark, ein Finger oder Glied ab mit 15 Mark geahndet; eine Kämpferwunde unter den Augen oder im Antlitz, die man mit dem Hut nicht bedecken konnte, kostete 9 Pfund; eine Blutrunst, die man mit dem Hut bedecken konnte, 3 Pfund, ein Scheltwort 3 Pfund, das Pfund zu 20 Schilling.[10]

Eine besondere Art der Gerichte waren die Holzgerichte, zu denen nur die Höltingsleute der bestimmten Holzungen gehörten. Solches Gericht bestand z.B. in Hohnstorf und Edendorf, wovon später die Rede sein wird.

Viertes Kapitel
Wie die Bardengauer Christen wurden

Groß und mannigfaltig war der Aberglaube unserer heidnischen Vorfahren. Die ganze Natur war ihnen mit guten und bösen Geistern bevölkert. In jedem Busch und Hain, in jedem Born oder Bach hauste ein Elb oder Alp. Die sog. „Botterbarge", von denen auch einer bei Bargdorf liegt, waren die gefürchtetsten Hausungen der Unholde. Auch die Krankheiten und Seuchen hielt man für Wirkungen der bösen Geister. Man glaubte, dass feindlich gesinnte Leute einem durch bösen Blick und Spruch solche Krankheiten „zutragen" könnten und wandte sich dann an alte Weiber (Hegissen, Hexen), die durch Besprechen und andere Zaubermittel die Geister bannen sollten. Man scheute sich an gewissen Tagen, besonders am Montage, Werke zu beginnen. Man achtete ängstlich auf den Schrei der Eulen, das Krächzen der Raben, den Flug der Vögel und sah in allen besonderen Ereignissen gute oder üble Vorbedeutungen. Es war ein Leben in der Furcht vor Teufeln, weil ohne den lebendigen Gott und Vater.

Neben jenem Geisterheer hoben sich bestimmte Großgötter heraus, deren Sinnbilder und Gegenwartstätten die mächtigen Naturkörper, wie Sonne und Mond oder

der Wechsel der Jahreszeiten oder überwältigende Naturerscheinungen, besonders das Gewitter, vorstellten.

Während man nun nach dem Wendlande zu den slawischen Götzen Radegast, in der Gegend von Amelinghausen aber den Wodan hauptsächlich verehrte (daher noch heute der Wodansberg bei dem Kirchdorf Raven), so soll im Bevenser Go der Saxenote oder Krodo die meiste Verehrung gefunden haben. Es ist aber aus allen Anzeichen nicht zweifelhaft, dass dieser Krodo oder große Gott nichts anderes als Wodan ist, der Schaffende und Allwaltende, der oberste Gott und Allvater, der Segen spendende und Schlachten lenkende Gott. Er trug nur ein Auge wie die Sonne und einen Bart weiß und wallend wie die lichten Wolken, der blaue Himmel war sein weiter Mantel und mit dem breiten Hut der Nacht deckte er das Haupt. Das weiße Roß war ihm heilig; darum findet es sich im althannoverschen Wappen. Sein Sohn war Thor oder Donar, der Blitzeschleuderer, der die Erde, seine Mutter, mit fruchtbarem Regen segnet. Es scheint, als ob dieser Donnerer mit seinem Vater Wodan zugleich verehrt sei. Jedenfalls fühlte man sich in der Nähe des Krodoberges vor dem Blitz sicher und noch heute geht in Hohnstorf die Redensart: *Von'n Kronsbarg kümt keen Weder her*. Ein Rest jenes alten Heidentums ist es auch, wenn noch jetzt einige abergläubische Leute zum Schutz gegen das Einschlagen des Blitzes jene versteinerten Meerwassertiere, die man Donnerkeile nennt, und von denen unsere Vorfahren glaubten, dass sie von Donar geschleudert seien, während des Gewitters bei sich zu tragen pflegten. Auch die Besorgnis, mit der man am Donnerstag manche Arbeiten umgeht, hat im alten Donarsdienste ihren beschämenden Ursprung.

Übrigens waren gerade im Bardengau, wo Langobarden, Sachsen und Wenden zusammenstießen, die religiösen Vorstellungen und gottesdienstliche Gebräuche nicht mehr rein und fest und dies erleichterte wesentlich die Annahme des christlichen Glaubens.

Gleich im Jahre 772, als der große Frankenkönig Karl wider die Sachsen zog, nahm er seine sämtlichen Priester und Äbte (ausgenommen die Bischöfe) mit, damit den Besiegten sofort das Himmelreich gepredigt würde. Nachdem diese Glaubensboten unter den Überwundenen drei Jahre vergebens gearbeitet hatten, gelobten die Sachsen, Christen zu werden, und viele wurden getauft, so dass Karl das Sachsenland 776 in Bistümer teilen[11] und Missionsbischöfen die Vollmacht zu lehren und zu taufen erteilen konnte. Schon waren die Westfalen durch den frommen und entschlossenen Sturmi, die Friesen durch Willehad zum Glauben gebracht, auch die Bistümer Osnabrück, Minden und Paderborn errichtet (779), aber

die Barden verharrten noch immer im hartnäckigen Widerstand gegen die Franken-
herrschaft und den Frankenglauben.

Für den Bardengau wurde erst das Jahr 780 entscheidend.[12] In diesem Jahr nämlich wurden auf dem Heerzug Karls alle Bardengauer und viele von den Nordleu-
den (die Gegend des jetzigen Nordleda) getauft und verließen ihre Götzen. Damals
werden auch bei uns die Opferaltäre auf dem Kronsberg und Hingsthop, sowie der
große Altar, der zwischen Altenmedingen und Secklendorf gestanden haben soll,
umgestürzt sein. Die Einwohner vertauschten das Hammerzeichen des Donar mit
dem Kreuzeszeichen des wahren Sohnes Gottes, lernten die zehn Gebote, den
Glauben und das Vaterunser und fingen an, hier und da ein hölzernes Kirchlein zu
Ehren des wahren Gottes zu erbauen. Der Genuss von Pferdefleisch wurde, weil er
mit den Wodanopfern zusammenhing, gänzlich verboten. Ebenso das Ver-
brennen der Leichen. Auch von den Wenden, die ja bis in unsere Gegend
reichten, nahmen viele den neuen Glauben an, die Menge der Getauften
wuchs von Tag zu Tag. Zwischen Almstorf und Himbergen liegt eine
Anhöhe, welche im Volksmund den Namen Christenheitsberg führt; es ist nicht
unwahrscheinlich, dass eben hier der feierliche Übertritt der Umgegend, also
auch der Gemeinden unseres Kirchspiels, zum Christentum erfolgte.[13]

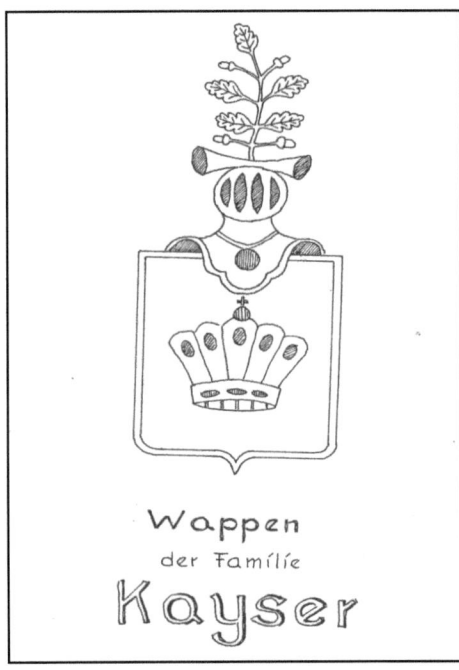

*Wappen der Familie Kayser, entworfen
von Karl Kayser.
Verwendung des Wappens der Familie
Köring, früher von Koringher.*

Karl der Große begann nun, die
neubekehrten Landesteile kirchlich zu
organisieren. Zunächst begab er sich
nach Rom und schenkte 781 die
sächsischen Bistümer dem Papst. Dann
wurden Bischöfe eingesetzt und hierbei
wurde der Bardengau mit Holstein
zusammengelegt und an einen gewissen
Patto übertragen.[14] Aber man darf nicht
glauben, dass nun die Evangelisation des Gaus vollendet war; denn hatte das Volk
auch die Taufe empfangen, so fehlte ihm doch das Verständnis und die persönliche
Überzeugung. Außerdem hatte sich noch immer ein großer Teil des Adels dem als

32

fränkisch gehassten Christentum entzogen. Das Haupt dieser Adelspartei war der Sachse Wittekind. Als nun König Karl den Sachsen aus ihren Edlen Grafen setzte und dabei Wittekind überging, brach der lange verhaltene Unwille zu offener Empörung aus. Wittekind suchte mit Hilfe der Tausende, die ihm folgten, jede Spur des Christentums auszurotten. Die Christen wurden aller Unbill preisgegeben, die missionierenden Priester verjagt und die heidnischen Opfer mit neuem Glanz hergestellt.

Da ergrimmte König Karl, er zog wider die Aufrührer zu Felde, besiegte sie und ließ 4500 edle Sachsen bei Verden hinrichten, andere Tausende verbannte er nach Franken. Diese schrecklichen Maßregeln wirkten. Im Jahre 785 hatte der König mit Wittekind eine Konferenz in Bardowick, infolge derer sich Letzterer samt seinem Hauptverbündeten Abbio zu Attigny in Frankreich taufen ließ. Jetzt wurde die Taufe jedes Sachsen bei Todesstrafe geboten, und in wenigen Monaten gab es in Sachsen keinen Ungetauften mehr, sodass schon am 23., 26. und 28. Juni 786 ein allgemeines Dankfest für die Bekehrung Sachsens in der ganzen Christenheit gefeiert werden konnte. Tags darauf wurde dann vermutlich für den Bardengau nebst Holstein, Hadeln und Altes Land das Bistum Verden gegründet.[15] Ferner sollte, was schon 785 auf der großen Volksversammlung zu Paderborn beschlossen war, überall in Kraft treten, dass nämlich jede neu zu gründende Kirche einen Hof mit zwei Hufen Landes und von je 120 Hauswirten einen Hörigen und eine Hörige zum Eigentum erhalten sollte. Auch wurde damals der Zehnte eingeführt, der Königstribut dagegen erlassen. Das Bistum Verden erhielt noch keinen eigenen Bischof, sondern wurde dem Erzbistum Mainz einverleibt. Als es später von diesem wieder losgelöst wurde, scheint der Bischofssitz der Diözese auch nicht gleich nach Verden, sondern zuerst nach Kovelde (Kuhfelde im altmärkischen Amt Dambeck) gestiftet, dann von da nach Bardowick verpflanzt zu sein,[16] woher auch zu erklären ist, dass die Kirche in Bardowick den Namen „Dom" führt, den wir sonst nur bei bischöflichen Kirchen finden.

Fünftes Kapitel
Wichmann Billung und die Wichmannsburg

Von allen sächsischen Adelsgeschlechtern war keinem so sehr das Erbe des Ansehns und Besitzes der Wittekinde zugefallen wie dem der Billunger. Eben diese sind nun für die Geschichte Wichmannsburgs von höchstem Interesse. Ein Graf Billung war der Freund des deutschen Königs Otto des Großen (936-973). Er war ein sehr reicher Mann und hatte eine Gemahlin aus fürstlichem Geschlechte. Besaß er von Haus aus bedeutende Güter im Lüneburgischen, Cellischen und Bremischen, so hatte ihm seine Gemahlin im göttingischen und am Harz[17] gleich große zugebracht. Auch gehörten ihm ausgedehnte Landstriche an der Saale, Ilm, Unstrut und Wipper, die er teils vom König Otto, der ihn seinen „lieben Vasallen Billung" nannte, geschenkt erhalten, teils durch Tausch erworben hatte.[18] Dazu war er Graf in verschiedenen Gauen, kurz, er war ein mächtiger und reicher und, wie es scheint, auch gottesfürchtiger Herr, wenigstens hat er zu Gottes Ehre bald nach 952 das St. Peterskloster zu Bibra im Thüringischen gestiftet.

Dieser Graf Billung hatte nun drei Söhne, Amelung, Wichmann und Hermann, die ihm etwa in den Jahren 908 bis 911 geboren sein mögen.[19] Amelung trat in den geistlichen Stand, wurde zuletzt Bischof von Verden und starb um 961. Seine Besitzungen lagen zum großen Teil um Amelinghausen bei Lüneburg. Wichmann erhielt den Bardengau, Hermann den Loingau. Wahrscheinlich verteilte der Graf Billung diese Güter und Herrschaften schon bei Lebzeiten unter diese, seine drei Söhne,[20] damit dieselben standesgemäß leben konnten, und diese gründeten, ein jeder in seinem Erbteil, Haupthöfe, welche sie nach ihrem Namen benannten. So wurde Amelinghausen der Haupthof des amelungschen, Wichmannsburg der Haupthof des wichmannschen und Hermannsburg der des hermannschen Güteranteils.

Wichmann wird schon 937 als ein mächtiger, tapferer und kriegserfahrener Mann gerühmt, der sich damals vom Heer zurückzog, weil sein jüngerer Bruder Hermann den Oberbefehl gegen die Böhmen empfangen hatte. Doch söhnte er sich bald wieder mit dem König aus. Die Burg, welche er auf seinem Haupthof anlegte, sollte einen Hauptverteidigungspunkt in den fortwährenden Kämpfen zwischen Sachsen und Wenden bilden. Der Schauplatz dieser Kämpfe war nämlich gerade die Landstrecke zwischen der Ilmenau, die damals Punsedal hieß,[21] und dem Haidrücken, der sich von Bodenteich über die Göhrde hin bis nach Walmsburg bei Bleckede erstreckte.[22] Die Wenden, welche sich damals des Bardengaus zu bemächtigen suchten, nannten sich Linonen und gründeten Hliuni oder Lüne, welches später der Stadt Lüneburg den Namen geben sollte. Noch bis heute hat sich dort in dem Stadtteil „Wendisches Dorf" die Erinnerung an die Wenden erhalten. Ebenso weisen die benachbarten Dörfer gleichen Namens, wie Deutsch Evern und Wendisch Evern, Groß und Klein Thondorf, Groß und Klein Hesebeck, Groß und Klein Liedern, Groß und Klein Süstedt u.a. auf die Vertreibung der Wenden zurück, welche sich eben in den mit „Klein" vorbenannten Dörfern gleichen Namens wieder ansiedelten. Die Bardengauer hatten gegen die Wenden eine doppelte Verteidigungslinie errichtet. Die vorderste bildeten nach v. Hammerstein die Orte am linken Ilmenauufer Horeborg (Dreckharburg), Bardowick, Lüneburg, Biangibudiborg (Bienenbüttel), Wichmannsburg, Bevenhusen, Ullessen (Uelzen), Budinsola (Boldessen), Vorembeke (bei Stederdorf) und Bodendiek (Bodenteich). Die hintere wurde durch

Wrestedt, Holdenstedt und Suderburg hergestellt. Außer jenen Befestigungen lagen noch Jastorf und Stederdorf am rechten Ilmenauufer, durch Schanzen gedeckt. Die Wichmannsburg aber lag eigentlich auch am rechten Ufer oder noch genauer auf einer Ilmenauinsel.

Die Lage der alten Wichmannsburg lässt sich noch heute deutlich erkennen. Es war eine Wasserburg, bestehend aus einem runden Turm und einem Langhaus und lag, von beiden Seiten vom Wasser eingeschlossen, auf dem Fleck, welcher noch

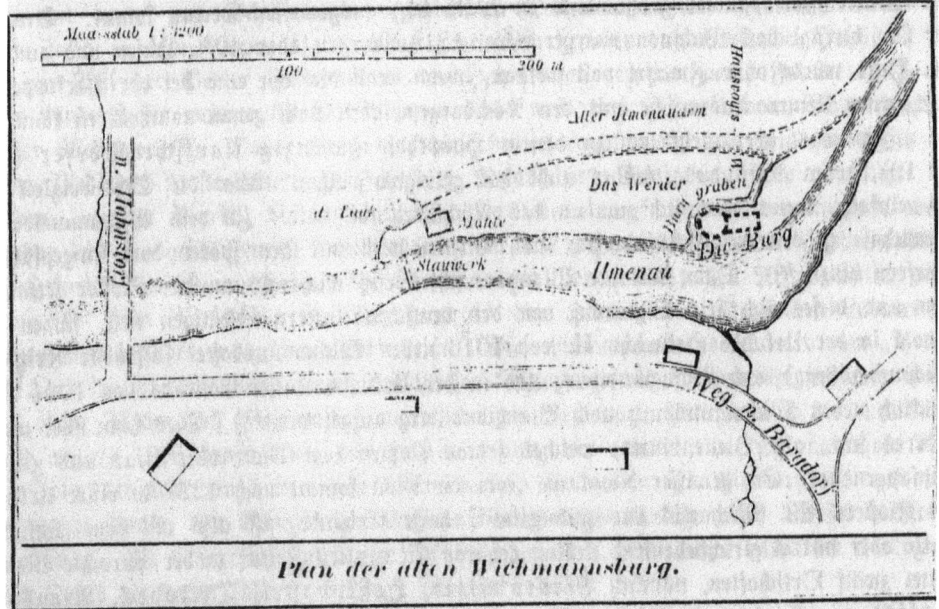

Plan der alten Wichmannsburg.

heute die Hausvogtswiese, d.i. die dem Vogt des ehemaligen gräflichen Hauses später als Dienstgrundstück beigelegte Wiese, genannt wird und kürzlich für die Schule zu Hohnstorf angekauft ist. Die daran grenzenden Wiesen, welche einst der Pfarre gehörten, heißen das Werder. Die Stelle, auf welcher die Burg stand, ist trotz verschiedener Abtragungen noch heute erhöht und unfruchtbar. Die alten Burggräben, zum Glück nur mangelhaft zugeschüttet, sind noch zu erkennen. Man möchte den Ort bestimmen, wo das schwere Tor knarrte und die Zugbrücke rasselte. Gegenwärtig liegt diese Stelle zwar nicht mehr auf einer Insel, aber wie Herr v. Hammerstein bemerkt, weist eine alte Karte (wahrscheinlich die aus dem Kloster Ebstorf stammende) im Archiv zu Hannover noch die Insel auf, und eine lange schmale muldenartige Strecke schilfreichen Grases, in welcher bei Überschwemmungen das Wasser lange stehen bleibt, sowie die große, früher bedeutend längere Wasserkuhle, welche im Volksmund *„de Laak"* heißt (offenbar vom lateinischen lacus, Teich), zeigen deutlich sowohl den ehemaligen zweiten Ilmenauarm, der die Burg umfloss, wie auch den alten Mühlenteich, der daraus gespeist wurde. Denn am Zusammenfluss dieser beiden Arme, hundertfünfzig Schritt nördlich von der Burg, lag eine Mühle und daneben ein Stauwerk, mittels dessen die Umgebung der Burg leicht unter Wasser gesetzt werden konnte. Diese Mühle wurde erst 1332 auf Abbruch verkauft.[23] Der riesige Grundbalken des Stauwerks ist noch heute im Bett der Ilmenau vorhanden und bei flachem Wasserstand öfters gesehen und betreten worden.

So lag die wohlbefestigte Inselburg im tiefen Flusstal, im Westen von dem großen Kläpenwald, der sich bis nach Jelmstorf erstreckte, im Osten von dem Edendorfer Lo, das sich von Reisenmoor bis zum Sandberg und hart an die Ilmenau ausdehnte, eingeschlossen. Von der Bienenbütteler Seite her, wo das Tal sich erweitert, war sie deshalb unnahbar, weil sich zwischen diesen beiden Orten eine große sumpfartige Niederung hinzog, deren südliches Ende der Schmiedewinkel heißt, in welchem noch zu Anfang dieses Jahrhunderts französische Reiter versanken. Jetzt wird diese Fläche zum Torfbacken benutzt und findet in dem sog. Wiesenbach ihren Abfluss. Dass auch hier einst Holz stand, bezeugen die starken Tannen- und Fuhrenschäfte, welche man, sämtlich in der Richtung von Nordwest nach Südost liegend, beim Torfbacken ausgegraben hat.

Die nächste Umgebung der Wichmannsburg bildete das herrschaftliche Gut, aus welchem der gräfliche Haushalt bestritten wurde. Dasselbe umfasste[24] erstens das ganze Areal der Gemeinde Wichmannsburg, welches damals natürlich noch weit weniger kultiviert war und von welchem 12 Hufen oder 360 Morgen an drei Gutsleute ausgetan waren, die ihre Häuser und Höfe darauf hatten. Diese drei Höfe sind der jetzige Dreyer'sche Vollhof und die beiden Halbhöfe, der Hagemann'sche und der vormals v. Meding'sche, jetzt Dreyer'sche. Kötner gab es bis zur Mitte des zwölften Jahrhunderts in Wichmannsburg nicht. Die übrige unbebaute Fläche wird auf 29 Hufen angegeben. Man muss staunen, wie genau schon vor über 700 Jahren, wo uns diese Notiz gegeben wird, die Länderei, die damals größtenteils im Wald lag, ausgemessen werden konnte. Denn in der Tat beträgt das Wichmannsburger Areal 1218 Morgen oder 40 3/5 Hufen und auch die 41. Hufe würde ohne Zweifel voll werden, wenn man die vor und bei der Verkoppelung geschehenen kleinen Austausche mit den Nachbargemeinden noch genau kontrollieren könnte.[25]

Zweitens aber gehörten zu diesem Haupthof zwanzig slawische Dörfer, deren Auffindung bisher nicht hat gelingen wollen. Aber die Schwierigkeit löst sich einfach, wenn man sich nur an das Nächstliegende hält. Zu dem Wichmannsburger Haupthof gehörte nämlich sicherlich auch Bienenbüttel mit den später dort ein-

36

gepfarrten Dörfern hinzu.[26] Denn als der Wichmann'sche Besitz nachmals an das Kloster Kemnade kam und dieses sich sein Eigentum von den deutschen Kaisern bestätigen ließ, finden wir sowohl in der Urkunde Heinrichs II. von 1016 neben Wichmannsbostel (offenbar irrig für Wichmannsburg) noch Biangibudiburg und in der Urkunde Kaiser Conrads von 1024 ausdrücklich neben Wichmannsburg noch Biangibudiburg aufgeführt.[27] Dies kann aber nichts anderes sein als Bienenbüttel, welches seinen Namen von Bien oder Bian und gibudi empfangen hat. Ein gewisser *Nicolaus civis vir Bien* kommt noch 1227 in einer Urkunde des Klosters St. Michaelis vor und gibudi heißt Gebäude, ist also mit dem sächsischen *butle* oder *büttel* gleichbedeutend. Nun gehören seit uralten Zeiten zu der Parochie Bienenbüttel zwölf Ortschaften, nämlich Bienenbüttel, Hohenbostel, Dieksbeck, Niendorf, Wulfstorf, Steddorf, Rieste, Grünewald, Grünhagen (dies hieß früher Boytelsdorpe und wird ausdrücklich eine *villa slavica*[28] genannt beim Jahre 1324), Eitzen I, Beverbeck und Bardenhagen. Findorfsmühle hat vor 1314 noch nicht existiert[29] und Neu Rieste ist ganz neuen Ursprungs. Die übrigen acht von den zwanzig Dörfern aber ergeben sich zunächst aus den sechs Ortschaften der jetzigen Parochie Wichmannsburg, nämlich Wichmannsburg, Bargdorf, Hönkenmühle, Edendorf, Hohnstorf und Solchstorf und aus den beiden untergegangenen Dörfern Cote und Verle, welche innerhalb der Parochie lagen.

Die Lage dieser beiden letztgenannten Dörfer, welche man bisher nicht unterzubringen wusste, liegt jetzt klar am Tag. Was zunächst Cote betrifft, so weisen uns schon die nordöstlich von Edendorf gelegenen Orte Cotendiek, Cotenbarg, Köthenmoor, Köthenfeld auf einen in der Nähe befindlichen Platz hin, der zur Anlage eines Dorfes günstig erscheint. Die Vermutung wird bestätigt, nachdem der Gutsbesitzer Hagelberg, Solchstorf an der vermeintlichen Stelle die Fundamente mehrerer Häuser ausgegraben hat. Der Ort wurde 1285 von den Grote, welche mit den von Schwerin eines Stammes sind, an das Kloster Medingen übertragen, welches sich noch 1298 den Besitz des dortigen Zehnten bestätigen ließ.[30] Später kommt der Ort nicht wieder urkundlich vor. Das Dorf Verle existierte ebenfalls noch 1298, wo dem Kloster Medingen der Zehnte daselbst bestätigt ward.[14] Zwischen 1298 und 1341 muss das Dorf, vielleicht in einer Ritterfehde, zerstört worden sein, wenigstens tritt in den Urkunden fortan nur noch die Länderei dieses Ortes auf. Diese wird von denen von Schwerin in verschiedenen Teilen veräußert. Zunächst 1341 *dat Verle lant in Honstorpe*.[31] Hieraus geht schon hervor, dass Verle bei Hohnstorf lag und ein Teil der Verler Feldmark in die Hohnstorfer gezogen war. Ferner 1343 von dieser Länderei für weitere 30 Mark, sowie 1344 noch drei Hufen davon, beides an das Kloster Medingen.[32] Daher finden wir diese beiden Landkoppeln noch heute im Besitz der beiden Medinger Klosterbauern in Hohnstorf, Roland und Schlieckau. Die eine führt den Namen „up 'en Werl", die andere heißt „de Verenbarg" und „Verenkamp", wobei offenbar das l abgeschliffen ist. Endlich erhielten 1371 Hennecke Schröder zu Bienenbüttel und Heinrich Winninghusen, der Edelmann zu Bienenbüttel, den Rest, nämlich einen *Camp to dem Virle*,[33] der sich heute in den Händen des Ökonomen Lübbers zu Bienenbüttel befindet und „Verenbrok" heißt. Diese sämtliche Länderei wird vom „Verenbeck", der die Findorfsmühle treibt, umschlossen. Die Lage des Dorfes lässt sich aber innerhalb dieser Fläche noch genauer bestimmen, da die Verkoppelungskarte noch die ehemaligen Wege angibt, von denen einer von Hohnstorf aus, ein anderer, der sog. Wendische Weg, von Solchstorf aus, ein dritter von Bienenbüttel, ein vierter von Niendorf aus auf einem bestimmten Punkt, den Verenbarg, mündeten, welcher zur Anlage eines Dorfes höchst geeignet war. So beharrlich sind unsere Dörfer, dass noch 500 Jahre nach dem Untergang eines Ortes die dahin führenden Wege bewahrt bleiben!

So läge also der ansehnliche Wichmannsburger Haushalt in seinem ehemaligen Umfang wieder vor uns. Aber sollte man denken, wenn wirklich von Wichmanns Schloss einst solche Hoheit ausging, so müssten doch noch einige, wenn auch geringe Spuren davon bis in die Gegenwart hinabreichen! Und in der Tat sind solche Spuren aufbehalten. In Bienenbüttel existierte durch das ganze Mittelalter hindurch und weiter bis 1796, wie eine Ruine aus alter Zeit, die sich dem Neubau der Amtsverfassung rings umher übel genug fügte, die alte Hausvogtei, welche offenbar in dem ehemaligen billungschen Grafenamt ihren Ursprung hatte. Denn der Hausvogt übte ein Recht, welches einst nur den Gaugrafen zustand und von diesen auf die Fürsten übergegangen war, nämlich das Gericht über die Landstraßen, welches erst nach dem Bau der neuen Chaussee 1796 seine Bedeutung verlor. Ferner hob er in Bienenbüttel von undenklichen Zeiten her eine fürstliche Küchenbede, wie sie sich an ehemaligen Grafensitzen mehrfach findet. Neben dieser Hoheit über die Landstraßen erhielt sich, auch getrennt von der Aufsicht des fürstlichen Amtes, die Hoheit über den Strom, und zwar bleibt diese lange Zeit gerade an den Ort Wichmannsburg geknüpft. Als im Jahre 1624 ein toter Körper zwischen Deutsch Evern und Lüneburg in der Ilmenau antrieb, wurde der Stromvogt mit vier Mann von Wichmannsburg abgefertigt, der Körper nach Wichmannsburg geholt und hier im Meierhof von Wichmannsburgern bewacht.[34] Ein ähnlicher Fall wiederholte sich 1719, wo die Leiche eines Reuters aus Addenstorf bei Melbeck anfloss. Der Amtmann von Lüne verfügte die Herausnahme und Bestattung am Ufer der Fundstelle. Aber das Amt Medingen ließ ihn wieder ausgraben, um die Hoheit über den Strom zu wahren. Die Leiche wurde zu Schiff nach Wichmannsburg transportiert, dort in üblicher Weise im Meierhofe niedergelegt und dann auf dem Wichmannsburger Kirchhof, obwohl Addenstorf zur Parochie Bevensen gehört, begraben.[35]

Sechstes Kapitel
Der jüngere Wichmann

oviel bis jetzt durch den Scharfsinn der Forscher ermittelt ist, hatte der Gaugraf Wichmann sechs Kinder.[36] 1) Hadwig, welche nachmals die Gemahlin Ritter Siegfrieds, eines Sohnes des Markgrafen Gero am Harz wurde. Nach dem Tode ihres Mannes 959 ging sie ins Kloster und starb 1004 als Äbtissin von Gernrode bei Ballenstädt. 2) Wichmann II., geboren um 933, dessen Geschichte uns hier besonders angeht. 3) Ekbert, der in Wichmanns Schicksal verflochten ist. 4) Bruno, der nachmalige Bischof von Verden, welcher zwischen 962 und 972 das Nonnenkloster Oldenstadt bei Uelzen gründete, das seit 1142 ein Manneskloster wurde. 5) Frideruna und 6) Imma, welche beide später das Kloster Kemnade an der Weser unweit Bodenwerder gründeten. Ob diese sechs gräflichen Kinder in der Wichmannsburg das Licht der Welt erblickt haben, bleibt dahingestellt. Immerhin scheint die nach seinem Namen genannte Burg die Lieblingsresidenz des Gaugrafen gewesen zu sein.

Wichmann II.[37] war nach dem Tod seines Vaters, welcher am 23. April 944 erfolgte, von dem König Otto I. väterlich aufgenommen und mit den Würden seines Vaters betraut. Im Jahr 953 aber entzweite er sich mit seinem Oheim Hermann, welcher vom König zum Herzog von Sachsen erhoben war, indem er behauptete, derselbe habe ihm väterliches Erbe geraubt. Die Sache scheint Grund gehabt zu haben und das genannte väterliche Erbe ist wahrscheinlich einesteils in Lüneburg selbst, anderenteils in der Umgegend, namentlich in Bienenbüttel und Zubehör zu suchen, wo das von Hermann kräftig unterstützte Kloster St. Michaelis in Lüneburg Mission trieb und mit dessen Erlaubnis Kapellen und Bethäuser gründete. Genug, der junge Wichmann fühlte sich gekränkt, brachte seinen Bruder Ekbert auf seine Seite und suchte mit dessen Hilfe Streitkräfte zu sammeln und das Volk zur Empörung gegen den Herzog zu bewegen. König Otto war gerade in Bayern beschäftigt, kam aber Anfang 954 zurück, untersuchte den Streit und trat auf des Herzogs Seite. Hermann verurteilte die beiden Jünglinge zu einer Züchtigung, und dies Urteil wurde allgemein gebilligt. Aber der König wollte den jungen Grafen diese Schande ersparen und milderte den Spruch dahin, dass ihnen eine Haft im königlichen Palast auferlegt wurde. Als Otto nun 955 wieder nach Bayern gegen die Hunnen zu Feld zog, übergab er Wichmann der Aufsicht des Grafen Ibo. Allein Wichmann entfloh, kam in seine Heimat, sammelte mit Hilfe einiger Unzufriedener etliche Kriegsmannschaft und nahm mehrere Festen in Besitz. Dann vereinigte er sich wieder mit seinem Bruder Ekbert und trat jetzt in offene Fehde wider den König. Die Wichmannsburg wird ohne Zweifel den Ausgangs- und Mittelpunkt dieser Kämpfe gebildet haben. Herzog Hermann zog mit einem Heer heran, belagerte die

Aufrührer in ihrer Burg, vertrieb sie und jagte sie ins Wendland bis über die Elbe, wo sie bei den redarischen und mecklenburgischen Fürsten Nacco und Stoinef Hilfe fanden. Aber auch dorthin folgte ihnen der Herzog, und König Otto, siegreich von der großen Hunnenschlacht auf dem Lechfeld heimkehrend, fiel mit starker Heeresmacht in das redarische Land ein. Zugleich wurden Wichmann und Ekbert zu Feinden des Reiches erklärt und ihre Güter eingezogen. Da sie sich nun nicht mehr zu halten vermochten, flohen sie ins Ausland zu dem Herzog von Paris, Hugo Capet, welcher mit Ottos I. Schwester Hedwig vermählt war und die Flüchtlinge aus Feindschaft gegen seinen Schwager aufnahm. Als aber Hugo 956 starb, waren die beiden geächteten Brüder wieder schutzlos. Ekbert suchte und fand durch Vermittlung seiner Verwandten die Gnade des Königs. Wichmann aber verharrte in seinem Trotz. Als er vernahm, dass der Sohn des Königs Otto, Herzog Ludolf von Schwaben gestorben sei (6. Sept. 957), benutzte er die dadurch entstandene Aufregung, um sich in Sachsen einzuschleichen und Weib und Kind zu begrüßen. Er wurde aber entdeckt und schon handelte es sich um sein Leben, als er auf Fürsprache und unter Bürgschaft seines Schwagers Siegfried und des Markgrafen Gero von dem hochherzigen König begnadigt wurde und die Vergünstigung erhielt, in seiner Heimat auf den Erbgütern seiner Frau zu leben.

Einige Jahre verhielt er sich auch ruhig. Aber dann erwachte wieder der alte Hass gegen seinen Oheim. Im Jahr 965 ließ er sich auf einen Mordanschlag wider denselben ein. Dieser wurde indes verraten, seine Spießgesellen wurden zum Strang verurteilt, er selbst entkam durch die Flucht. Unheil sinnend wandte er sich abermals zu den Slawen jenseits der Elbe, um an ihrer Spitze den verhassten Oheim zu befehden. Hier wurde er aber von den Herzögen Boleslav von Böhmen und Miesko von Polen, die dem deutschen König befreundet waren, angegriffen. Die um ihn kämpfenden Slawen wurden zur Flucht gezwungen und auch Wichmann nach verzweifeltem Widerstand genötigt, ihnen zu folgen. Aber kaum zu ihnen gestoßen, ward er von ihnen des Verrats beschuldigt und ahnungslos überfallen. Da sprang er vom Ross, bahnte sich mit dem Schwert eine Gasse durch die wütende Schar und entkam. Die ganze Nacht hindurch wanderte er mit wenigen Getreuen in voller Rüstung durch pfadlose Wildnis, bis er am anderen Morgen, von Hunger und Durst erschöpft, in der Hütte eines Landmannes einkehrte. Aber seine ihm nachsetzenden Feinde entdeckten den Unterschlupf und umstellten die Hütte. Wie sie ihn greifen wollen, macht seine glänzende Rüstung sie einen Augenblick stutzig. Sie fragen nach seinem Namen und Stand und als er dann mit entschlossenem Mut ihnen geantwortet, er sei Wichmann Billung, da fordern sie ihn auf, sich freiwillig zu ergeben, damit sie ihn zu König Otto führten. Aber Wichmann kann seinen hohen Stand und seine Heldentaten nicht vergessen; nur dem Polenherzog Miesko selbst will er sein Schwert übergeben. Während nun Boten fortsprengen, diesen zu suchen, umringt ihn unzähliges Volk und setzt ihm heftig zu. So erschöpft er aber auch ist, haut er dennoch viele von ihnen nieder. Endlich nimmt er sein Schwert und reicht es dem Vornehmsten der Feinde mit folgenden Worten: „*Nimm dieses Schwert und überbringe es deinem Herrn, damit er es zum Zeichen des Sieges nehme und seinem Freunde, dem Kaiser übersende, auf daß dieser wisse, er könne nun eines erschlagenen Feindes spotten oder einen Blutsverwandten beweinen!*“

„*Und nach diesen Worten*“ – so schließt der Mönch Widukind von Corvey, der uns die Geschichte seines unglücklichen Zeitgenossen überliefert hat, seine ergreifende Erzählung – „*nach diesen Worten wandte er sich gegen Morgen, betete, so gut er's konnte, in seiner Muttersprache zum Herrn und hauchte seine, mit vielem Elend und Jammer erfüllte Seele aus in die Barmherzigkeit des Schöpfers aller Dinge.*“[38] Dies geschah am 22. September 967.

Dass aber gerade Widukind von Corvey allein diese Geschichte mit solcher Ausführlichkeit berichtet, hat wohl zum Teil seinen Grund darin, dass in seiner unmittelbaren Nähe die frommen Schwestern des unglücklichen Aufrührers ein Frauenkloster stifteten, welches rasch zu hoher Blüte kam und welches auch für die Geschichte Wichmannsburgs von Wichtigkeit geworden ist.

Siebtes Kapitel
Wie Wichmannsburg an das Kloster Kemnade kam

Wie nämlich bereits erzählt, hatten die beiden Schwestern Wichmann II. Frideruna und Imma nach 952 mit Hilfe des Markgrafen Gero ein Frauenkloster bei Bodenwerder gegründet. Sie nannten dasselbe Keminada oder Kemnade, d.h. Frauengemach, richteten es nach der Regel des heiligen Benedict ein und empfahlen es dem Schutz der heiligen Margarethe.[39] Ihr sämtliches väterliches Erbgut hatten sie dem Kloster vermacht. Friederun wurde die erste Äbtissin desselben. Um dieselbe Zeit erbaute auch Herzog Hermann eine Burg auf dem Kalkberg zu Lüneburg bei dem von Otto dem Erlauchten 906 gegründeten Kloster, welches dem heiligen Erzengel Michael geweiht war. Als nun 967 Wichmann II. gefallen war, wurden seine bereits früher eingezogenen Güter von Kaiser Otto unter die beiden Klöster Kemnade und St. Michaelis in Lüneburg verteilt.[40] Unter den an das Kloster Kemnade gekommenen Besitzungen befand sich neben Bardowick, Ochtmissen, Wittorf, Brietlingen, Addenstorf, Hesebeck, Bahnsen und Suderburg auch der Haupthof Wichmannsburg nebst seinen zwanzig zugehörigen Ortschaften.[41]

Das Kloster Kemnade wurde durch seine Erbschaften bald übermaßen reich an Land und Einkünften und besaß tausende von Hörigen, welche ebenso wie die guten Wichmannsburger mit der Scholle verkauft waren, dazu viele diensttuende Ritter. Zur Verwaltung aller dieser Güter hatte das Kloster wie üblich einen Klosterpropst, der dasselbe in Vermögenssachen zu vertreten, die Meierhöfe und Bauerstellen auszutun und den Klosterhaushalt zu führen hatte. Um aber in seinem Besitz sicher zu sein, hatte sich das Kloster unter den Schutz des Kaisers Otto und seiner Nachfolger begeben, ließ sich auch von diesen seine Besitzungen wiederholt bestätigen. Dafür war es aber auch ganz vom Kaiser abhängig und stand ebenso sehr im Dienste des deutschrömischen Reiches wie der Kirche. Seine Kriegsmannen mussten dem Heerbann des Kaisers folgen, an den kaiserlichen Schatz hatte es gewisse Abgaben zu leisten, fand aber dafür in Zeiten der Not Zuflucht beim Reich, selbst gegen seine geistlichen Herren und Bischöfe, die nicht ohne Eifersucht die Macht und den Reichtum der Klöster wachsen sahen.

Der Kaiser übertrug nun die Schirmvogtei über das Kloster Kemnade mit dessen Genehmigung an mächtige Grafen und Herzöge und so kam sie im zwölften Jahrhundert an Heinrich den Löwen und dessen Nachfolger. Diese Unterschirmvögte hatten die höhere und niedere Gerichtsbarkeit über die Klosteruntertanen auszuüben und die Rechte des Klosters gegen fremde Eingriffe zu wahren. Dafür erhielten sie dann gewisse Vergünstigungen und Entschädigungen, welche im Laufe der Zeit so erheblich wurden, dass sie das Klostergut selber verschlangen. Als ferner die großen Reichslehen erblich und die Herzöge selbständige Landesherren wurden, sahen sie sich als Oberschirmvögte an und übertrugen ihre Befugnisse wieder an vornehme Ritter als Untervögte.

Der umfangreiche wichmannsburgsche Haupthof nahm deshalb unter der jungfräulichen Herrschaft des Klosters Kemnade keine wesentlich neue Gestalt an. Die alte gräfliche Burg wird einem ritterlichen Vogt zugewiesen sein, der zu gewissen Zeiten seine Gerichtstage abhielt und, falls er nicht selbst im Schloss wohnte, doch Knappen, Buben und Rosse darauf hielt. Der Winkel, auf dem die Schmiede stand (der Schmiedewinkel), erinnert noch daran, dass es in Wichmannsburg einst mehr als jetzt Rosse zu beschlagen, Waffen und Kriegsgerät zu schmieden gab. Das Gutsland, an die drei Bauern ausgetan, wurde nach den betrübenden Kriegsläuften wieder regelmäßig bewirtschaftet. Der Meier [42] von Wichmannsburg, freier gestellt als die übrigen Gutsbauern, hatte die Aufkünfte und Abgaben von der ausgetanen Länderei und den zinspflichtigen Dörfern zu gewissen Zeiten dem Kloster zu übermachen, welches immer eine ordentliche Reise war. Auch fing man an, mehr Land urbar zu machen und der junge feuchte Waldboden trug besser als heutzutage. War doch die Mühle an der Ilmenau schuldig, dem Kloster jährlich ein Wichhimten[43] Winterweizen zu liefern, dessen Anbau um diese Zeit die Mönche Corveys hier einführten!

Achtes Kapitel
Wichmannsburg kommt unter die Verwaltung der Abtei Corvey

Bald nach der Gründung des Klosters Kemnade begann der Geist der Zucht und Frömmigkeit, welcher in der frommen Friderun gewohnt hatte, jener Unordnung, Üppigkeit und Trägheit zu weichen,[44] welche damals, wie eine geistliche Pest, ein deutsches Kloster nach dem andern verwüsteten. Gegen die Mitte des zwölften Jahrhunderts treffen wir in Kemnade Zustände an, welche auf die Klosterangehörigen wenig vorteilhaft wirken konnten. Die junge Äbtissin des Klosters Judith von Schwalenberg war eine so ungeistliche, ja unweibliche Dame, dass sie es nicht ungern sah, wenn junge Ritter sie besuchten und ihnen die Klosterpforten fleißig öffnete. Hatte sie doch weder Schleier noch Segen von des Bischofs Hand empfangen, sondern sich durch Gewalt zuerst auf den Äbtissinnenstuhl von Eschwege und, nachdem sie sich dort unmöglich gemacht, in die Abtei Kemnade eingedrängt, trug auch nicht ihr Ordensgewand, sondern was ihr beliebte, achtete weder die heiligen Gelübde ihres Ordens noch die Vorstellungen des Mindener Bischofs und des kaiserlichen Schirmvogts, sondern fühlte sich am wohlsten, wenn sie von einem leichtfertigen Hofe junger Ritter und Knappen umgeben war.

So saß sie auch einstmals[45] – es war gerade am Tage des heiligen Vitus 1146 – in dem reich geschmückten Essssaal des Klosters mit ihren Liebhabern zu Tafel, als plötzlich der Ruf erscholl, dass Dietrich von Ricklingen mit bewaffneter Mannschaft auf den Schlosshof geritten sei. Dietrich, der seine eigene Tochter als Äbtissin in Kemnade zu sehn wünschte, hatte die Judith beim Papst und beim Kaiser verklagt und ihr wiederholt zu verstehen gegeben, dass sie wohl täte, freiwillig das Kloster zu verlassen, wenn sie nicht mit Gewalt daraus verjagt sein wolle. Die kecke Domina aber, sich auf ihre Getreuen verlassend, hatte mit Spott darauf geantwortet. Jetzt kam Dietrich mit kaiserlicher und päpstlicher Vollmacht, um seine Drohungen wahr zu machen. Ehe noch an Verteidigung zu denken war, wurde der Saal aufgerissen, Dietrichs Knechte stürzten herein, fassten die hohe Dame mit ihren ungeschlachten Händen in mehr als ungeziemender Weise an und rissen sie von der Tafel weg zur Tür hinaus. Kein Sträuben half, kein Hausrecht galt, keine Hilfe ihrer ritterlichen Freunde nützte. Nicht einmal den einen Wunsch, erst fertig speisen zu dürfen, gewährte man ihr, sondern warf sie jämmerlich genug zum Kloster hinaus. Ein päpstlicher Gesandter, Kardinal Thomas, erwartete sie auf dem Klosterhof und bestätigte im Auftrag des Papstes ihre Absetzung.

Dieser Mann hatte wenige Monate zuvor eine ähnliche Säuberung in dem nahen Kloster Corvey bei Holzminden vorgenommen und den dortigen Abt Heinrich, einen Bruder der Judith von Schwalenberg, ebenfalls wegen seines üblen Lebenswandels vom Amt und Kloster gejagt. Heinrichs Nachfolger, ein alter Herr, starb schon nach wenigen Monaten, ohne die Disziplin hergestellt zu haben. Da hielt es Kaiser Konrad, der Hohenstaufe, für durchaus notwendig, einen Mann nach Corvey zu setzen, der die zerrütteten Verhältnisse des Klosters äußerlich und innerlich wieder zu heben vermochte. Diesen Mann erkannte er in dem ebenso gelehrten wie frommen und tatkräftigen Abt des berühmten Klosters Stablo in Lothringen namens Wibald oder Wikbold, welcher denn auch nach erfolgter Bestätigung von Seiten des Papstes seit 1146 die beiden Abteien Stablo und Corvey vereinigte. Er reiste fortwährend zwischen beiden hin und her, und seine Briefe geben noch heute ein lebendiges Zeugnis von seiner treuen, echt geistlichen und väterlichen Leitung. Zugleich hielt der Kaiser Wibald für den rechten Mann, um die gänzlich verwahrlosten Frauenklöster in der Nähe von Corvey, Kemnade und Fischbeck, zu reformieren und übertrug ihm im Einverständnis mit dem Papst gleich bei Antritt seines Amtes diese Klöster nebst mehreren anderen, die der Zucht bedurften. Kemnade und Fischbeck wurden aber dem Abt nicht bloß zur Leitung und Verwaltung überwiesen, sondern ihm mit allen ihren Gütern, Ländereien, Waldungen und Gewässern, einheimischen wie auswärtigen, auf ewige Zeiten für sein Kloster geschenkt.[46] Auf diese Weise kam auch Wichmannsburg mit allem Zubehör unter die Verwaltung der Abtei Corvey. Um aber dem Abt Wibald für seine große Aufgabe die nötige Unabhängigkeit zu verschaffen, bewog der Kaiser den Herzog Heinrich den Löwen, die Schirmvogtei über Kemnade ihm zurückzugeben, um sie aus den Händen des Abts Wibald, dem sie Konrad erb- und eigentümlich für das Kloster übertrug, wiederzuempfangen.[47] Ja, auch das Recht der „Burgbahn" oder der ausschließlichen Gerichtsbarkeit verlieh ihm der Kaiser, und kein Herzog, Markgraf, Gaugraf oder Schirmvogt durfte fortan innerhalb seiner Klostermauern zu Gericht sitzen.[48]

Wibald machte sich denn auch bald daran, die zerrütteten Umstände Kemnades zu ordnen. Aber wie erschrak er, als er erfuhr, dass nicht bloß in früheren Jahren schlecht gewirtschaftet, sondern noch in allerjüngster Zeit durch die abgesetzte Äbtissin dem Kloster der schwerste Schaden zugefügt war! Judith nämlich hatte sich nach wie vor als Äbtissin von Kemnade betrachtet und auch ihrer Umgebung gegenüber diese Stellung zu behaupten gewusst. Als sie aber einsah, wie nach Wibalds Ankunft die Abtei unwiderruflich für sie verloren war, wie die Kemnader Nonnen in anderen Klöstern untergebracht und die jungfräulichen Räume von Corveyer Mönchen eingenommen wurden, da machte sie es wie der ungerechte Haushalter im Evangelio und verschenkte rasch eine Menge kemnadischer Besitzungen an ihre Günstlinge, um sich ihrer Hilfe zur Geltendmachung ihrer vermeintlichen Rechte zu vergewissern. Das Verzeichnis der so von ihr verschleuderten, reichen Klostergüter ist uns noch aufbewahrt und füllt gedruckt eine ganze Quartseite.

Unter diesen weggeschenkten Gütern befand sich nun auch Wichmannsburg. Ein zu Stablo aufgefundener Klosterzettel sagt nämlich: *„In dem Haupthofe Wichmannsburg gab sie zu Lehen 29 Hufen und von selbstbebautem Gutslande 12 Hufen mit drei Häusern und deren Höfen; außerdem vergab sie 20 slavische Dörfer, die zu demselben Haupthofe gehören.“*[49] Der Name des Belehnten ist hier ausnahmsweise verschwiegen. Es bleibt daher ein weites Feld für Vermutungen. Eini-

Karl Kayser im Kreis seiner Familie

ge meinen, dass Heinrich der Löwe selbst zu den Begünstigten der Domina gehört und bei dieser Gelegenheit den alten Stammsitz seiner Väter wieder an sich gebracht habe. Wahrscheinlich übertrug er gewisse Güter in Bienenbüttel und den umliegenden Dörfern, die bereits seit längerer Zeit vom Kloster St. Michaelis in Lüneburg geistlich versorgt wurden, an dieses Kloster.[50] Wenigstens finden wir jene Dörfer ein Jahrhundert nach diesem verhängnisvollen Verschwinden schon im teilweisen Besitz des Lüneburger Klosters, welchen dasselbe von Jahr zu Jahr vervollständigte. Wie dem aber auch sei, der wichmannsburgsche Haupthof ist in seinem vollen Umfang nicht wieder in die Hände des Klosters zurückgekehrt. Wibald machte die größten Anstrengungen, um sämtliche kemnadische Güter wiederzugewinnen, und da er vom Kaiser und Papst kräftig unterstützt wurde, so gelang es ihm auch bis auf eine Reihe von Gütern, zu denen auch die Mehrzahl unserer 20 slawischen Dörfer gehörte. Hiervon rettete er nur den damaligen Verband des Solchstorfer Veestes, nämlich die Ortschaften Wichmannsburg, Bargdorf, Hohnstorf, Edendorf, Cote, Solchstorf, Verle und die Hönkenmühle und außerdem etwa die Zehnten in Bienenbüttel und Rieste. Die übrigen Güter blieben verloren. Nach dem aufbehaltenen Briefwechsel scheint Heinrich der Löwe in ihre Verhaltung stark verwickelt, denn er wird häufig und nachdrücklich vom Abt, vom Kaiser und vom Papst erinnert, sein Amt als Schirmvogt des Klosters besser wahrzunehmen.[51] Heinrich verspricht das Beste, aber die Güter kehren nicht zurück; ihr einstiger Zusammenhang ist seitdem zerrissen und der Haupthof Wichmannsburg lediglich auf den Umfang des jetzigen Pfarrsprengels beschränkt geblieben, der dem Kloster Kemnade zurückerobert wurde. Die Verhandlungen über diese Sache wurden hauptsächlich im Sommer 1147 geführt. Damals musste sich der ehrwürdige Abt an einem Feldzug gegen die heidnischen Lutizier jenseits der Elbe beteiligen, wo er auch der Belagerung des Schlosses Dunin beiwohnte. Sein Weg führte ihn durch das Lüneburgsche; hier wird er ohne Zweifel persönlich die kemnadischen Güter besichtigt und für ihre Wiedergewinnung gearbeitet haben.

Was aber die Judith betrifft, so hörte sie nicht auf, noch Jahre hindurch Anhänger für ihre Sache zu gewinnen, machte Wibald das Leben unendlich sauer, schwärzte ihn sogar beim Kaiser an und benutze seine Abwesenheit, um das Kloster Kemnade mit Waffengewalt zu erstürmen.[52] Aber die Corveyer stellten in die Waffen, wen sie konnten, rückten auf den Klosterhof, vertrieben Gewalt mit Gewalt und bedauerten nur, dass die Urheberin dieser Feindseligkeiten ihren Händen entrann. Wibald selbst ist nach einem tatenreichen Leben eines traurigen Todes gestorben. Er war als Gesandter des Kaisers Rotbart nach Konstantinopel geschickt und hatte bei der Gelegenheit in Kleinasien, und zwar in Paphlagonien, jener schönen Landschaft am Schwarzen Meer, verweilt. Auf der Rückreise starb er plötzlich in einem Ort namens Butellia, wie man meinte, in Folge von Vergiftung.[53] Nachdem weitläufige Verhandlungen über sein Ende zwischen den fürstlichen Höfen geführt waren, wurde seine Leiche nach Stablo transportiert und dort beigesetzt.

Neuntes Kapitel
Mutmaßlicher Ursprung der Kirche und Pfarre zu Wichmannsburg

Dass die Verbindung, in welche Wichmannsburg mit dem Kloster Corvey kam, von den Corveyer Mönchen fleißig benutzt wurde, um für die Ausbreitung und das Verständnis des Evangeliums in diesen Gegenden tätig zu sein, wurde bereits angedeutet. Gleichwohl scheint der Ursprung unserer Kirche nicht unmittelbar auf das Kloster Corvey zurückzuführen zu sein. Ein bestimmtes Jahr für die Gründung der hiesigen Kirche anzugeben, ist allerdings nicht möglich, da es an Nachrichten darüber gänzlich fehlt. Aber schon das ist bei dem großen kirchlichen Interesse, welches in der Billung'schen Familie herrschte, nicht unwahrscheinlich, dass Graf Wichmann selbst, angeregt durch Corveyer Glaubensboten, bei seiner Burg eine Burgkapelle angelegt habe. Ob diese sich aber in den Wirren und Kämpfen Wichmanns II. erhalten habe, und wann sie zu einer Parochialkirche erhoben sei, darüber lassen sich nur Vermutungen anstellen. Anfänglich gehörte die Gemeinde jedenfalls zur Taufkirche in Bevensen, und dieser Zusammenhang liegt deutlich vor uns.

Im 9. Jahrhundert wurde nämlich das Bistum Verden in neun Archidiakonate eingeteilt,[54] deren Sitze in Hollenstedt an der Este, Hittfeld, Scheeßel, Sottrum, Salzhausen, Modestorf (jetzt St. Johannis in Lüneburg), Bevensen, Holdenstedt an der Hardau und Kuhfelde in der Altmark waren. Der Bardengau war ungeteilt in die Diözese Verden eingeführt und umfasste die vier Archidiakonate Salzhausen, Modestorf, Holdenstedt a.d.H. und Bevensen. Nach dem Urteil Mahnekes[55] mag die erste Kirche zu Bevensen um 833, wenn auch noch sehr klein, gegründet und 1025 vergrößert worden sein. *„Wenigstens ist diese Jahrszahl"*, sagt er, *„bei Abbrechung der alten Kirche entdeckt worden, auch findet sie sich unter dem alten Kelche, der noch im Gebrauch ist."* Jene alte Kirche ist den Heiligen Drei Königen geweiht gewesen und hat bis 1735 gestanden.

Als Tauf- oder Archidiakonatskirche bildete die Bevenser Kirche den geistlichen Mittelpunkt der ganzen Umgegend. Bis auf mehrere Stunden im Umfang war die Gemeinde mit ihrem sonntäglichen Gottesdienst, mit Taufe, Begräbnis und kirchlichen Abgaben streng an die Bevenser Kirche gewiesen. Doch bildeten sich früh auf den Ritterhöfen und durch die Tätigkeit der Klöster, zumal des von Corvey, sogenannte Oratorien oder Kapellen, in welchen alltags Messe gelesen werden durfte. Diese Kapellen entwickelten sich im 12. bis 14. Jahrhundert teilweise zu eigenen Pfarrkirchen mit besonderen Sprengeln, und so hatte das Archidiakonat Bevensen im 14. Jahrhundert folgende zwölf Pfarren und Kapellen:[56] 1) Bevensen,

2) Barum, 3) Eitzen I, 4) Steddorf, 5) (Alten-)Medingen, 6) Römstedt, 7) Gollern, 8) Himbergen, 9) Dahlenburg, 10) Bienenbüttel, 11) Nahrendorf, 12) Wichmannsburg.

Von den genannten Kirchen ist nun die zu Wichmannsburg eine der ältesten. Denn wenn auch erst bei dem Jahre 1288 ein Pfarrer in Wichmannsburg erwähnt wird,[57] so reicht doch der Ursprung dieser Kirche in weit frühere Zeit zurück. Einen Anhaltspunkt für die Zeit ihrer Gründung bietet der Umstand, dass das Patronat über die Kirche zuerst bei dem Kloster Kemnade gefunden wird, welches dasselbe 1332 an die von Schwerin überlassen hat. Hiernach hätte das Kloster Kemnade entweder selbst die Kirche gegründet, oder das Patronat mit den Billung'schen Gütern überkommen, wo dann schon vor 967 eine Burgkapelle hier gestanden hätte. Jedenfalls ist aber auch in diesem Fall die Stiftung und Dotierung einer eigenen Pfarrkirche auf Kemnade zurückzuführen. Zu diesem Glaubenswerk scheinen aber die früheren Zeiten dieses Klosters weit geeigneter als die Zeiten seines Verfalls. Wäre der Kirchensprengel erst durch Abt Wibald festgestellt, wozu ja damals jedenfalls der Umstand auffordern musste, dass man auf diese Weise die geretteten Reste der zu Wichmannsburg gehörigen Güter besser zusammenhalten konnte, so dürfte die Gründung der hiesigen Pfarrkirche und damit auch der Pfarre und Küsterei nicht über das Jahr 1150 hinausgelegt werden. Nun findet sich aber im Wichmannsburger Kirchenbuch[58] aus dem Jahre 1685 die Nachricht, dass noch ein alter Leuchter aus feinem Messing vorhanden sei, der neben einem Wappen die Jahreszahl MII trage. Danach scheint es überaus wahrscheinlich, dass die hiesige Kirche um das Jahr 1002 schon bestanden hat.

Die Kirche stand ohne Zweifel auf dem jetzigen Kirchhof und war von Feldsteinen erbaut mit kleinen hochliegenden rundbogigen Fenstern ohne Glasscheiben. Turm und Glocke fehlten. Das Pfarrhaus wird in unmittelbarer Nähe desselben gelegen haben. Die neugegründete Pfarre, welche damals zu nächsten Nachbarn die Bevenser, Gerdauer (schon 1004 an das Kloster St. Michaelis übertragen) und Reinstorfer (gegr. 1059) hatte, wurde nun nach dem Kirchengesetz Karls d.Gr. mit einem Hof und zwei Hufen oder 60 Morgen Land vom Kloster dotiert, von denen ein Teil aus dem herrschaftlichen Gutsland, der andere aus Gütern des Klosters in Bargdorf und Hohnstorf genommen wurde. Zugleich erhielt die Pfarre zwei Hörige oder Leibeigene, einen in Wichmannsburg, der in dem sogenannten Wedemhaus[59] (auch geweihtes, zur Kirche gehöriges Haus) wohnte, welches erst 1874 abgelöst ist, und einen in Bargdorf, woselbst die Pfarre noch heute die Gutsherrschaft über eine Kote besitzt. Aus dieser Dotierung mit zwei Hörigen lässt sich ebenfalls auf eine Zahl von über 120 bäuerlichen Haushaltungen in der Gemeinde schließen, die sich in dem gegenwärtigen Umfang der Parochie längst nicht nachweisen lassen.

Dass die Kirche dem heiligen Ritter Georg geweiht gewesen, lässt sich daraus vermuten, dass dessen Bild sich noch heute neben dem des Schutzheiligen vom Kloster Medingen (welches später Patron unserer Kirche wurde), des heiligen Mauritius, an dem Flügelaltar zu Wichmannsburg befindet. Wem aber die Märtyrergebeine angehören, die in der Tumba des Altars aufgefunden wurden, und ob sie gleich bei Gründung der Kirche oder vielleicht erst später von einem Ritter, der sie auf einem Kreuzzug erwarb, dort niedergelegt sind, lässt sich nicht mehr beantworten.

Zehntes Kapitel
Die alte Goverfassung beginnt sich aufzulösen

Kehren wir nunmehr von den kirchlichen zu den bürgerlichen Verhältnissen der Gemeinde zurück, so muss man bedenken, dass mittlerweile die alte Verfassung des Bevenser Gos an vielen Stellen gelockert war. Wichmannsburg war als alter Grafensitz und dann als Klosterdomäne bereits aus dem Veestverband gestrichen. In Edendorf saß das Geschlecht derer von Edendorf, Cote hatten die Grote, Solchstorf die Grafen von Schwerin erworben; Hohnstorf, Bargdorf, Verle gehörten den Rittern von Schwerin. Es konnte nicht fehlen, dass diese Herrschaften die Verfassungsrechte der ihnen untergebenen Bauernschaft nach und nach an sich zogen. Wenn deshalb auch in diesen Dörfern der Zusammenhang mit dem Veest noch lange Jahrhunderte gewahrt blieb, so ging doch das alte Heer- und Gerichtswesen des Gos, das auf der Veesteinteilung beruhte, beständig mehr seiner Auflösung entgegen.

Das Volksheer hatte mit dem Aufblühen des Rittertums seine Bedeutung verloren. Die Ritter gebrauchten ihre Leute zum eigenen Schutz und duldeten nicht, dass sie unter das Banner des Goherrn gestellt wurden. Noch gab es freilich einzelne freie Bauern, wie jenen Reyner[60] auf dem jetzt Ritz'schen Hof in Hohnstorf, aber sie vermochten sich wegen der steten Kriegsbereitschaft nicht zu halten. Manche verließen deshalb die väterliche Scholle und flüchteten in die Stadt, wo sie als Bürger den goldenen Boden des Handwerks bauten, denn hinter den hohen Wällen und Mauern Lüneburgs wohnte noch Freiheit und deshalb auch Wohlstand, der durch den ausgedehnten Handel der Hansestadt beständig wuchs. Andere Freie begaben sich freiwillig in die Hörigkeit. Der Bauernstand ging täglich mehr der Freiheit und gesellschaftlichen Bedeutung verlustig. Damit musste ja die auf einen freien Bauernstand gegründete Goverfassung, namentlich das Volksheer fallen. Die Zeit des Faustrechts räumt gewaltig auf. Da die Gewalt regiert, schließt sich der Schwächere ängstlich an den Stärkeren an. Die Ritter wurden Vasallen der großen Prälaten,

Grafen und Herzöge bis zum Kaiser hinauf und fanden so auch als Dienende ihren freien, ehrenvollen Platz, denn Vasallendienst gab Adel, Ruhm und Reichtum. Nur der Bauer fand im Reichsheerschild keinen Platz.

Wie nun das Volksheer aufgelöst wurde, so kam auch bald die alte Volksgerichtsverfassung in Verfall. Dass in Wichmannsburg das Hals- und Handgericht schon früh von den Gutsherrn ausgeübt wurde, begreift sich, weil die Grafen ihre Grafschaftsrechte schon früh auf ihre Privatbesitzungen im Gau zu übertragen pflegten. Aber wir haben auch gesehen, wie schon 1146 dem Kloster Corvey ausdrücklich das Recht der Burgbahn auf seinen Gütern verliehen wurde. Denn die Gerichte gingen zunächst aus der Hand des Volkes in die der Fürsten über und diese, stets geldbedürftig, fingen bald an, die Lehen, welche sie den Rittern oder Herren gaben, mit dem Vogteirecht zu verleihen oder zu verkaufen, weil die beim Gericht zu erhebenden Brüche gut bezahlt wurden. Daraus erhoben dann diese Gutsherren regelmäßig den Anspruch, überhaupt vom Go- oder Landgericht frei zu sein.

Und im 14. Jahrhundert kam es so weit, dass sämtliche Prälaten und Ritter von den lüneburgischen Herzögen erreichten, dass fortan ihre Diener, Meier und eigenen Leute zunächst bei ihren eigenen Herren belangt werden sollten. Damit ging die ganze niedere Gerichtsbarkeit und, wo sie besonders verkauft war, auch die hohe oder Halsgerichtsbarkeit auf die Gutsherrschaft über. So lag z.B. in Bargdorf die niedere Gerichtsbarkeit in der Hand des Abts vom Kloster St. Michaelis. Dieser sandte auf Jakobi seine Ruralis oder Ausreuter hin, dem zu diesem Zweck vom Kapitel ein Schwert, ein Pfriemen, ein Messer, ein Fausthammer, ein Reitrock, eine Reittasche, ein Mantel und lederne Handschuhe gehalten wurden, um ein *gericht mines hern vom huse* halten zu lassen.[61] Solches Gericht ist z.B. 1555 in Bargdorf wegen der Höfeerbfolge abgehalten worden.[62] Bargdorf wurde überhaupt früh aus dem Veestverband gestrichen. Im Laufe der Zeit kam es endlich so weit, dass alle einzelnen Höfe in den Dörfern unter die Patrimonialgerichtsbarkeit und Heeresfolge ihrer Herren fielen. Jeder Hof hatte seine besondere Obrigkeit und bei dem häufigen Wechsel der Herrschaften war es oft schwer zu wissen, bei welchem Gericht man einen Frevler zu belangen hatte. Durch dies alles erklärt es sich auch, dass um 1450, nachdem bereits Cote und Verle untergegangen waren, von dem ganzen Solchstorfer Veest nicht mehr als die sechs Solchstorfer, ferner drei Hohnstorfer und neun Edendorfer Höfe landschatzpflichtig waren, während die übrigen an die Klosterpropsteien gehörten.

Elftes Kapitel
Wichmannsburg in den Händen derer von Schwerin

Oben ist bereits erzählt, wie die Schirmvogtei über Wichmannsburg vom Kloster Corvey in die Hand der lüneburgschen Herzöge gelangt war. Diese taten dieselbe gegen Ende des 13. Jahrhunderts an die von Schwerin als Lehen aus. Die Schwerin gehörten zu dem Stamm der Grote und waren Burgmänner in Lüneburg, d.h. sie hatten das herzogliche Schloss auf dem Kalkberg zu verteidigen, wofür sie dann sogenannte Burglehen erhielten. Sie waren im Amt Medingen reich begütert, besaßen z.B. die Dörfer Kettelsdorf und Höver, Höfe in Vorwerk, Bavendorf und Heiligenthal, Salzgüter in Lüneburg, die Zehnten in verschiedenen Dörfern und andere Güter. Otto von Schwerin, dessen Name uns in den Urkunden dieser Zeit seit 1325 oft begegnet, war nicht bloß edelgeboren und siegelbar, so dass er in eigenem Namen Urkunden ausstellen konnte, sondern er war auch Ritter, d.h. er hatte den Waffendienst erlernt, saß zu Pferde in geschlossener Rüstung, die gegen 100 Pfund wog, die gestickte Ritterschärpe über der Brust, an den Füßen vergoldete Sporen, das riesige Schwert an der Seite, die Lanze im Arm, den Schild mit dem laufenden Ross[63] in der Linken. Schon seine Vorfahren waren Ritter gewesen, hatten vielleicht in den Kreuzzügen Ruhm erworben. Er selbst war, wie üblich, vom Edelpagen oder Buben zum Knappen und dann zum Ritter aufgerückt. „Ertrage diesen Schlag und keinen mehr!" war ihm beim Ritterschlag zugerufen, und dabei hatte er geschworen, stets wahr zu reden, das Recht und die Kirche zu schützen, die Unschuld zu verteidigen und die Ungläubigen zu bekämpfen. Er ließ seine Urkunden noch lateinisch ausfertigen und begann meist im Namen Gottes oder der Heiligen Dreieinigkeit. Die Wichmannsburg, in deren unmittelbarer Umgebung seine meisten Lehen lagen, scheint Ottos gewöhnlicher Wohnsitz gewesen zu sein, wenn er nämlich nicht auf der Burg in Lüneburg zu sein brauchte. Sein Sohn Heinrich war ebenfalls zum Waffendienst erzogen, brachte es aber nicht über den Knappen hinaus. Eine Tochter namens Richerde war an Hermann von Meding verheiratet.

In diesen Händen finden wir 1332 die Trümmer des wichmannsburgschen Haupthofes und zwar, als sie im Begriff sind, sich derselben zu entledigen. Ritter Otto wurde nämlich in gewisse Angelegenheiten des städtischen Handels hineingezogen, welche über die Interessen des Rittertums den Sieg davon trugen. Der Rat von Lüneburg wünschte, in Verbindung mit den Pröpsten von St. Michaelis und Medingen, dass bei dem Mangel an sicheren und wegsamen Landstraßen der Wasserweg der Ilmenau zwischen Lüneburg und Uelzen eröffnet und deshalb die auf dieser Strecke liegenden Mühlenstellen mit ihren Stauwerken abgebrochen würden. Das hieß aber nichts geringeres, als zugleich die Aufgabe der Wichmannsburg zu verlangen. Denn mit Abbruch des Mühlenstauwerks in Wichmannsburg wurde die Burg schutzlos, und es wäre ein Hohn auf die Ritter gewesen, wenn die Schiffe der Kaufleute unter ihren Mauern hätten vorüberfahren dürfen. Aber Otto war nicht im Stande, sich dem Begehren zu widersetzen. Die Blüte des Rittertums war vorüber,

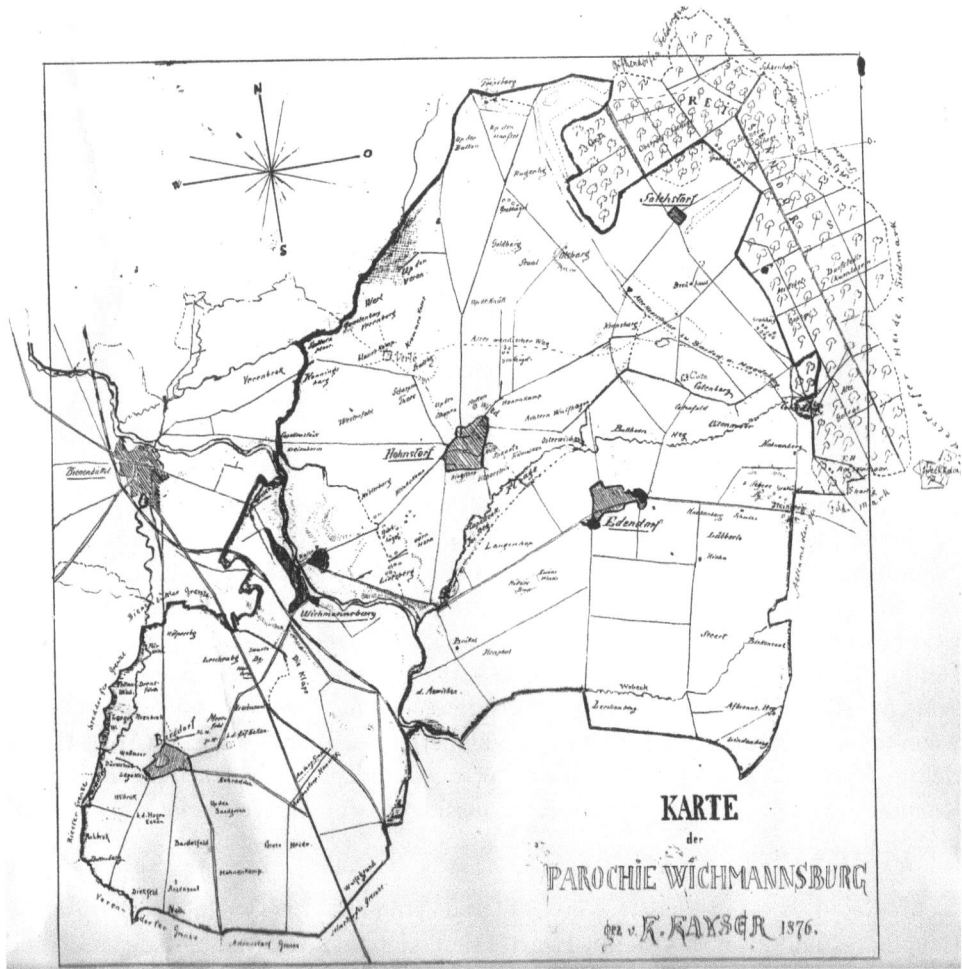

der reitende Krieg war mittlerweile durch den Belagerungskrieg verdrängt, das Fußvolk, mit dem das Rittertum sich nicht befasste, hatte die Zukunft. Dazu war der stets wachsende städtische Handel dem angeerbten Wohlstand des Adels über- legen. Die beständigen Fehden verschlangen unendliches Geld und manche Ritter waren wirklich arm dadurch geworden. Vielleicht waren auch Ottos Vermögens- umstände nicht sehr glänzend, wenigstens weisen die alten Urkunden viele Veräu-

52

ßerungen von ihm, wenig oder gar keine Erwerbungen auf. Genug, Otto von Schwerin entschloss sich, sein vielleicht ohnehin verfallenes Schloss in Wichmannsburg aufzugeben.

Im Frühjahr 1332 scheint das Wesen in Wichmannsburg aufgelöst worden zu sein. Die letzte Hälfte des großen und kleinen Zehnten zu Bienenbüttel war schon 1324 an Johann Snuffler und den Vogt Ludolf in Lüneburg verkauft.[64] Die Wichmannsburger Mühle wurde am 17. Mai 1332 dem Kloster Medingen überlassen.[65] Vier Wochen später (15. Juni) wurde der Zehnte zu Bargdorf veräußert,[66] und abermals fünf Wochen später trugen die Ritter Otto und Heinrich von Schwerin ganz Hohnstorf, halb Edendorf und Höfe in Bavendorf den Herzögen als Burglehen auf, zu Ersatz für die zu Burglehen gehabten Salzgüter in Lüneburg, die sie veräußert hatten.[67]

Da aber alle diese Güter doch Eigentum des Klosters Kemnade waren, so kann es uns billig wundern, wie dessen Schirmvögte, die Ritter von Schwerin, anvertrautes Gut veräußern konnten. Allein es war keine seltene Erscheinung, dass bei den Schirmvogteien des Mittelalters die Advokaturkosten sich schließlich mit dem Wert des geschützten Besitzes deckten. So werden auch die lüneburgischen Herzöge dem Kloster Kemnade eine solche Rechnung vorgelegt haben, die es von den Renten allein nicht mehr bezahlen konnte. Genug, die Herzöge betrachteten sich schon seit längerer Zeit als Eigentümer des Gutes Wichmannsburg und ihre Lehnsträger verfügten ebenso eigenmächtig darüber. Und so sah sich das Kloster Kemnade schließlich 1332 genötigt, wenn es nicht ganz leer ausgehen wollte, die daselbst in Lehen gegebenen Güter an die Ritter von Schwerin zu verkaufen und auf etwaige Rückstände und Forderungen zu verzichten. Die Kaufsumme ist nicht bekannt. Die lateinische Verkaufsurkunde ist indes noch aufbehalten[68] und lautet in Übersetzung folgendermaßen:

„Wir, die Priorin und der ganze Konvent des Klosters der heil. Jungfrau Margarethe zu Kemnade, Ritter Ernst Hake, Provisor des genannten Klosters, und Bertram, Kaplan des edlen Herrn von Homburg, tun allen, die diese Urkunde sehen oder hören, kund und zu wissen, daß wir mit gutem Vorbedacht aller Unsrigen, die es angeht, unsre sämmtlichen Güter in Wichmannsburg nebst den zubehörigen Gütern,[69] über welche der edle Ritter, Herr Otto von Schwerin und seine Eltern vor ihm namens unsers Klosters die Schirmvogtei inne gehabt haben, mit allen Eigentums- und Herrschaftsrechten und sämmtlichen Nutzungen und Einkünften nebst dem Patronatsrechte der dortigen Kirche oder Parochie, vorbenanntem Herrn Otto und seinen Erben zum freien unbehinderten ewigen Besitze verkauft haben, indem wir zugleich auf alles Recht, welches wir und unser Kloster bislang an jenen Gü-

tern gehabt haben, Verzicht leisten. Sollten wir ferner aus vorbenannten Gütern nicht alles richtig empfangen haben, so erlassen wir solches dem genannten Herrn Otto und seinen Eltern, indem wir sie vor Gott und Menschen wegen derartiger Aufkünfte für entbunden und frei erklären. Diese vorbenannten Stücke bezeugen der Ritter Herr Heinrich von Redhen, die Consuln in Hannover Johannes der ältere und Johannes der jüngere genannt von Steenhus, Johannes der ältere und Johannes der jüngere genannt von Nyenstade, Dietrich von Scherle und Johann, Pfarrer der Kapelle von Halremunt nebst vielen andern glaubwürdigen Leuten. Zu besserer Bezeugung dieser Sachen haben wir, nämlich vorbenannter Konvent, Ritter Ernst und Herr Bertram unser Insiegel an diese Urkunde hängen lassen, die gegeben ist im Jahre des HErrn 1332 am St. Michaelisfeste."*

Dass das Kloster durch die Eigenmächtigkeit der Herrn von Schwerin zu diesem Verkauf genötigt wurde, ergibt sich nicht nur aus vorstehender Urkunde, sondern auch daraus, dass dieselben schon im Mai, Juni und Juli Güter als ihr freies Eigentum veräußerten, in deren Besitz sie erst Ende September gelangten. Auch scheinen die Verhandlungen nicht sehr glatt abgegangen zu sein, wenigstens erfolgte die Bestätigung dieses Verkaufs von Seiten des Klosters Corvey erst 1335.

Was übrigens den Abbruch der Mühlenstelle in Wichmannsburg betrifft, so lassen wir die Übersetzung der lateinischen Urkunde[70] hier folgen:

Im Namen Gottes! Amen. Wir, Otto von Schwerin Ritter und Heinrich Knappe, bezeugen durch gegenwärtige Urkunde, daß mit einmütiger Zustimmung aller unsrer Erben zwischen den ehrwürdigen Herren, Herrn Werner, Abt des Klosters St. Michaelis in Lüneburg und Herrn Ludolf, Probst zu Medingen und deren Konventen und uns die Verabredung getroffen ist, daß wir unsere Mühle, die wir in Wichmannsburg haben, gänzlich abbrechen und weder wir, noch unsere erbliche Nachkommenschaft die Mühle oder ein anderes Gebäude an derselben oder einer anderen, zwischen Lüneburg und Zellensen (so hieß damals Medingen) gelegenen Stelle in Zukunft je wieder aufbauen wollen, so daß der Lauf der Ilmenau von Zellensen bis Lüneburg frei sei und die Schiffe in Zukunft auf und niederwärts durchaus kein Hindernis finden. Denn alles Recht, welches uns an gedachter Ilmenau zustand, überlassen und übertragen wir gänzlich auf obgenannte Herren Abt und Probst und ihre Konvente. – Und weil das Kloster Kemnade seit undenklichen Zeiten einen Wichhimpten Winterweizen in jener Mühle zu Wichmannsburg besitzt, so überlassen wir demselben, damit ihm aus dem Abbruch der Mühle zu Wichmannsburg kein Schaden erwachse, zum vollen Ersatze jenen Wichhimpten jährlich auf ewige Zeiten aus einer anderen Mühle, namens Honemühle (jetzt Hönkenmühle), welche vorgenannter Probst und Konvent auf ewige Zeiten an Stelle jener abzubrechenden

54

Mühle hergegeben haben. – Zur Aufrechterhaltung dieser Übereinkunft verpflich-
ten wir uns und unsere Erben oder Nachfolger auf ewige Zeiten. Solches geloben
wir den ehrwürdigen Herren, vorbenanntem Abt und Probst und ihren Konventen,
und geben den Herren Gerlach, Probst zu Lüne, den Rittern Werner, genannt Gro-
te und Ghevehard vom Berge, den Ratsherren in Lüneburg Albert von der Mölen,
Hermann Huth und Nicolaus Hoyken unser Wort darauf. Des zum Zeugnis sind
unsere Insiegel an gegenwärtigen Brief gehängt, der gegeben ist im Jahre des
HErrn 1332 am Sonntage Cantate.

In einer gleichzeitigen Urkunde vom selben Datum wird dieser Revers derer
von Schwerin von den Herzögen Otto und Wilhelm von Braunschweig-Lüneburg
anerkannt.[71]

Von jetzt an entfaltete sich ein reges Leben auf den Fluten und an den Ufern der
Ilmenau. Die langen flachen Ewer, welche stromaufwärts an langen Tauen gezogen
wurden, die an der Spitze des Mastbaums befestigt waren, stromabwärts aber mit
Staken bewegt wurden oder bei günstigem Wind segelten, holten für die Saline
Holz aus den Holzungen von Kirchweyhe, Nettelkamp, Molzen, Bevensen und
Edendorf, wodurch sich für die Interessenten eine treffliche Einnahmequelle eröff-
nete. Auch brachten sie den Dörflern allerlei Erzeugnisse der Stadt, Kalk vom
Kalkberg, Salz, Eisenwaren, Zeugstoffe, Bier und vor allem den beliebten Hering,
der noch heute fast die tägliche Speise der Bauern bildet und den man damals
Soltmann nannte. Wie manche Tonne Soltmann mag neben der Bienenbütteler,
Wichmannsburger und Bruchtorfer Brücke auf die Wagen und Karren der Bauern
verladen sein! Andererseits wurden auch auf diesen Schiffen die Produkte des Landes, namentlich Wolle, Flachs, Leinen, Korn, Eier, Butter, Honig und selbst Vieh
zur Stadt gebracht. Man darf behaupten, dass die Eröffnung dieser neuen
Wasserstraße eine der Hauptursachen der Wohlhabenheit wurde, welche im 14.
Jahrhundert in diesen Gegenden herrschte.

Übrigens scheinen die Mühlenstellen doch nicht sofort völlig abgebrochen zu
sein. Man versuchte, vielleicht auch ohne das Hauptstauwerk, den Betrieb derselben fortzusetzen. Erst zwanzig Jahre später, nämlich 1343, verkaufte das Kloster
Medingen seine drei Mühlenstellen in Wichmannsburg, Bruchtorf und Nassenott-
torf mit allem Recht und Anschuss an den Rat in Lüneburg, *„um die Schiffart un-*
gehindert zu machen",[72] verpflichtete sich auch, in Medingen eine beständige Zugbrücke *en ewig verghat* mit Leuten, Winden und Seilen zu halten und erhielt dafür
das Recht, von jedem Faden (vatmen, d.h. so weit man fassen kann) Holz drei
Pfennig, von jeder Last sonstigen Gutes sechs Pfennig und vom ledigen Schiff
aufwärts ebenfalls sechs Pfennig Zoll zu erheben. Außerdem musste für Fracht und

Fahrt auch an den herzoglichen Vogt in Uelzen und Lüneburg bezahlt werden. Im Jahre 1666 hob das Amt Medingen (in Bienenbüttel der Vogt für das Amt) auf jeden Faden Holz 4 Schilling, wovon 2 Schilling in die fürstliche Kammer, 2 Schilling in den Landschatz flossen.[73] Andere als Holzschifffahrt kam damals selten mehr vor. Um die Mitte des 14. Jahrhunderts aber war die Schifffahrt auf der Ilmenau nicht unbedeutend, wovon noch bis auf diese Tage das in der Uelzener Kirche aufgehängte kupferne Schiff Zeugnis gibt. Erst mit Anfang dieses Jahrhunderts ist durch den Bau der Lüneburg-Uelzener Heerstraße (seit 1795) und durch Herstellung eines fahrbaren Weges zwischen Wichmannsburg und Bienenbüttel die Schifffahrt eingegangen.

Um nun wieder zu unseren Rittern zurückzukehren, so fuhren sie nach Auflösung des Wichmannsburger Haushalts fort, die noch übrigen zugehörigen und benachbarten Güter zu veräußern. So verkauften sie am 25. Januar 1339 für 250 Mark Lbg. Pfge. dem Kloster Medingen das Dorf Adelstorp (jetzt Addenstorf) mit dem dabei liegenden Holz La und der Rockenmühle *mit demselben Rechte, wie sie dieselben von den Klöstern Ebbekestorpe* (Ebstorf) *und Kemnade gekauft haben,*[74] woraus man indes nicht ohne weiteres schließen darf, dass die Rockenmühle einst mit dem Wichmannsburger Haupthof an das Kloster Kemnade gelangt sei.

An demselben Tag übertrugen sie auch das Patronat von Wichmannsburg an das Kloster Medingen, worüber wir die Urkunde[75] in Übersetzung hier wiedergeben:

Im Namen des HErrn! Amen. Wir Otto von Schwerin, Ritter, und Heinrich, des genannten Herrn Otto's Sohn, Knappe, wünschen allen und jeden, die dies sehen, Heil in dem Heilande aller. Damit das, was in der Zeit geschieht, nicht mit dem Laufe der Zeit aus dem Gedächtnis verschwinde und in nichts vergehe, so frommt es, dasselbe durch der Schrift Bekräftigung und Zeugnis zu erhärten. Daher haben wir um des Herrn willen und zu Troste unserer Seelen, sowie aus besonderer Freundschaft geschenkt und schenken durch gegenwärtige Urkunde dem ehrwürdigen Herrn Probsten Ludolf, der Priorin und dem Konvente in Medingen das Patronatsrecht über die Kirchen in Wichmannsburg, daß es bei genanntem Kloster Medingen auf ewige Zeiten bleiben soll. Damit also nicht unsere gegenwärtige freie Schenkung von irgend jemand inskünftige angefochten werde, haben wir ihnen gegenwärtiges Schriftstück gegeben und unser Insiegel daran hängen lassen. Zeugen dieser Schenkung sind die ehrwürdigen und edlen Herren, Herr Gerlach Probst in Löne, Ulrich von Etzendorf, Kanonikus in Ramelsloh, Antonius, Pfarrer zu Modestorf, Johannes von Römstedt, Pfarrer der Kapelle zum heil. Geiste auf dem neuen Markte zu Lüneburg, Albert von der Mölen, Hermann Hut und Nicolaus

Hoyken, Konsuln in Lüneburg und mehrere andere glaubwürdige Leute. Gegeben im Jahre des HErrn 1339 am Tage der Bekehrung des heil. Apostels Paulus.

Außerdem verkauften die von Schwerin 1344 den 15. August dem Kloster Medingen noch eine Wiese in der Nähe von Wichmannsburg, welche damals *de grönede Wisch* genannt wurde, für 13 Mark Lbg. Pfge.[76] Dieselbe gehört noch heute dem Kloster und der Ort heißt noch heute „de grönede Grund". Endlich übertrug Heinrich von Schwerin nach seines Vaters Tod noch eine Wiese in Wichmannsburg nebst einem Hof in Hohnstorf an das Kloster Lüne.[77] Von den übrigen in Hohnstorf und Edendorf veräußerten Gütern wird unten die Rede sein.

Nachdem auf diese Weise die einzelnen Parzellen des Wichmannsburger Haupthofes zerstückelt und verkauft, die alte Burg, wenn sie überall noch stand, wertlos geworden war, und Heinrich, der mittlerweile (ähnlich wie zwanzig Jahr früher Ritter Johann von Embsen es gemacht) ganz nach Lüneburg gezogen war, bei den beständigen Fehden des baren Geldes immer sehr bedurfte, so suchte er sich auch des Restes dieses Gutes zu entledigen und fand 1357 einen Käufer dafür.

Zwölftes Kapitel
Wichmannsburg kommt in Besitz der Gebrüder Hogeherte zu Lüneburg

Aus der Mitte der Lüneburger Patrizier hob sich um jene Zeit ein Geschlecht heraus, welches an dem Handel der alten Hansestadt stark beteiligt war und um das Aufblühen derselben ziemliche Verdienste hatte, das waren die Hogeherte. Ihr Reichtum und ihre nahe Verschwägerung mit dem alten Rittergeschlecht derer von Rammekendorpe bahnte ihnen leicht den Weg zum Hofe, und so finden wir diese Familie unter den ersten aus bürgerlichem Stande, welche von den Herzögen mit einem Lehen betraut wurden.

Dietrich oder Tydke Hogeherte war noch ein junger Mann, als er bereits zur Würde eines Lüneburger Ratsherrn gelangte. Die aufbehaltenen Urkunden weisen zahlreichen Ländererwerb auf, den er im Laufe seines langen Lebens gemacht hat. Unter anderem ist das Dorf Hohnstorf sowie Güter in Edendorf und Bavendorf von ihm und seinen Erben besessen worden. Er starb gegen Ende des 14. Jahrhunderts mit Hinterlassung seiner Witwe Ida und eines Sohnes Friedrich. Letzterer begegnet uns wieder als Ratsherr 1418, wo er mit Heinrich Tienpenning die Fischereigerechtigkeit in der Ilmenau von Lüneburg bis an die Elbe von den Herzögen Wilhelm und Otto kauft, die bald hernach an die Viscule und von diesen 1478 an die Stadt Lüneburg gekommen ist. Derselbe Friedrich Hogeherte kauft 1425 vom Bischof

Johann III. von Verden die auf dem Sattelhof in Bevensen ruhenden Gerechtigkeiten und Gerichte, während der Hof selbst 1428 an das Kloster Medingen kam.[78]

Nachdem nun Heinrich von Schwerin die Zustimmung seines bald nachher verstorbenen Schwagers Hermann von Meding, seiner Schwester Richerde und ihres Sohnes Werner, sowie seiner übrigen Erben – er selbst war wohl kinderlos – eingeholt hatte, setzte er sich mit den Gebrüdern Dietrich und Johann Hogeherte in Beziehung und verkaufte am 21. März 1357 ihnen und ihren rechten Erben, sowie Hartwig Rammekendorpe und seinen rechten Erben sein Dorf zu Wichmannsburg für 220 Mark Lbg. Pfge.,[79] *alse it gelegen is in Holte, in Watere, in Ackere, in wischen, in weyde, mit richte vnde mit rechte, beyde hoge vnde side, in hals vnd in hant vnde menliken (d.h. männiglich, also die einzelnen Bauern und Knechte, auch Weiber und Kinder) mit al dem richte vnde rechte, alse it mi min Elderen eruet hebbet vnde ik it beseten hebbe wante in desse stunde, also scal it ere wesen vnde erer rechten ernen quid vnde vrie tho voerkopende, tho vorsettende vnde tho vorgheuende gheystliken edder werliken luden, wor edder weme se willet.* Als Zeugen dieses abgeschlossenen Handels werden eine Menge von Rittern aufgeführt, welche zugleich für den Fall, dass besagter Verkauf den Käufern sollte streitig gemacht werden, nach üblicher Weise geloben, denselben binnen vier Wochen zu ihrem Recht zu verhelfen oder in die Stadt Lüneburg einzureiten und dort so lange nach Liegers Recht zu liegen, bis sie dieselben gänzlich entledigt hätten.

In diesem Verkauf war übrigens das Holz „die Kläpe" bei Wichmannsburg nicht mit eingeschlossen. Dieses verkaufte vielmehr Heinrich von Schwerin samt den Edendorfer Gehegen Lübbeslo und Stert und der dortigen Holzgerichtsbarkeit 1361 an das Kloster Medingen.[80]

Heinrich starb 1371, nachdem er zuvor seine „Schöneweiberkothe" im „Grimm" verkauft und 1366 eine Vikarie bei dem Hauptaltar der St. Gertrudenkapelle in Lüneburg zum Troste seiner Seelen gestiftet hatte.[81]

Dreizehntes Kapitel
Wasmund von Meding erwirbt Wichmannsburg und erbaut daselbst eine neue Feste

Die guten Wichmannsburger hatten sich kaum an ihre neue Herrschaft gewöhnt, als sie abermals mit Mann und Maus verkauft wurden. Man handelte ja damals mit Dörfern und Höfen wie heute mit Aktien und Obligationen. Zum Glück wurden unsere Verkauften nichts mehr davon gewahr, als dass man ihnen ankündigte, dass sie fortan ihre Abgaben nicht mehr an die Herren Hogeherte und

Rammekendorpe in Lüneburg, sondern an den Knappen Wasmod von Meding auf Schnellenberg zu leisten und diesen als ihren rechtmäßigen Herrn und Richter anzusehen hätten.

Über den neuen Besitzer lassen sich aus den alten Urkunden manche kleine Züge zu einer Art Bild zusammenstellen. Wasmod gehörte dem alten, begüterten lüneburgischen Ministerialengeschlecht derer von Meding an,[82] welches seinen Stammsitz noch bis zum Anfang des 13. Jahrhunderts in Altenmedingen hatte, seit 1162, also durch sieben Jahrhunderte urkundlich zu verfolgen ist und dessen Geschichte mit der der welfischen Fürsten mehrfach zusammenhängt. Schon seine Ahnen hatten das erbliche Marschallamt der braunschweig-lüneburgschen Fürsten bekleidet, d.h. sie hatten den herzoglichen Marstall, die Gestüte, Fourage und Weiden zu beaufsichtigen und begleiteten den Herrn auf seinen Rundreisen und Heerzügen. Auch ihre Frauen hatten Ehrendienste und Geschäfte am Hof zu verrichten. Wasmods Vater Werner war der Urenkel jenes älteren Werner, welcher 1241 das Kloster in Altenmedingen erbaute. Seine Mutter Adelheit stammte aus dem Hause der Groth, seines Vaters Schwester Mechthild, auch Mettike genannt, war Priorin des medingschen Klosters und vollzog die Übersiedelung desselben von Altenmedingen nach dem Dorfe Zellensen bei Bevensen, welches später vom Kloster den Namen Medingen erhielt. Vor seinen fünf Geschwistern war Wasmod, wie es scheint, nicht bloß durch den Erblandmarschalltitel, sondern auch durch eine überaus gesunde, urkräftige, praktische Natur bevorzugt. Die über ihn aufbehaltenen Urkunden reichen von 1338 bis 1406, umspannen also einen Zeitraum seiner öffentlichen Tätigkeit von 68 Jahren. Danach muss er ein ungewöhnlich hohes Alter erreicht haben. Seine Gattin Ermengardis gehörte dem lüneburgischen Geschlecht der Miles (Ritter) an und gebar ihm sechs Söhne. Wasmod sah noch die letzten Tage Ottos des Strengen, in dessen Gefolge wir schon seinen Urgroßvater Werner 1290 in Erfurt finden, erlernte darauf das Ritterwesen, worin er es bis zum Knappen brachte, und diente dann als Marschall den Herzögen Otto und Wilhelm, von denen Letzterer seit 1352 alleiniger Herr des Landes war. Dass Wasmod für seinen Herzog durchs Feuer gegangen wäre, kann man nicht behaupten. Und doch bedurfte der Herzog des Beistands sehr. Er hatte eine schwere Fehde mit seinem Großsohn Albrecht von Sachsen-Lauenburg. Dieser hoffte, weil Wilhelm söhnelos war, Herr des lüneburgischen Landes zu werden und hatte sich vom Kaiser schon mit seinem voraussichtlichen Erbe belehnen lassen. Da bestimmte Wilhelm seinen Schwiegersohn Ludwig von Braunschweig zum Erben, einen Jüngling von 20 Jahren, der sich auch bereits vollständig als Mitregent ansah. Jetzt war der Krieg unvermeidlich, und Wilhelms Kasse war doch erschöpft! Die Schlösser und Güter brachten wenig auf und der Landschatz deckte die Rüstungskosten kaum. In dieser Zeit – 1354 – setzte der Herzog seinen Erblandmarschall, der als guter Finanzmann bekannt war, nebst Heinrich Molzen auf das ihm verpfändete Schloss Dannenberg als Amtleute.[83] Das Schloss sollte offenbar in Kriegsbereitschaft gesetzt werden. Im folgenden Jahr reichten die Herren für Vorschüsse und Verwaltungskosten eine Rechnung von 113 Mark Lbg. Pfge. ein,[84] für damalige Zeiten, wo zwei fette Weideochsen zusammen 10 Schilling kosteten, gewiss eine tüchtige Summe! Ob dies nun beim Fürsten ungnädige Äußerungen hervorgerufen, genug, wir finden Wasmod noch im Herbst des Jahres 1355 im Dienst des politischen Gegners Wilhelms, nämlich Herzog Erichs II. von Lauenburg,[85] der ihn zum Amtmann im Lande Darzing (jetzt Darzau, Amt Neuhaus) mit hundert Mark Hamb. Pfge. auf ein Jahr ernannte, woneben ihm die Brüche überlassen wurden, er aber geloben musste, ohne des Herzogs Genehmigung weder rauben noch von den Leuten im Darzing Schatzung erheben zu wollen, wie sein Vorgänger, Raubritter Hermann Ribe, schrecklichen Angedenkens getan hatte. Wir sehen, dass Wasmod mit den verschiedensten Parteien fertig werden konnte. An dynastische Interessen verkauft er sich nicht, mit dem Herzog entzweit er sich, aber er wird sich auch wieder mit ihm versöhnen.

Mittlerweile hoben sich Wilhelms Verhältnisse, so dass er sich acht Jahre lang der kaiserlichen Verfügung widersetzen konnte. Da, im Jahre 1363, erreichten es die Gegner, dass die Acht über ihn erklärt wurde, und drei Jahre später verhängte auch der Bischof von Minden den Bann über das Herzogtum,[86] - d.h. über den Loingau, denn über den Bardengau hatte er nicht zu sagen. Da waren die armen Leute jenseits des Gillbecks für die Fehler ihrer Fürsten schwer gezüchtigt. Wo Glocken waren, mussten sie schweigen, der Gottesdienst durfte nur hinter verschlossenen Türen gefeiert, keine Ehe eingesegnet, kein Toter kirchlich bestattet werden, ausgenommen die Priester, Bettler und zweijährigen Kinder. Der Herzog berief seine Räte nach Celle und suchte auf alle Weise Mittel zum Kriege zu erwerben, verkaufte Güter und schlecht befestigte Schlösser und erwarb gute Festen wieder, besonders in der Nähe des kaiserlich gesinnten Lüneburg.

Wasmod von Meding hatte die Situation in seinem praktischen Scharfblick längst erkannt. Wenn er dem Herzog eine gut befestigte Burg in der Nähe von Lüneburg anschaffen konnte, so war er ihm gewiss willkommen und konnte nebenbei ein Geschäft machen. Welcher Ort hätte dazu geeigneter sein können als das nahe Wichmannsburg, welches noch von uralten Zeiten her Befestigungswerke trug, ohnehin sehr geschützt lag, ein altbillungscher Besitz war und von dem damaligen Inhaber, dem es doch nur auf die Fruchtrenten und andere Bezüge ankam, vorteilhaft zu kaufen stand! Wasmod kaufte also von den Hogeherte die Wichmannsburg.[87] Um aber die Kaufsumme zusammenzubringen, verkaufte er an das stets zahlungsfähige Kloster Medingen das Dorf Reinzedemur,[88] welches nachher untergegangen und dessen Name noch im Forstort Reisenmoor erhalten ist. Hierauf begann er 1361 eine neue Festung in unserem Dorf zu erbauen; nicht wieder an derselben Stelle, wo die Ruinen der ersten Burg standen, - denn die war seit Abbruch des Stauwerks unbrauchbar – sondern auf der Anhöhe, welche jetzt den Küstergarten sowie einen Teil des Pfarrgartens und des Kirchhofes bildet. Hier fand eine Besatzung durch die sumpfige Niederung im Westen, durch die Ilmenau im Osten gute Deckung. Die Bauern mussten also Grand und Steine fahren, Ziegel und Kalk kamen zu Schiff von Uelzen und Lüneburg, der Steinhaufen des alten Schlosses wurde vermutlich benutzt und nach der Bauart der damaligen Zeit, nämlich aus zerschlagenen Ziegeln und Feldsteinen, in Kalk gestampft, das Innere der Mauern auszufüllen, ein ansehnliches Schloss mit Turm, Wall und Mauer aufgeführt. Alte Leute berichten noch, wie sie zu Anfang dieses Jahrhunderts in der nördlichen Ecke des Pfarrgartens Reste von Kellerwölbungen und anderem Gemäuer, außerdem dort wie im Küstergarten Stein- und Bleikugeln gefunden hätten. Ein Wall, welcher vielleicht als Brustwehr diente, ist erst 1873 auf dem Kirchhofe abgetragen. Diese steile Böschung am Küstergarten und eine Strecke an der Ilmenau, welche noch heute „der Wall" heißt, sind die letzten Spuren jener vor fünf Jahrhunderten erbauten Burg, deren Herstellung damals ohne Zweifel ziemliches Leben in das eintönige Tagewerk unserer Bauern gebracht hat.

Als der Spekulationsbau seinem Ende nahte, gedachte Wasmod daran, dass ja die Fruchtrenten, welche früher zum Unterhalt der Burg gedient hatten, veräußert seien. Er kaufte deshalb, um einen Schlosshaushalt zu ermöglichen, den großen und den kleinen Zehnten zu Wichmannsburg sowie eine Wiese an der Ilmenau, die er von Hartwig von der Sulten, einem lüneburgischen Ratsherrn, erwarb; ferner erstand er vom Propst Dietrich von Langlingen in Medingen das südlich gelegene, bis an die damalige Heerstraße sich ausdehnende Holz, die Kläpe, welches zur Verteidigung des Kastells unentbehrlich war, und anno 1366, gerade in dem verhängnisvollen Acht- und Bannjahr, hatte er das Wesen so gut arrondiert, um es dem Herzog zum Verkauf anbieten zu können.

Vierzehntes Kapitel
Herzog Wilhelm von Lüneburg wird Herr von Wichmannsburg

Es könnte sonderbar erscheinen, dass nach der Mitte des 14. Jahrhunderts, als bereits Berthold von Freiburg das Schießpulver erfunden hatte, eine so unbedeutende Burg, die heute dem ersten Bombenschuss vom Schwarzen Berg aus erlegen wäre, neu erbaut wurde. Aber einerseits war jene Erfindung, die dem Rittertum den Garaus machte, noch nicht gleich für den Krieg nutzbar gemacht und andererseits währte es oft lange, ehe ein Fortschritt im Süden des Vaterlandes auch im Norden zur Geltung kam.

Herzog Wilhelm, jeden Augenblick der Fehden und des Krieges gewärtig, nahm das Anerbieten Wasmods gewiss um so lieber an, als sich ja gerade an die Wichmannsburg Erinnerungen knüpften, die seinem fürstlichen Haus teuer sein mussten. Es kehrte gleichsam ein alter Familienbesitz nach langem Kreislauf wechselnder Inhaber an das welfische Haus zurück. Übrigens scheint auch Wasmod bei diesem Handel kein schlechtes Geschäft gemacht zu haben, wenn man bedenkt, dass er die Hand- und Spanndienste beim Bau so gut wie umsonst hatte, die nötigen Feldsteine aber über Bedarf auf Wichmannsburger Grund und Boden fand. Er wurde mit dem Herzog um 500 Mark einig und überließ ihm dafür das ganze Dorf Wichmannsburg mit der von ihm erbauten Feste, dem großen und kleinen Zehnten, der neu beigelegten Wiese und dem Kläpeholz.[89] Abgeschlossen wurde der Kontrakt unter Vermittlung und Garantie der Ritter Segeband vom Berge, Cord von Lutteren und der Knappen Wulbrand von Reden und Dietrich von Hederen.[90]

Die herzogliche Burg muss indes doch wohl ihren Zweck nicht recht erfüllt haben oder der Herzog muss in großer Geldverlegenheit gewesen sein, genug, schon im folgenden Jahr finden wir sie nicht mehr in fürstlichen Händen. Als die, bei der noch schwebenden Reichsacht fortdauernde, beständige Kriegsbereitschaft immer höhere Kosten verursachte, hat sich der Herzog vermutlich genötigt gesehen, sein Schloss wieder zu veräußern, vielleicht mag es auch bei einem feindlichen Überfall zerstört worden sein. So viel steht fest, der Herzog setzte sich schon nach wenigen Monaten nebst seinem Schwiegersohn und designierten Thronerben, Ludwig von Braunschweig, ins Benehmen mit dem Propst Dietrich von Medingen und wurde mit dem Konvent des Klosters (welches bereits einen erheblichen Teil der alten Wichmannsburger Güter erworben hatte) dahin einig, ihm das Dorf mit Zubehör zu demselben Preis zu überlassen, welchen er seinem Erblandmarschall dafür gezahlt hatte. Die Kaufakte ist insofern von Interesse, wenn man die anderthalb Jahrhundert später von einem Nachfolger des Herzogs vollstreckte Einziehung der Klostergüter im Auge behält. Wir setzen sie deshalb ihrem Wortlaut nach hierher:[91]

Van der gnade Godes we Her Wilhelm Hertoghe to brunswich vnd van Luneborch. Vnd junchere Lodewigh Hertogen Magnus sone van Brunswich des elderen. Bekennet openbare in dessem breue. Dat we hebbet vorkoft vnd vorkopet in dessem breue den erliken Gheistliken luden Hern Dyderike von Langhelge[92] Poueste vnd sinen Nakomelighen vn der Priorinde vnd dem ganzen Conuente des Closters to Medingh vor viſhundert Luneborgher mark de vns rede van en bered sin, Wichmannsborgh vn den thegenden ouer dat sulve dorp, beyde Lutteken vnd groten, den Wasmod van Medingh sunderliken ghekofft hadde, vn eyne wisch, de desse sulve Wasmod van Medinge ok sunderliken ghekoft hadde van Hartwighe van der Sulten,

Ratmann to Luneborgh, vn dat holt dat de Clepene[93] heten is. Vn alle dit vorbeno-
mede gut hebbe we unsem vorbenomden Clostere to Medinghe ghelaten vn vorkoft
ewykliken to besittende mit akkere, mit velde, mit weyde, mit holte vnd mit allen
anderen wischen, de dar to horet, vnd mit allen Rechte vnd richte, frucht vnd Nut;
vnd tobehoringhe, asse dat vam dessme vorbenomden Wasmode ghekoft hebbet,
vnd alse Wasmod dat voregekoft hadde van Hartwighe Rammekendorpe vnd Tyde-
ken Hogheherten vn we vn vnse ernen vn Nakomelinghe en scullet dat Closter dar
nicht an hindere noch van Jemande hinderen laten. Mer we willet dem Clostre
dessen gudes waren, vn dat daran truweliken vordeghedinghen, wor eme des to
donde is; Vnd were dat dit vorbenomde Closter in dessem vorscreuenen gude icht
gehindert worde, dar sculle we vnd willet dat Closter vor entledigen, ane ieniger
hande hinder vnd vortock. Alle desse vorgescreuene stucke loue we vorbenomde
Hertogen Wilhelm vnd Lodewich vor vns vnd vnse eruen vnd nakomelinge dem
Prouste vnd synen Nakomelingen, der priorinde vnd dem ganzen Conuente des
Closters to Medinghe, vast vnd stede to holdende, ane hinder vnd arge list. To ener
beteren betughinghe desser vorscreuenen dingh hebbe we vorbenomden Hertogen
Wilhelm vnd Lodewich vnse Inghezele mit witscap ghehenghet laten an dessen bref,
de gheghenen is na Godes bort druttein hundert Jar in deme seuen vn sestighesten
Jare des sondaghes vor lechtmissen.

Das Datum dieser Urkunde darf uns nicht befremden. Es war im Mittelalter
ganz allgemein üblich, an den Sonn- und Festtagen dergleichen Geschäfte abzu-
schließen. Die Sabbatsruhe ist ein Geschenk der Reformation, welche zugleich die
vielen Wochenfesttage abschaffte und eine regelmäßige Werktagsarbeit ermöglichte.

Fünfzehntes Kapitel
Wichmannsburg unter dem Kloster Medingen

Zum zweiten Mal war somit das viel umhergeschleuderte Wichmannsburg in
klösterliche Obhut und Gewalt gekommen. Schon im Sommer 1367 kam
der Zehntherr vom Kloster Medingen, um den Frucht- und übrigen Zehnten einzu-
sammeln. Hatte jemand eine Beschwerde vorzutragen, so nahm er seinen Weg zum
Klosterpropst, und dieser ehrwürdige Herr erschien von Zeit zu Zeit mit seinem
Schreiber, um etwaige Streitigkeiten an Ort und Stelle zu schlichten, während das
Wrogen- sowie das Hand- und Halsgericht in Medingen abgehalten wurden. Im
allgemeinen kann man behaupten, dass unsere Gemeinde unter dem Kloster Medingen ihre besten Jahre der Vorzeit verlebt hat. Die Klosterleute standen zu ihrer
Herrschaft in einem weniger geschäftlichen als persönlichen Verhältniss, welches
auch durch gegenseitige Fürbitte geheiligt wurde. Die öffentliche Fürbitte für das

Kloster, welche noch jetzt, nachdem das Rechtsverhältnis längst gelöst, sonntäglich in der Kirche in Wichmannsburg geschieht, ist das letzte Zeugnis von einer vergangenen Zeit, welche viel Segensreiches mit sich brachte.

Es hatte nicht fehlen können, dass bei dem häufigen Wechsel der Herrschaften, welche Land und Leute immer nur als eine Ware betrachteten und beide mit möglichstem Nutzen auszubeuten suchten, der Wohlstand der Gemeinde schwer geschädigt wurde. Das änderte sich unter dem väterlichen Regiment des Klosters. Die

28. August 1904
Kayser mit drei seiner Söhne

humanere Auffassung und Behandlung der Pflichten und Abgaben wurde bald wohltuend empfunden. Nach dem Vorgang des Klosters St. Michaelis in Lüneburg, welches schon 1375 seine Leibeigenen, namentlich auch unsere Bargdorfer, *van dem jocke des eghendomes* entband, befreite auch das Kloster Medingen seine Gutsleute aus derjenigen Leibeigenschaft, wonach sie nicht bloß gut-, sondern auch bluteigen waren, so dass sie in Zukunft nun nicht mehr an die Scholle gebunden und mit derselben verkäuflich waren, sondern bloß noch die hergebrachten Pflichten, Abgaben und Dienste zu leisten hatten und natürlich kein Stück ihres Grundbesitzes veräußern konnten. Hilfsbedürftige aller Art fanden beim Kloster williges Gehör. Nach der Mahlzeit wurde für die armen Leute das sogenannte Werbefenster aufgeschlossen und bis zur Vesperzeit offen gelassen, woraus Almosen um Gottes Willen mitgeteilt wurden.[94] Zugleich nahm sich das Kloster des Unterrichts und der Erziehung der Jugend an,[95] was bei dem gänzlichen Mangel an Volksschulen von unschätzbarem Wert war. Denn abgesehen von denjenigen Kindern, welche von ihren Eltern oder Verwandten dem geistlichen Stand gewidmet und oftmals schon, sobald sie einer Wärterin entraten konnten, dem Kloster übergeben wurden, pflegten eine Menge sogenannter „Lehrkinder" aus den verschiedensten Ständen die *schola monastica* (Klosterschule) zu besuchen. Sie wurden dann vom Kloster gegen Honorar völlig in Kost und Logis genommen und unter ziemlich strenger Zucht gehalten, im Christentum, Lesen, Schreiben, weiblichen Handarbeiten und im Lateinischen, als der damaligen gottesdienstlichen Sprache, unterwiesen. Falls sie dann mit ihrem 15. Jahre keine Neigung und Befähigung zum klösterlichen Stand zeigten, wurden sie wieder entlassen, um im Volk die Trägerinnen der Bildung zu werden. Zu diesem Schulunterricht wurden zwischen 1380 und 1396 im Kloster zwei Kaplane und vier Scholare gehalten. Mit der Zeit kam es dahin, dass auch Knaben in den Unterricht genommen wurden und dass die Klosterjungfrauen mit dem Volk mehr als wünschenswert in Berührung kamen. Darum wurde 1483 die Klausur verschärft und den Konventualinnen bei Strafe des Bannes verboten, keine weltlichen Kinder, nicht einmal Mädchen in ihre Information zu nehmen oder auch nur ins Kloster kommen zu lassen, es wäre denn, dass sie lebenslang darin bleiben oder wenigstens bis zu den *annis discretionis* darin auszuharren gedächten.

Ebenso nahm sich auch das Kloster der kirchlichen Verhältnisse unserer Gemeinde in anerkennenswerter Weise an. Das vor kurzem niedergerissene Ostende des Kirchengebäudes, in gotischem Stil ausgeführt, sollte nach dem Urteil der Bauverständigen aus dem 14. Jahrhundert stammen. Es liegt nahe zu denken, dass das Kloster, welches schon 1339 das Patronat über diese Kirche bekam, das Gotteshaus im Zusammenhang mit der medingschen Burg ganz neu hat aufführen lassen, wie denn der wertvolle Altarschrein, der neben dem heil. Georg auch den Schutzpatron des Klosters, den heiligen Mauritius auf der Predella aufweist, zweifellos ein Geschenk des Klosters Medingen ist, wovon sich auch sowohl im Kloster wie in unserer Gemeinde die Tradition lebendig erhalten hat. Endlich wurde erst damals, wo fast sämtliche Ortschaften unseres Kirchspiels in der Hand des Klosters vereinigt waren, ihre parochiale Einheit und Zusammengehörigkeit auch politisch dargestellt und damit wirksamer durchgeführt.

Alle diese Umstände waren geeignet, die Wichmannsburger mit dem Wechsel ihrer Herrschaft zufrieden zu stellen. Es bewährte sich wieder das alte Sprichwort: „Unterm Krummstab ist gut wohnen." Insbesondere aber sollte man den glücklichen Tausch bald erfahren, als ein Jahr nach der Übertragung an das Kloster 1368 der längst drohende Krieg zwischen den Braunschweig-Lüneburgern und den Sachsen-Lauenburgern zum Ausbruch kam. Es fügte sich nämlich, dass der designierte Thronerbe Wilhelms, der junge Ludwig, noch im Jahre 1367 starb. Herzog Wilhelm war in großer Verlegenheit und ernannte jetzt Ludwigs Bruder, den zweiten Sohn Herzog Magnus, welcher auch Magnus hieß, zu seinem Nachfolger. Der Sachsen-Lauenburger beschwerte sich beim Kaiser. Dieser erklärte, ein geächteter Fürst könne keine gültige Bestimmung über Reichsland treffen und bezeichnete Albrecht als den rechtmäßigen Herzog von Lüneburg. Wilhelm beharrte in der Weigerung und war im Begriff, die Entscheidung der Waffen herauszufordern, als der Tod ihn 1369 der Sorgen und Kämpfe enthob. Aber sein Hintritt war das Zeichen zum Krieg.

Sechzehntes Kapitel
Die Gemeinde Wichmannsburg in den Zeiten des lüneburgschen Erbfolgekriegs

Herzog Magnus II. rüstete ein starkes Heer. Die bei Bargdorf vorbeiführende alte Heerstraße von Uelzen nach Lüneburg, die Braunschweiger Heerstraße über Gerdau und Ebstorf, die Celler Heerstraße über Tellmer nach Lüneburg wogten beständig von allerlei Kriegsvolk. Aber Magnus herrisches Auftreten machte ihn den lüneburgischen Ständen nicht geneigt, und als sich bald die Nachricht verbreitete, er sei bei Roggendorf in Mecklenburg geschlagen und habe den größten Teil seiner Dienstmannen und Ritter verloren, da war das Zutrauen zu ihm und seiner Sache verschwunden. Selbst die getreue Stadt Lüneburg konnte, als ihr zur Auslösung der Gefangenen eine Kontribution von 6000 Mark auferlegt wurde, die heftige Verstimmung nicht verbergen. Er erhielt nur einen kleinen Teil der Summe und sah sich genötigt, mehrere seiner Besitzungen zu veräußern, wobei auch Wasmod von Meding verschiedene Geschäfte machte. Seine bedrängte Lage erkennend entwarf nun Magnus ein Testament, in welchem er die Ritterschaft mit vielen Privilegien, die Städte aber gar nicht bedachte. Da sagte sich auch Lüneburg offen von ihm los, gestützt auf eine kaiserliche Achtserklärung, welche gegen alle Anhänger des Braunschweigers gerichtet war. Es war am denkwürdigen 1. Februar 1371, als die Bürger die herzogliche Burg auf dem Kalkberg stürmten und die Besatzung vertrieben, worauf folgenden Tags Herzog Albrecht in Lüneburg einzog und die Huldigung empfing. Das Lüneburger Land folgte der Hauptstadt. Da entbrannte

Magnus Zorn. Plündernd und verwüstend zog er von Celle heran, Mord und Brand bezeichneten seine Spuren. Die nächst der Heerstraße gelegenen Orte wurden zunächst heimgesucht, unter ihnen Bargdorf und Wichmannsburg, besonders aber Hohnstorf, wo die wilden Kriegsleute so übel hausten, dass vier Höfe gänzlich verwüstet und von ihren Bewohnern verlassen wurden, ja dass man noch 30 Jahre später nicht soweit hatte kommen können, sie wieder zu besetzen.[96]

In diesen schweren Zeiten war der Propst Ostermann[97] von Medingen ein wahrer Retter in der Not. Nicht nur, dass er den ruinierten Klosterleuten die Abgaben erließ - sie hatten wohl auch nichts zu geben – nein, er machte auch seine Kostbarkeiten, selbst den Kirchenschmuck und andere Klosterkleinodien zu Geld, um den abgebrannten Klosterleuten aufzuhelfen und die Gefangenen loszukaufen. Es wird erzählt, er habe alles hingegeben, was er persönlich besaß. Wenn jemand kam und meldete, dass dies oder jenes Dorf abgebrannt, das Vieh weggetrieben, die Bauern in die Gefangenschaft geschleppt wären, *„so ließ der gute Mann öfters Essen und Trinken stehn, machte zu Gelde, was er konnte, gieng den feindlichen Truppen mit Leibes- und Lebensgefahr nach, litt dabei Hunger, Durst, Frost und Kälte und bemühte sich, die gefangenen Bauersleute wieder loszumachen."*

Was nun den Ausgang des Krieges betrifft, so ist es bekannt, wie Magnus letzter Versuch, die Stadt Lüneburg zu stürmen (31. Okt. 1371) misslang, seine Macht von da an gebrochen war und er selbst in der Schlacht bei Leveste 1373 fiel. Aber Ruhe hatte das Land damit nicht. Magnus Söhne erneuerten des Vaters Ansprüche. Erst 1388 kam es dahin, dass die Sachsen-Lauenburger bei Winsen geschlagen und die lüneburgschen Lande für die Welfen zurückerobert wurden. Die Klosteruntertanen wurden in diesem verheerenden Krieg dadurch geschützt, dass Propst Dietrich von Brandt[98] 1385 durch 350 bar bezahlte Mark dem Kloster und seinen Leuten Frieden und Sicherheit erkaufte. Auch begann dieser Propst noch kurz vor seinem Ende wegen der mit dem Krieg hereingebrochenen Seuchen ein Siechenhaus zu errichten, welches ohne Zweifel für die Umgegend eine große Wohltat gewesen sein muss, da es auf dem Lande damals wie jetzt an Anstalten dieser Art völlig gebrach. Das Kloster erlebte unter diesem Propst eine Blütezeit und enthielt 89 Schwestern, welche aber wohl nicht alle eingekleidete Konventualinnen waren. Wir finden auch eine Reihe von bürgerlichen und bäuerlichen Namen darunter, welche noch heute bei uns vertreten sind, z.B. Gertrud Timme, Elisabeth Dowels (Düwel), Adelheid Burmester, Margarethe Nyebur, Wikburg Hagemann, Adelheid Hebermann, Elisabeth Elvers u.a.m.

Von den übrigen Verwüstungen, welche der lüneburgische Erbfolgekrieg anrichtete, ist vielleicht aus unserer nächsten Umgebung noch der Untergang der

Dörfer Cote bei Edendorf und Breetze[99] bei Grünhagen zu verzeichnen, welche wenigstens in diesem Jahrhundert aus den Urkunden verschwinden. Das Dorf Kumlosen im Reisenmoor, dessen Feuerstätten und Brunnen noch gezeigt werden, ist wohl erst viel später zerstört. Ebenso das Dorf Reisenmoor, welches noch 1396 gestanden hat. Denn in diesem Jahre kaufte Propst Dietrich das wirkliche Obereigentum über diesen Ort vom Kloster St. Michaelis, dem er dafür neben dem Kaufpreis die sog. Propstwiese in Wichmannsburg überließ.[100]

Siebzehntes Kapitel
Von den Lasten und Abgaben der Klosteruntertanen

Wenn vom Kloster Medingen manche Wohltaten und Segnungen auf die Gemeinde Wichmannsburg herabflossen, so entsprachen denen doch auch nicht geringe Verpflichtungen von Seiten der Klosterleute. Ganz frei war damals in unserer Gegend kein Bauernhof mehr, irgend einen Guts- oder Lehnsherrn hatte jeder über sich und dieser konnte, je nach dem Herkommen oder den gemachten Lehnsbedingungen, gewisse Naturalien und Geldleistungen, sowie Hand- oder Spanndienste fordern. Nun besaß das Kloster Medingen u.a. den Zehnten in Verle, Cote, Wichmannsburg, Hohnstorf, Edendorf und Solchstorf, während der in Bargdorf vom Kloster St. Michaelis erworben war. Man kannte damals noch keine Kartoffeln (die sich erst seit etwa 1780 bei uns, beiläufig gesagt, unter vielem Widerstande eingebürgert haben), sondern baute hauptsächlich Winterroggen, wovon z.B. der Zehnte von Wichmannsburg durchschnittlich 30-40 Diemen, der Hohnstorfer gegen 90, der Edendorfer 70-80 Diemen, jede zu 17 Bund, zu betragen pflegte. Wie groß aber die Bunde waren, kann man daraus ersehen, dass 1666 der Edendorfer Roggen durchschnittlich 140 Himten lieferte, und dass die Hohnstorfer damals ihre 90 Diemen mit 45 Rtlr. abkauften, da der Himten 6 ggr. oder 75 Pf. galt.[101] Daneben wurde etwas Sommerroggen, Hafer und Erbsen, auch wohl Sommerweizen und Gerste gebaut. Außer dem Fruchtzehnten wurde noch der Fleisch- oder Schmalzehnte gehoben, welcher indes mit der Zeit immer erträglicher wurde, da er, ausgenommen die Lämmer, mit geringem Gelde zu lösen war. Eine Härte nur lag in dem Ganszehnten. Die Gänsebraten wollte sich das Kloster nicht nehmen lassen und trieb sie mit großer Strenge ein. Wenn es erlaubt ist, eine Gewohnheit des siebzehnten Jahrhunderts schon auf jene Zeit zurückzuführen, so waren nur diejenigen Bauern glücklich daran, welche zwei Gänse besaßen. Denn von diesen hieß es: „eine verteidigt die andre".[102] Im übrigen konnte der Zehntherr, wo er Gänse fand, eine davon, selbst die einzige in den Zehnten nehmen.

Von einzelnen Höfen standen unter der Gutsherrschaft des Klosters Medingen erstlich alle Höfe und Kötnereien in Wichmannsburg außer der Pfarrkote, ferner in Hohnstorf zwei Halbhöfe (jetzt Schlieckau und Roland) und in Edendorf ein Vollhof (jetzt Basse), zwei Halbhöfe (von Heimburg-Müller und Steinhauer) und zwei Kötner (Harms-Hagelberg und Seyer). Die Zahl der Hand- und Spanndienste war ihnen bestimmt vorgeschrieben, teilweise sogar die Äcker und Wiesen, an welche sich ihre Verpflichtungen knüpften. So hatten die fünf Voll- bzw. Halbhöfe das Korn mähen und Anfahren zu übernehmen; das Korn bansen und binden dagegen, sowie das Gras mähen, harken und trocknen die Kötner. Statt der Spanndienste wurde später ein sogenanntes Dienstgeld gehoben von im ganzen für jeden 1 Rtlr. 12 sgr. 7 Pf., welches den Bauern indes, wenn ihre Frauen ein Kindbett abhielten, wiedererstattet wurde.[103] Ferner mussten jene fünf Höfner samt vier auswärtigen Klosterleuten den Küchenwagen fahren helfen, der alle Woche einmal und zur Zeit der hohen Feste und der beiden Lüneburger Messen zweimal von Medingen nach Lüneburg fuhr, um die Bedürfnisse der Kloster- und Propsteiküche sowie der Toilette der Klosterjungfrauen herbeizuschaffen. Der an der Reihe stehende Dienstpflichtige meldete sich freitagmittags mit einem zweispännigen Bauernwagen im Kloster zur Abfahrt nach Lüneburg, lud dort die Körbe, Säcke und Kisten, in welche die einzukaufenden Küchenbedürfnisse verpackt werden sollten, auf und fuhr dann auf dem Weg über Bruchtorf, Wichmannsburg, Bienenbüttel und Dieksbeck nach Lüneburg. Dort meldete er sich bei dem daselbst angestellten Lüneburger Klosterwerber und fuhr am Sonnabendmittag nach Verladung der eingekauften Sachen nach Medingen zurück, wobei ihm unterwegs manche Kommissionen, zumal von Seiten der Pfarrer, aufgetragen wurden. Dieser Küchenwagen bildete den Hauptersatz für die damals noch gänzlich fehlenden Posteinrichtungen.

Außerdem mussten diese Gutsleute reinen Roggen, Pfennigzins, Hof- oder Zinsschweine und Zinshühner liefern, einen Mann zur Treibjagd stellen, einige auch auf Verlangen des Klosters kürzere Reisen tun, Pfandvieh treiben u. dgl. Alle diese nicht geringen Lasten und Abgaben gingen später an das Amt Medingen über und sind erst in neuester Zeit abgelöst.[104] Ähnliche Verpflichtungen hatten für das Kloster St. Michaelis die Bargdorfer und für das Kloster Lüne neun Hohnstorfer und neun Edendorfer Bauern.[105] Rechnet man dazu noch die allen obliegenden Landwehr- und Kriegsdienste, Kontributionen und Einquartierungslasten, ferner die geistlichen Abgaben und das Landschatzgeld (von welchem übrigens die aus dem Veest entlassenen Höfe unserer Gemeinde frei waren), so begreift man, wie der Bauer dahin kam, sein Herz so tief in die Erde zu senken, die ihm ja zehnmal mehr geben musste, als er brauchte, damit er Fürsten, Herren, Adel und Geistlichkeit ernähren konnte. Heute haben sie jene lehnsherrlichen Lasten mit verhältnismäßig geringen Unkosten abgelöst, tragen aber dafür Staats- und Kommunallasten, den Druck der verdoppelten Fesseln durch das Bewusstsein persönlicher Freiheit erleichternd und ihrer Last durch den in der Freiheit gekräftigten Wohlstand gewachsen.

Achtzehntes Kapitel
Die Pfarrherren von Wichmannsburg bis zur Reformation

$\mathcal{A}$ ls in unseren Gegenden zuerst das Kreuz Christi aufgerichtet wurde, da war es längst nicht mehr die arme von der Welt verachtete Gemeinde der Gläubigen, welche durch die Kraft des Wortes Gottes und des weltüberwindenden Glaubens einzelne Seelen für den Herrn gewann, sondern die mächtige und prächtige römische Kirche, welche mit Waffengewalt sich das Volksleben unterwarf und, wohin sie drang, gleich den vollen äußeren Glanz des geistlichen Amtes und einen reich ausgestalteten Gottesdienst entfaltete, der dem ungebildeten, abergläubischen Volk um so ehrwürdiger vorkam, je weniger es seine Einzelheiten verstand. Der Bischof von Verden, zu dessen Sprengel Wichmannsburg gehörte, hielt gleich den übrigen Bischöfen einen fürstlichen Hof und ziemlichen Heerbann. Seine neun Archidiakonen und neun Pröpste[106] taten es den adeligen Herren nicht nach, wie denn auch der Adel solche geistliche Pfründe mit Vorliebe suchte. Und die Priester in Stadt und Land wollten unbeschadet ihrer geistlichen Würde und ihrer Frömmigkeit den Prälaten im vornehmen Aufzug und ritterlichen Vergnügungen nicht nachstehen. Denn um sich viel mit Gottesgelehrtheit zu beschäftigen, waren sie, seltene Ausnahmen abgerechnet, meist zu ungebildet, die Predigt trat damals noch ganz zurück, zu den üblichen Heiligensermonen aber bedurfte es keiner großen Vorbereitung. Ferner waren Kirchenbücher und andere zeitraubende Listen nicht zu führen, Kirchen- und Schulvorstandssitzungen nicht zu leiten, Berichte selten zu schreiben, Schulen nicht zu inspizieren. Da sie nun außerdem weder die Freuden noch die Sorgen der Familie kannten, so lässt sich begreifen, dass ihre durch den Gottesdienst und die Seelsorge freigelassene Zeit nur mangelhaft ausgefüllt wurde und dass sie in allerlei Kurzweil, Fisch- und Vogelfang, besonders in der edlen Falkenjagd einen Ersatz für ihr einsames Leben suchten.

Ein Statut des Bischofs Gerhard von Verden vom 30. Juni 1290 über die Gegenstände, welche beim Tode eines Pfarrherrn dem betreffenden Archidiakonate oder Propst zufallen,[107] gewährt einen interessanten Blick in die Einrichtung eines katholischen Weltgeistlichen aus dem Mittelalter. Hier wird bestimmt, dass nach alter guter Sitte dem Archidiakone oder Propst beim Absterben eines, ihrem Sprengel angehörenden Pfarrers zufallen sollen: *„zum ersten alle Stücke, die zu dem Aufzuge gehören, in welchem er zum General- und bischöflichen Kapitel zu erscheinen pflegte, als Pferd, Sattel, Zaum, Steigbügel, Sporen, Unter- und Paradedecke, ferner sein Bett mit Matratze, Kopfkissen und Oberbett, sodann seine verschiedenen Kleidungsstücke, sein Reisepsalter, dann die Stoßhabichte und verschiedenen Arten der Jagdfalken, seine Fläschchen und anderen Gefäße, seine*

Speisevorräte, goldenen und silbernen Pokale, sein geistliches Ober- und Unter-gewand, seine Wäsche, Schuh und Stiefel, Käppchen, Kapuze und Schreibmappe." Hier ist in der Tat die Zusammenstellung von Gebetbuch und Jagdfalke sehr be-zeichnend für die seltsam einfältige Mischung geistlicher und weltlicher Dinge, wie sie das Mittelalter kennzeichnet.

Hiernach mögen wir uns immerhin ein Bild von dem äußeren Leben der Pfarr-herren entwerfen, wie sie im Mittelalter der Kirche in Wichmannsburg vorgestan-den haben. Im übrigen besitzen wir nur wenige Kunde von ihnen. Der nächste Vorgesetzte des Pfarrers war der Archidiakon in Bevensen, eine Würde, zu welcher seit 1231 nur ein Verdener Domherr gelangen konnte.[108] *„Der Archidiakon ver-sammelte jährlich alle Geistlichen und Weltlichen seiner Ephorie in seiner Syn-odalkirche"*, berichtet Gebhardi, *„untersuchte den Lebenswandel und die Gelehr-samkeit der Geistlichen und die Kenntnis der Weltlichen in Glaubenslehren. Dazu war er der alleinige geistliche Richter in seinem Sprengel und übte über die Geist-lichen alle Arten von Gerichtsbarkeit, sowie über die Weltlichen die Bestrafung solcher Sünden, welche gegen die Kirchenordnung begangen waren.*"[109] Selbst der Bischof von Verden hatte ihm bei seinen Visitationen und Korrektionen nichts vorzuschreiben. Dagegen unterlag natürlich auch der Archidiakon wieder der bi-schöflichen Kontrolle, wie uns denn z.B. von einer Generalvisitation berichtet wird, welche 1251 der Bischof Lüder von Verden in Bevensen hielt und auf wel-cher wir uns auch den damaligen Pfarrer von Wichmannsburg gegenwärtig zu den-ken haben.

Ob dieser nun bereits jener Pfarrer Johannes gewesen, von welchem 1288 be-richtet wird, wissen wir nicht. Jedenfalls scheint dies der erste hiesige Geistliche zu sein, von dem wir Nachricht haben. Er tritt mit dem Pfarrer Nicolaus von Bienen-büttel als Zeuge in einer Urkunde auf, in welcher das Kloster St. Michaelis dem Müller Heinrich von Bienenbüttel die dortige Mühle überlässt.[110] In dieser Zeit finden wir also auch schon einen Pfarrer in Bienenbüttel und damit zuerst diese unter Landpfarrern einzig nahe Nachbarschaft, welche für gleichgestimmte Seelen einen so köstlichen Verkehr eröffnet.

Erst über 50 Jahre später, als bereits Wichmannsburg vom Kloster Kemnade an den Ritter von Schwerin abgetreten und das Patronat über die Kirche an das Klos-ter Medingen gelangt war, begegnen wir abermals einem Pfarrer in Wichmanns-burg namens Arnold, der mit Genehmigung des Klosters Medingen dem Mönch Johann Bartholdi zu St. Michaelis für dieses Kloster 3 ½ Morgen Land in Reinstorf, welches Land damals den Namen Stuke führte, für 4 Mark Lbg. Pfge. verkauft. Die Urkunde ist vom 12. März 1344. Das Siegel des Pfarrers ist länglich rund mit dem Apostel Petrus in einer Nische und der Legende + S'ARNOLDI SACERDOTI (sic!).[111]

Wir werden nicht fehlgreifen, wenn wir annehmen, dass die Wichmannsburger Pfarre zwischen 1339 und der Reformation mit Medinger Kaplänen besetzt war. Ein solcher ist also wohl auch jener Pfarrer Heinrich von Wichmannsburg gewesen, den wir am 8. Juli 1364 im Minoritenkloster in Lüneburg antreffen. Dort wird er nämlich neben dem Pfarrer Bernhard von Bevensen und den Priestern Heinrich Lange von Medingen und Peter von Bardowick als Zeuge bei einer Vergleichsverhandlung (zwischen dem Propst von Isernhagen und dem Kleriker Johann von Pentze) zugezogen, welche durch den Archidiakon Ämilius von Modestorf und den Ratsherrn Beve als erwählte Schiedsrichter geleitet wurde. Dieser Pfarrer Heinrich hat also den Bau der von Meding'schen Feste, sowie den der Kirche und vermutlich auch die Übertragung des Orts an Herzog Wilhelm und an das Kloster mit erlebt.[112]

Von jetzt an vergehen fast 100 Jahre, ehe uns wieder von einem der hiesigen Pfarrer Kunde wird, da hören wir nämlich von einem gewissen *Clawes Gherstede, Kerkhere to Wychmannesborgh,* welcher im Jahre 1453 zu einer im Kloster Medingen neu gegründeten Vikarie erhebliche Güter vermachte.[113] Der damalige Propst Lützken hatte in der Medinger Kirche zu Seiten des Altars eine neue Kapelle bauen lassen und einen eigenen Kaplan daran angestellt, der zugleich Beichtvater des Klosters sein sollte. Zur Dotierung dieser neuen Pfarrstelle schenkte u.a. auch der Pfarrer Nicolaus Gerstedt zu Wichmannsburg *„zu Troste seiner und seiner Eltern und Freunde Seelen 6 Mark Lbg. Pfg. jährlicher ewiger Rente, welche, wie es weiter heißt, ausgeben soll Herr Clawes, seine Erben oder der Inhaber des Kaufbriefs über die Güter, welche er bei dem Kloster Medingen gekauft hat .... Auch hatte genannter Herr Clawes in meiner* (des Propstes), *sowie anderer Zeugen* (sie werden einzeln aufgeführt) *und Herrn Joh. Lo als zugezogenen Notars Gegenwart gesagt und versprochen, daß er in seinem Testamente oder seine Erben nach seinem Tode von seinen fettesten Gütern noch 2 Mark vorgenannter Währung jährlicher, ewiger Rente zu derselben Vikarie vermachen will.“* Diese 8 Mark Zinsen würden bei dem damals sehr hohen Zinsfuß etwa ein Kapital von 100 Mark, den Wert eines stattlichen Bauerhofes ergeben. Wenn dieser Herr Nicolaus Gerstedt zu dem edlen Geschlecht der Gherstede gehörte, deren Namen wir mit Gherstedeborg, jetzt Jesteburg, wiederfinden, so erklärt sich, dass er im Stande war, solche Legate zu machen. Von den Einkünften seiner Pfarre würde er es schwerlich gekonnt haben.

Endlich verrät uns noch die Glocke im Wichmannsburger Kirchturm den Namen eines hiesigen Pfarrers, der sich 1512 an derselben hat verewigen lassen. Er heißt Hinrich Moller und stammte, wie sein Zuname und die drei in seinem Wappen befindlichen Mühleisen andeuten, offenbar aus der Mühle, vielleicht aus der Hönkenmühle. Auch sein Reliefbild ist zwischen seinem Vor- und Nachnamen (*her hinrick O moller kerckher*) der Glocke aufgeprägt, welches dadurch merkwürdig ist, dass der würdige Kahlkopf im Vollbart dargestellt wird. An der entgegengesetzten Seite des Mantels steht ein Relief der Himmelskönigin in der Glorie mit dem Kinde und zu beiden Seiten verteilt der Name des berühmten Gießers Hinrich van Kampen nebst seinem Wappen.[114] Unter der Krone aber findet sich die Umschrift: *+ Maria . eyn . moder . der . barmharticheyt . byn . ick . geheten . de . my . syn . tho . hulpe . kamen . lat . oene . god . gheneten .* (lass es sie Gott genießen!) *anno . XV vn XII.*

Unsere Glocke heißt also Maria und die Einbildungskraft wird sich leicht den feierlichen Akt ihrer Taufe und den Jubel der Gemeinde vergegenwärtigen, die zum ersten Mal von dem neuerbauten Turm die erhebenden Klänge vernahm.[115]

Von den übrigen vorreformatorischen hiesigen Pfarrherren sind keine Nachrichten aufbehalten. Ihres Werks im Glauben und ihrer Arbeit in der Liebe wird der Herzenskündiger gedenken. Im übrigen kann uns nicht daran gelegen sein, ihre Namen vollständig zu wissen, denn an einem derselben würde es doch hängen bleiben, was im hiesigen Kirchenbuch von den „Meßpfaffen" berichtet wird, dass sie in einer der hiesigen Koten ihre Konkubinen gehalten hätten.[116]

Neunzehntes Kapitel
Die Zeit vor der Reformation

Aus dem 15. Jahrhundert sind so gut wie gar keine Nachrichten über Wichmannsburg vorhanden. Die Welt konnte ihren großen Umschwung auf allen Lebensgebieten auch ohne unsere stillen Heiddörfler machen. Die Gutenberge, Kolumbusse und Kopernikusse wurden leider anderswo geboren und selbst die Neugier kann nicht befriedigt werden zu wissen, welchen Eindruck die neuen Errungenschaften des Jahrhunderts auf unser Landvolk gemacht haben. Ein Naturvölklein, das hart an der trägen Achse des rollenden Zeitrades wohnt, vollzieht selbst die gewaltigen Umwälzungen seiner Zeit nur langsam und allmählich, und ehe hier die Bewegung nur einigermaßen bemerklich wird, haben die, welche sich im eilenden Reifen des Kulturlebens befinden, schon eine beträchtliche Drehung gemacht. Dass die Erde sich um die Sonne bewegt und nicht umgekehrt die Sonne um die Erde, das erscheint noch heute den meisten unserer Landleute wie ein Märchen.

Auch das Kriegsgeschrei, des die Welt voll war, muss unsere guten Dörfler wenig berührt haben. Wenigstens ist keine Spur vorhanden, dass der heftige Prälatenkrieg oder die hildesheimische Stiftsfehde unsere Gemeinden schwerer heimgesucht hätte. Sie durften sich unter des Klosters Schutz in Frieden bauen, indes das ganze Land voll Streit war.

Nur auf die kirchlichen Verhältnisse fällt vorübergehend ein schwaches Streiflicht, welches wenigstens so viel erkennen lässt, dass hier in der ersten Hälfte des 15. Jahrhunderts ein reiches, an der frommen Mystik eines Thomas von Kempen genährtes Glaubensleben geherrscht hat. Es stammt nämlich aus dieser Zeit eine vor wenigen Jahren an das Welfenmuseum in Hannover abgetretene wertvolle Altardecke unserer Kirche, die in erhabener Stickerei zahlreiche Darstellungen aus der heiligen Geschichte nebst vielen pergamentenen Spruchbändern enthält, durch welche die Figuren jener Bilder erläutert und gleichsam redend gemacht werden. Dieses Antependium zeugt nicht nur durch seine sinnige und originelle Zusammenstellung von der tiefen christlichen Bildung seiner Verfertiger, sondern erlaubt auch, vermöge des hervorragenden Platzes, der ihm in unserem Gotteshaus eingeräumt wurde, den Schluss, dass die darauf dargestellten religiösen Gedanken damals den wesentlichen Inhalt des Glaubens unserer Väter gebildet haben. Da ist es nun vor allem das Bild des Gekreuzigten, welches den Mittelpunkt des ganzen Vorhanges einnimmt. Alles was sonst von Bild oder Wort auf dem Teppich sich findet, ist nur eine Verherrlichung des Todesopfers Christi. Dahin gehören zunächst am unteren Saum die mannigfaltigen Darstellungen aus der biblischen Geschichte, sodann zu beiden Seiten des Hauptbildes eine Reihe von Medaillons mit Brustbildern von Heiligen, denen Lobpreisungen des Kreuzes in den Mund gelegt werden.

Die biblischen Bilder drehen sich hauptsächlich um die großen Heilstaten von Weihnachten und Ostern, in deren Darstellung alttestamentliche Vor- und Sinnbilder in reicher Fülle verwoben sind, anzudeuten, dass der gekreuzigte Christus der heiligen Geschichte Kern und Stern ist und dass alle Weissagung und Erfüllung in seinem Versöhnungsopfer und seiner ewigen Herrlichkeit ihren Gipfel hat. Da sehen wir zunächst links am Saum des Vorhangs die Hirten von Bethlehem, denen der Engel auf seinem (lateinischen) Spruchband zuruft: „Siehe, ich verkündige euch große Freude, die allem Volke widerfahren wird", worauf einer der Hirten entgegnet: „Laßt uns nun gehen gen Bethlehem und die Geschichte sehen." Dann folgt die Geburt des Christuskindes selbst, vor welchem Maria in Andacht kniet, den frommen Gruß sagend: *Wes wilkome min god, min Here, min .....,* indes einer der Hirten, der neben Joseph steht, den Weihnachtshymnus anstimmt:

Lhouet sistu Jesu crist,
*Da(*t du*) hute boren (*bist*).*

Aber dies liebliche Bild erhält sofort seine Beziehung auf das Hauptbild von Golgatha, indem es von zwei für Christi Opfertod vorbildlichen Darstellungen eingeschlossen wird, links von der Opferung Isaaks, rechts von einem Symbol des Kampfes Christi mit dem Teufel. Die Gestalten an der rechten Seite des Teppichsaumes beziehen sich alle auf Christi Todeserniedrigung und sieghafte Erhöhung. Auf ersteres deutet der Jäger mit dem Hund an der Kette, der die Worte hat: *God de an dem cruse starf,* sowie die Kundschafter mit der Traube, ein Vorbild des Kreuzträgers und rechten Keltertreters (Jes. 63, 2 f.) Auf letzteres die Schafherde, über welcher einer steht mit dem Spruchband (lateinisch) „Der gekreuzigt ist, siehe, der herrschet über alle", nämlich als der Hirte seiner Herde und das Haupt der neuen Menschheit; sowie der danebenstehende Baum des Lebens mit dem neuen Menschen darunter, in welchem wir nach seinem Spruchband „den großen König als wiedererstandenen Adam" erkennen sollen. Diese Gedankenreihe findet dann ihren Abschluss in der

Bildausschnitt des Wichmannsburger Antependiums
Kestner-Museum Hannover

Darstellung des auferstandenen Jesus, der über dem offenen Grab in die Wolken aufschwebt, umgeben von Engeln und Seraphinen mit Harfen und Weihrauchgefäßen.

Diesem Zeugnis der heiligen Geschichte von Christi Leiden und Herrlichkeit schließt sich nun in den Medaillons, deren je dreizehn rechts und links das Hauptbild umranken, der vielstimmige und doch einmütige Chor der Heiligen des alten und neuen Bundes an, deren Brustbilder mit Spruchbändern versehen sind, in welchen die Gnade des Gotteslammes gepriesen wird. Es würde zu weit führen, diese lateinischen Preisgesänge alle hierher zu setzen; nur einzelner geschehe Erwähnung. Der gekrönte Sänger mit der Harfe ist offenbar David. Ihm werden die Psalmworte (Ps. 46, 9) in den Mund gelegt: *Kommt her und schauet die Werke des Herrn*. Jesajas ruft aus: *Der Gerechte kommt nun und niemand ist, der es zu Herzen nehme* (Jes. 57, 1). Der mit dem Schlüssel des Himmelreichs, Petrus, bekennt: *Christus hat gelitten für uns* (1 Pet. 2, 21). Maria, der ein Schwert durch die Seele dringt, gedenkt ihres sterbenden Sohnes mit den Worten: *Jesus schrie laut und verschied* (Matth. 27, 50). Paulus aber mit dem Schwert, durch das er gerichtet ward, rühmet: *Wir haben auch ein Osterlamm, das ist Christus, für uns geopfert* (1 Cor. 5, 7). Und so preisen auch die übrigen in Aussprüchen, die teils der Schrift, teils altkirchlichen Hymnen entnommen sind, die Herrlichkeit des Erlösers, seine Demut, seinen Gehorsam, seine Wunden, den Altar des Kreuzes, sein Todesopfer und die durch ihn erworbene Vergebung der Sünden. Ihren seitlichen Abschluss finden diese 26 kleineren Medaillons durch je zwei größere, auf denen links die Himmelskönigin mit dem Christuskinde, darunter der Erzengel Michael mit dem von ihm überwundenen Drachen (Offbg. Joh. 12, 7) dargestellt sind, während rechts die triumphierende Kirche erscheint, die Siegesfahne in der Hand, und darunter der, welcher den Weg zur Erhöhung zeigt, der Bußprediger Johannes mit dem Ausruf: *Siehe, das ist Gottes Lamm, welches der Welt Sünde trägt* (Joh. 1, 29).

Beides aber, sowohl jene in Bildern dargestellte Geschichte des Erlösers, als auch dies Bekenntnis der ganzen Kirche zu ihm, findet nun seinen tiefsten Widerhall in der gläubigen Christenseele, die uns im Bild mehrerer Frauengestalten unter dem Kreuz selbst begegnet, welches sich auf der Mitte des Vorhangs vom dunkelblauen Himmelsgrund abhebt. In dem Kreuzgarten nämlich, der in der Landschaft durch eine Umzäunung unter dem Kreuze hervortritt, sehen wir links eine weibliche Gestalt auf einer Leiter den Kreuzesbaum hinansteigen und (offenbar in Beziehung auf Hos. 14, 9 und Offbg. Joh. 22,2) ausrufen: *An dessen bom will ick stighen vnde vrucht* (söken). Sie stellt die noch suchende Christenseele dar, die ihr Ziel kennt, aber kaum die ersten Sprossen der gottseeligen Erkenntnis erklommen und noch viele Anfechtungen zu überwinden hat. Besonders hat sie noch die feurigen Pfeile des Bösewichts zu fürchten, der in Teufelsgestalt unten steht und, im Begriffe, die Armbrust auf sie abzudrücken, ausruft:

Ick will so vele scheten,
De sal des weghes verdreten.

Ihr gegenüber steht, durch zwei Frauenfiguren abgebildet, der vollendete Glaube, der sein Ziel gefunden hat und zur Ruhe gekommen ist. Die eine jener Frauen kniet unter dem Kreuz, wo sie die erlangte Versöhnung mit den Worten preist:

Christ du bist milde vnd gut . gnade ...

Die andre trägt ein Blumengewinde in den Händen und sagt in der Seeligkeit des Glaubens die köstlichen Worte:

Wan ick in dessen gharten mach rowen
Un vel an dessen bome schowen,
De rosen in minen schot lesen,
dar dunket mi bouen to wesen.[117]

Gewiss verdient dieser Schmuck einer einfachen Landkirche, nicht bloß wegen der auf die Herstellung verwandten Kunst, sondern auch wegen des darin bezeugten evangelischen Geistes, der in einer Zeit traurigster Veräußerlichung des Gottesdienstes mit der heiligen Geschichte und dem Worte der Schrift so innig vertraut ist und die Rechtfertigung durch den Glauben an das Opfer Christi so ausschließlich in die Mitte stellt, für Freunde kirchlicher Kunst und Geschichte alle Beachtung. Wem nun die Erfindung, Herstellung, Stiftung dieses Antependiums zuzuschreiben ist, ob die Kalandsbrüderschaft, die zu Edendorf ihr Gildehaus hatte,[118] oder die von Rottorp, welche ebenfalls damals in Edendorf ansässig waren und deren kirchliches Interesse noch aus einem Wappen im Kirchenfenster von 1582 ersichtlich ist, daran beteiligt waren; oder ob die mühsame Stickerei wirklich nur in einem Kloster gemacht werden konnte und vielleicht von den Medinger Nonnen als Gegengabe für das erwähnte Vermächtnis unseres Pfarrers Gherstede gewidmet wurde – darüber lässt sich auch nicht einmal etwas vermuten.

Was übrigens jenes evangelische Glaubensleben in der Gemeinde betrifft, so ist leider nicht anzunehmen, dass es lange von Bestand gewesen und sich mit Erfolg gegen die römischen Irrlehren, mit denen das Kloster seine Angehörigen nährte, gewehrt habe. Der Gräuel des Ablasswesens musste ja zuletzt hier, wie allerwärts, alle wahre Frömmigkeit vernichten. Schon in den Jahren 1464 bis 1467 durfte der medingsche Propst Mahler einen Ablasskasten halten, um seine und des Klosters Schulden, die durch schlechte Wirtschaft herbeigeführt waren, zu decken.[119] Seit der Zeit erstand das Kloster immer neue Ablassbriefe, so. z.B. einen im Jahre 1481, einen andern 1505,[120] in welchem Letzteren den 109 Insassen des Klosters lebenslängliche Absolution erteilt wird. Eigentlich zerstörend für das kirchliche Leben der Umgegend wirkten aber die sogenannten Indulgenzbriefe. Von diesen ist uns z.B. einer von 1519 aufbewahrt,[121] durch welchen allen denjenigen Personen, die in der Medinger Klosterkirche anbeten und zum Bau und Schmuck derselben ihre Hand auftun würden, wenn solches an den hohen Festen geschähe, ein Ablass von

240 Tagen, wenn aber an den Marien-, Apostel- und St. Mauritius-Festen, ein 140tägiger Ablass zugesprochen wurde. Da kann man sich denken, wie gerade die frömmsten unter den armen irregeführten Parochianen, ihren Priester an der Spitze, sich beeilt haben werden, die erzbischöfliche Gnade zu suchen. Gleichwohl soll dieser letzte Indulgenzbrief längst nicht den Erfolg, wie wohl frühere, gehabt haben. „Die Besuche und Geschenke fielen weit minder aus, als man erwartete, und das Kloster konnte sich glücklich schätzen, in früheren Zeiten hinlängliche Güter gesammelt zu haben, so dass 70 bis 80 Konventualinnen ihren ehrlichen Unterhalt davon fristen konnten."

Man muss eben bedenken, dass Luther zwei Jahre vorher seine 95 Thesen an die Schlosskirche zu Wittenberg geschlagen hatte, die in drei Wochen ganz Deutschland durchliefen. Es gingen den Leuten immer mehr die Augen auf über den groben gotteslästerlichen Missbrauch, der mit der heiligen Sündenvergebung getrieben wurde, und mit Freuden begrüßten die Geförderten und Erweckten aus ihnen die ersten Gerüchte von dem Aufstehen eines Gottesmannes, der es unternehmen wollte, den ganzen Unfug aufzudecken und aus Gottes Wort zu widerlegen.

Zwanzigstes Kapitel
Die Einführung der Reformation

Das lüneburgische Land war vor vielen anderen Gegenden dadurch bevorzugt, dass es seit 1521 in Herzog Ernst einen Fürsten besaß, der ebenso gottesfürchtig wie gelehrt und tatkräftig, in Wittenberg zu den Füßen Dr. Martin Luthers gesessen und einen heiligen Antrieb zur Einführung der Kirchenverbesserung in seinen Landen empfangen hatte. Denn da von den geistlichen Oberhirten nichts zu hoffen war, so hatten sich die Reformatoren selbst an die Fürsten, Herren und Magistrate gewandt und ihnen die göttliche Pflicht zur Wahrung nicht allein der zweiten, sondern auch der ersten Tafel des Gesetzes und damit insonderheit des rechten Gottesdienstes eingeschärft.

Von diesem Pflichtgefühl getrieben sandte nun auch Herzog Ernst 1524 die lutherische Übersetzung des Neuen Testaments, in plattdeutscher Sprache gedruckt, an das Kloster Medingen mit der freundlichen Vermahnung, dass die Konventualinnen sie fleißig studieren möchten.[122] Dies war der Anfang der Reformation im Kloster, an welche wir uns hier zu halten haben, da Wichmannsburg als Patronatskirche auf das engste mit dem Medinger Kloster verknüpft war, und alle genaueren Nachrichten über die Einführung der Reformation in unserer Gemeinde verloren gegangen sind.

Die Äbtissin Elvert, eine eifrige Anhängerin des Papsttums und von ihren geistlichen Ratgebern übel beeinflusst, schleuderte die herzogliche Bibel ins Feuer. Auch ihre Nachfolgerin Margarethe von Stöteroggen widersetzte sich mit aller Anstrengung den Reformationsplänen des Herzogs, aber nicht wie jene in blindem Eifer, sondern in der festen Überzeugung, dass ein vom Papst gebannter Mönch nimmermehr die heilige Kirche verbessern könne, und dass es der weltlichen Obrigkeit nicht zustehe, wider des Papstes Willen in kirchlichen Dingen Neuerungen zu treffen. Sie war eine edle, hochgebildete und im Glauben der katholischen Kirche festgegründete Persönlichkeit, entschlossen, den Kampf für ihren und des Klosters allerheiligsten Glauben, selbst mit dem Herzog, es koste was es wolle, bis zu Ende durchzuführen. Noch heute wird ihr Bild im Kapitelsaal des Klosters aufbewahrt. Hoheit und gewaltiger Ernst blicken aus ihren männlichen Zügen.

Mittlerweile begann das Reformationswerk in den Städten. In Celle wurde 1526 die Messe verboten, die Mönche mussten aus der Stadt weichen. 1527 wurde in der nächsten Umgegend von Celle die Reformation stark betrieben. Als die Päpstlichen sahen, dass ihre Sache verloren war, riefen sie Ernsts abgedankten Vater, Heinrich den Mittleren, aus Frankreich wieder in das Land, und dieser erhob unter so veränderten Verhältnissen, die den Voraussetzungen zuwiderliefen, Anspruch auf die Regierung. Da hielt Herzog Ernst mit seinem Bruder Franz einen Landtag in Scharnebeck (Gründonnerstag 1527), wo die Mehrzahl der Stände beschloss; das Evangelium solle lauter und rein ohne menschlichen Zusatz verkündet und den befohlenen Seelen gepredigt werden.[123] Durch diesen Beschluss der Stände wesentlich gestärkt griff nun der Herzog mit fröhlichem Gewissen zu Mitteln, die allerdings bis dahin unerhört waren. Er setzte u.a. in mehreren Klöstern, und so auch in Medingen, den Propst von Mahrenholz, einen Hauptgegner der Kirchenverbesserung, 1529 kurzweg ab und stellte die sämtlichen Güter des Klosters unter fürstliche Administration. So kam auch Wichmannsburg in Bezug auf die Pflichten und Abgaben und die äußere Verwaltung unter der Herrschaft des Klosters aus und gelangte jetzt zum dritten und letzten Mal an das welfische Haus. Herzog Ernst aber gebot auf diese Weise in Kurzem über so erhebliche Mittel, dass er den drei Ständen gegenüber eine Unabhängigkeit erhielt, wie sie keiner seiner Vorfahren besessen hatte.

Seine Maßregeln waren indes nicht geeignet, die Überzeugungen der mannhaften Äbtissin zu erschüttern. Wenn jene die Wahrheit für sich haben, so fragte sie sich, warum streiten sie denn mit fleischlichen Waffen? Nie glaubte sie sich entschließen zu können, einem Fürsten zu gehorchen, wenn sie dadurch der Kirche ungehorsam werden sollte. Und wie konnte sie auch Vertrauen haben zu einem

Mann, der zum Räuber wurde an Kirchengut, welches seine Väter für sich und ihre Erben mit Brief und Siegel dem Kloster zu wahren gelobt hatten!

Herzog Ernst aber ging in seinen landesväterlichen Maßregeln zur Herstellung des rechten Gottesdienstes unerschrocken vorwärts. Er verabschiedete zunächst alle Vikare des Klosters bis auf zwei, ja er kam selbst im Sommer 1529 nach Medingen, um durch persönliche Vorstellungen etwas zu erreichen, setzte einen Amtshauptmann Thomas von Göhrden in die Propsteiwohnung und gab dem Kloster einen lutherischen Prediger mit der Auflage, dass sich alle Nonnen zweimal wöchentlich auf dem Chor versammeln und seiner Predigt und Katechese beiwohnen sollten. Aber kaum hatte der Herzog den Rücken gekehrt, so brach die Feindseligkeit gegen den lutherischen Prediger los. Dass er selbst einst Mönch gewesen war und eine gewesene Nonne geheiratet hatte, war ihnen der größte Dorn im Auge, und dass sie von einem solchen Menschen sich wie Schulkinder sollten katechesieren lassen, erfüllte die Damen mit gerechtem Zorn. Sie beschimpften ihn auf alle Weise und schlossen Chor und Kirche vor ihm zu. Er arbeitete aber unverdrossen weiter und wusste durch Vermittlung des Amtshauptmanns einen herzoglichen Befehl auszuwirken, wonach den Nonnen aufgegeben wurde, ihren evangelischen Pfarrer zu hören, von ihrem Kaplan dagegen nicht mehr als wöchentlich eine Messe sich lesen zu lassen. Ferner wurden die Feste und Gedächtnistage der Heiligen verboten sowie eine Reihe von Missbräuchen und abergläubischen Zeremonien abgeschafft. So mussten sie denn widerwillig das Wort Gottes hören, aber die abergläubischen Gebete bei den Horen ließen sie doch nicht weg, bis ihnen auch die Kirchen- und Chorbücher genommen wurden. Und selbst da suchten sie noch alte Exemplare aus allen Winkeln zusammen, um ihre religiösen Übungen fortsetzen zu können. Die Kapläne aber waren geschäftig, die alten Kirchengebräuche, wo sie nur konnten, aufrecht zu halten. Besonders suchten sie durch öffentliche Prozessionen das gute Recht ihres Kultus in den Augen des Volks zu bewahren. Um Lichtmess 1530 wollten sie eine Anzahl Lichter weihen; da griff der lutherische Prediger drein und verhinderte es. In der Karwoche erneuerten sie ihren Versuch. Da verbot ihnen der Hauptmann allen öffentlichen Gottesdienst und ließ sie mit Gewalt aus der Kirche treiben. Jetzt trug die Äbtissin keine Bedenken, den Kaplänen ein Unterkommen im Kloster anzuweisen. Der Kornboden wurde zum Gottesdienst eingerichtet, hinter einem Gitterverschlag ließen die Nonnen sich absolvieren und sangen ihr: *salve regina!*

Dies Unwesen dauerte etwa drei Jahre lang. Denn Herzog Ernst, ohne den man keine strengeren Maßregeln ergreifen mochte, war außer Landes. Er wohnte zuletzt dem Reichstag zu Augsburg bei und unterschrieb die Augsburgische Konfession, wodurch er sich den Namen des Bekenners erwarb; und als er, innerlich erstarkt durch das vor Kaiser und Reich abgelegte einmütige Bekenntnis seiner evangelischen Glaubensgenossen, nach Hause zurückkehrte, harrten seiner dringendere Geschäfte. Schon 1528 war das Herzogtum in Superintendenturen (anstatt der bisherigen Archidiakonate und Propsteien) eingeteilt; jetzt sollte das ganze cellische Land auch einen Generalsuperintendenten erhalten. Der augsburgische Prediger Urbanus Rhegius hatte dem Herzog so sehr gefallen, dass er ihn zu seinem Hofprediger engagierte. Rhegius kam und wurde anfangs provisorisch Pastor in Celle, wo er, des Plattdeutschen unkundig, zum ersten Mal mit hochdeutscher Predigt auftrat, welche indes bald von den Städtern leidlich verstanden wurde. Nachher wurde er Generalsuperintendent und leitete im Auftrag des Herzogs die Evangelisation zuerst der Städte Celle und Lüneburg, dann des ganzen lüneburgschen Landes und auch der Stadt Hannover. Als Rhegius im Herbst 1533 von Lüneburg zurückkehrte, nahm der Herzog die Medinger Angelegenheit wieder auf.

Noch im Dezember 1533 schrieb er an die Äbtissin und den Konvent in nachdrücklicher Weise und wies zugleich den Hauptmann von Göhrden an, darauf zu halten, dass die Jungfrauen viermal wöchentlich den lutherischen Prediger hörten. *„Dar sie aber sich des weigern würden"*, fährt er fort, *„so gepieten wir dir und wollen, du von stunt an und one allen verzug vorschaffest, daß auß und von allen Klocken die Knüppel außgenommen und die Stricke abgehauen werden, so daß sie von dem Tag an schirskünfftig hin furt keine nicht mehr zu leuten geweltich sein mögen."* Indes die Warnungen und Befehle halfen nichts. Die Äbtissin blieb ihrer Überzeugung, die Nonnen ihrem Starrsinn, die Kapläne ihren kirchlichen Weisungen treu, und so wurden denn nicht bloß die gedrohten Zuchtmittel ausgeführt, sondern zugleich Tore und Pforten auf dem Klosterhof zerschlagen und auf dem Jungfrauenchor in roher Weise ein großes Loch durch die Mauer gebrochen, so dass die Damen kaum noch vor Wind und Wetter Schutz hatten. Und zu diesen Arbeiten wurden des Klosters eigene Bedienten kommandiert. Das setzte aber bei den Klosterdamen eine solche Verbitterung, dass sie mit aller Erfindungsgabe weiblicher Bosheit dem Hautmann das Leben so sauer machten, dass er zwei Jahre später seinen Abschied erbat und erhielt. An seine Stelle trat ein gewisser Herr Cord Küsel, der sich mit Umgehung des gehässigen Hauptmannstitels bloß Propsteiverwalter nannte, im übrigen aber dieselbe Strenge mit vielleicht größerer Weisheit verband. Er versuchte zunächst in Güte, das Kloster dem lutherischen Prediger geneigt zu machen. Als er aber kein Gehör fand, ließ er einen bedeutenden Teil der Klostermauer niederreißen, wodurch das Kloster völlig schutzlos wurde.

Von alle dem benachrichtigt, kam Herzog Ernst selbst in Begleitung seines „lieben Pfarrherrn und Bischofs" Urbanus Rhegius 1536 nach Medingen und ließ seinen Generalsuperintendenten eine Zeit lang täglich auf dem Chor in Gegenwart sämtlicher Klosterfräulein predigen und katechesieren. Und solches wiederholte der Herzog öfter in jenem und den beiden folgenden Jahren. Dass hierzu auch der Wichmannsburger Klosterpastor, vielleicht auch andere umwohnende Pfarrer befohlen wurden, ist eine naheliegende Vermutung. Der Herzog gab sich alle erdenkliche Mühe mit dem Kloster. Er beschied den Konvent mehrmals auf das Kapitelhaus und stellte selbst theologische Fragen zur Besprechung und Belehrung, hielt auch dem Kloster das löbliche Beispiel der evangelisierten Klöster Walsrode und Isenhagen vor und hoffte noch immer auf gütliche Weise seinen Zweck zu erreichen. Allein es war alles umsonst.

Da brauchte der Herzog den größten Ernst. 1539 nahm er dem Kloster seine beiden noch übrigen Kapläne, ließ eine Kapelle mit sieben Heiligenaltären niederbrechen und von den drei schönen Glocken zwei hinwegführen. Im folgenden Jahr ließ er den dritten Teil des Klosters auf 66 Fuß (es hatte eine Fundamentstärke von 8 Fuß Dicke) niederreißen und legte damit die eine Seite des inneren Klosterhofes völlig bloß. Folgenden Jahres wurde der Glockenturm, ein Teil der Propstei, die Kaplanwohnungen und andere Gebäude niedergerissen und das Herrenhaus für die Herzogin-Witwe erbaut,[124] welches gegenwärtig noch als Gerichtshaus benutzt wird.

Alle diese Widerfahrnisse nun, welche das Kloster Medingen trafen, berühren aufs Nächste auch unser Wichmannsburg. Wie mögen die Botschaften in den verhängnisvollen Tagen und Jahren hin und her geflogen sein! Wie mag hinter schützenden Mauern zwischen den Klostervikaren und ihrem Wichmannsburger Kollegen der Unmut und Zorn zum unverhaltenen Ausdruck gekommen sein! Allerdings wird der herzogliche Evangelisationsbefehl von 1529 in dem wehrlosen Heidedorf aufs Nachdrücklichste geltend gemacht und die gröbsten Missbräuche, als Heiligenkultus, Ablass, Messe, äußerlich streng unterdrückt sein. Allein andererseits wird gerade hier das papistische Wesen, sobald das Auge des Hauptmanns sich weggewandt, mit neuer Zähigkeit wieder durchgedrungen und die hartnäckige Weigerung des Klosters keine geringe Stärkung für den schutzbefohlenen Priester gewesen sein. Die Gemeinde haben wir uns, soweit sie nicht zu neuen Lasten und Abgaben benötigt wurde, im großen Ganzen als gleichgültig zu denken. Jahrhunderte hindurch an vollständige Unmündigkeit in kirchlichen und politischen Dingen gewöhnt, hat sie sich an dem ganzen „Streit" entweder überhaupt nicht oder nur mit großer Besorgnis um den Verlust ihrer Heiligtümer beteiligt. Wiederum konnte die in Lüneburg, Uelzen, Bevensen längst vollzogene Evangelisation auch auf die Dörfer nicht ohne Einfluss bleiben, und das Alleinstehen unseres Klosterpfarrers in diesem Kampf mag seinen Widerstand immer mehr geschwächt haben. Ein entscheidender Wendepunkt trat erst mit dem Jahr 1542 ein, in welchem der

Herzog die bereits seit 1529 unter fürstliche Verwaltung gestellten Klostergüter völlig einziehen ließ und somit auch Wichmannsburg förmlich in den Besitz der fürstlichen Kammer überging. Bei dieser Gelegenheit wird denn auch die seit dieser Zeit sich vorfindende fürstliche Schenkung der jährlichen 20 Himten Roggen aus Eddelstorf an die Pfarre geschehen sein, welche Lieferung vielleicht einen Teil des dortigen Zehnten bildete, der seit 1296 dem Kloster gehörte. Auch scheint das jährliche Holzdeputat aus der Forst Reisenmoor, welches auf „Sr. fürstl. Durchlaucht Gnaden" beruhte und bei dem Jahre 1563 zuerst als bestehend erwähnt wird,[125] aus dieser Zeit der Annexion herzustammen. Zugleich verbot der Herzog

dem Kloster allen Verkehr und Handel mit den benachbarten Dorfleuten, ja er untersagte sogar den Angehörigen und Verwandten der Klosterdamen, die Ihrigen dort zu besuchen. Damit war nicht nur das Kloster in Belagerungszustand versetzt, sondern auch aller Einfluss desselben nach außen hin abgeschnitten, dergestalt, dass nicht einmal Nachrichten über den Stand der Verhältnisse drinnen unter das Volk gelangen konnten. Nehmen wir nun hinzu, dass jetzt bereits eine ziemliche Anzahl evangelisch gebildeter Geistlicher vorhanden war, so dass der Fürst nicht in Verlegenheit sein konnte, sein Dörflein geistlich zu versorgen, ferner das in den

Inspektionen Ebstorf und Lüne zu dieser Zeit die Reformation bereits durchgeführt war, endlich dass der Herr Pfarrer von jetzt an des Herzogs Brot aß, so darf angenommen werden, dass seit 1542 die Evangelisation in Wichmannsburg beendet war.

Was aber das Verhältnis zu der neuen Herrschaft betraf, so gewöhnte sich das Volk leicht, dem tatkräftigen und mächtigen, frommen und huldreichen Fürsten untertan zu sein. Ja selbst die Erinnerung an die einst so glücklichen Zeiten unter dem klösterlichen Joch verlor sich so geschwind, dass der Pastor Bartholomäus Löhner anno 1685 in unserem Kirchenbuch[126] die Frage: *„Was die Kirche jederzeit vor Patronos gehabt?"* einfach dahin beantwortet: *„Man weiß keine andere Patronos, als Gott im Himmel und Ihre Hochfürstliche, Hochlöbliche Durchläuchtigkeit zu Zell."*

In Medingen aber machte man die letzten Anstrengungen, um bei dem Bischof von Verden und dem römischen Kaiser wirksamen Beistand in den gekränkten Rechten zu finden. Die Äbtissin wurde darauf nach Celle zitiert, packte aber rasch das ganze Archiv und die Hauptkostbarkeiten des Klosters zusammen und entkam glücklich nach Hildesheim. Als nun den Konventualinnen aufgegeben wurde, binnen bestimmter Frist evangelisch zu werden oder das Kloster zu räumen, wandten sie sich mit einer Klageschrift (durch Vermittlung des Bischofs von Verden) an das kaiserliche Kammergericht in Speyer, worauf Herzog Ernst vom Kaiser Befehl erhielt, das Kloster gänzlich in Ruhe und bei Ausübung seiner hergebrachten Religion zu lassen. Außerdem wirkte der Bischof für die drei Klöster Ebstorf, Lüne und Medingen einen kaiserlichen Schutzbrief aus. Die Äbtissin kehrte zurück und alle lebten der freudigsten Hoffnung. Allein gerade jetzt ergriffen die protestantischen Fürsten vereint die Waffen gegen den Kaiser, welcher nun seinen versprochenen Schutz nicht zu halten vermochte.

Dennoch sollte es der mutigen Äbtissin erspart bleiben, sich der bloßen Gewalt fügen zu müssen. Gott selbst öffnete ihr zur rechten Zeit die Augen. Ihr trefflicher Bruder, der ebenso gelehrte als fromme Nicolaus von Stöteroggen, Ratsherr zu Lüneburg, sandte ihr viele, zum Teil noch erhaltene, köstliche Briefe voll Glaubens und Liebe, dazu viele Schriften evangelischen Inhalts, durch welche sie sich nach und nach überzeugte, wie sehr im Papsttum Christi Wort durch Menschensatzung verdrängt sei. In ähnlicher Weise wurden auch andere von den Klosterjungfrauen durch Vorstellungen und Zuschriften der Ihrigen dem lutherischen Glauben heimlich gewonnen. Die Äbtissin ließ reichlich Bibeln für das Kloster ankaufen, Glaubensfragen wurden fleißig besprochen, ein evangelischer Geist zog in die alten Mauern ein und ganz von selbst schlug nun der reformatorische Gedanke in den bis

dahin widerstrebenden Gemütern seine Wurzeln. Sie hatten 1550 nichts mehr dagegen, dass der lutherische Pfarrer Bierwirt als erster beständiger Prediger und
Seelsorger des Klosters eingeführt wurde, und vier Jahre später konnte die treue
Domina mit dem größten Teil des Konvents zum ersten Mal das heilige Abendmahl unter beiderlei Gestalt nehmen und sich damit förmlich zur lutherischen Kirche bekennen.

Herzog Ernst erlebte diesen erfreulichen Ausgang des langen Kampfes zwar
nicht mehr. Er entschlief fast gleichzeitig mit seinem teuren Luther am 11. Januar
1546 mit der freudigen Gewissheit, dass sein Sohn und Nachfolger Franz Otto das
väterliche Evangelisationswerk mit gleichem Eifer fortsetzen werde. Die ehrwürdige Äbtissin folgte ihm erst am 1. Oktober 1567, wo sie *„im wahren Glauben an
ihren Erlöser"* im 74. Jahre ihrer mühevollen Wallfahrt entschlief.

Einundzwanzigstes Kapitel
Die Gemeinde Wichmannsburg im Dreißigjährigen Krieg

Nachdem die tiefsten inneren Glaubenskämpfe der Reformation größtenteils
bloß von den Leitern des Volks ausgekämpft waren, sollte das ganze Volk
etliche Jahrzehnte später in allen seinen Schichten die furchtbaren äußerlichen Leiden und Drangsale, welche aus dem Religionswechsel entsprangen, in vollem Ma-
ße erfahren. Der dreißigjährige Krieg begann. Mit dem Lüneburger Land sollte
auch der kleinen Wichmannsburger Gemeinde ein redlich Teil der Not zufallen.

Als der raue siegreiche Tilly sich 1624 zuerst dem Lüneburgischen nahte, mein-
ten die Stände, sie seien verloren, wenn sie sich nicht dem Kaiser fügten und so
musste Herzog Christians tatendurstiger Bruder, der zum Hauptmann in Niedersachsen bestellte Georg wider Willen unterhandeln und Tilly versprach, den niedersächsischen Kreis zu schonen. Als aber die übrigen protestantischen Fürsten,
dieser Nachgiebigkeit überdrüssig, den Dänenkönig Christian IV. zum Kriegs-
obersten in Sachsen ernannten, und dieser durch die Lüneburger Lande den Kaiserlichen entgegenzog, öffnete der schwache Herzog Christian auch ihm die Tore.
Jetzt rächte sich Tilly wegen des Treuebruchs und überfiel brandschatzend und
verwüstend zunächst das Calenbergsche. Bald darauf nahte sich ein kaiserliches
Heer unter Albrecht von Wallenstein den lüneburgischen Landen, und wiederum
ergab sich Herzog Christian dem Schutz der Kaiserlichen. Da brandschatzten die
Dänen, um diese Treulosigkeit zu rächen, die lüneburgischen Gegenden. Vom Bartholomäustag bis Ende September 1626 wüteten sie in den wehrlosen Dörfern umher. Wo sie noch Korn auf dem Halme fanden, schnitten sie es; wo sie Vieh wei-

dend trafen, schlachteten sie es, ja aus den Ställen holten sie es und *„schossen auf die Bauern wie auf Hunde"*.

In diesem Jahr war es, wo auch der Ort Wichmannsburg zum ersten Mal in diesem Krieg hart mitgenommen wurde. Mehrere Häuser, darunter die Pfarrkote und die jetzt Schulze'sche Kote, wurden gänzlich verwüstet, das ganze Dorf geplündert. Der Pastor Eberhard Horneburg, der damals seinem alten Vater als Adjunkt beigegeben war, verlor *„durch einen unverhofften Schuß eines gottlosen Soldaten"* den linken Arm, der ihm bis an die Schulter abgenommen werden musste.[127] In ähnlicher Weise hausten die dänischen Kriegsscharen, die eben noch als Freunde gekommen waren, in allen Dörfern und Flecken bis zur Elbe.

Es ist bekannt, wie Herzog Georg jetzt in gekränktem Stolz zum Kaiser übertrat und sich mit dem Wallensteiner vereinigte. Dies lieferte das arme Lüneburger Land zum zweiten Mal der Rache der Dänen aus, bis sie 1627 im August bei Lutter am Barenberge geschlagen wurden und in wilder Flucht die eben noch gebrandschatzten Dörfer auf dem Weg nach Stade hin durchzogen. Aber damit war man weder die Dänen noch die Kaiserlichen los. Tilly hatte in Uelzen sein Hauptquartier aufgeschlagen und erschöpfte durch seine Requisitionen das ohnehin ausgesogene Bauernvolk. Die Dänen aber machten wiederholt Einfälle über die Elbe und brachen plündernd und sengend in die schutzlosen Dörfer ein. Fast täglich wurde die Sturmglocke gezogen. Bei einem dieser Raubzüge 1628 wurde auch unser Dorf Solchstorf, welches schon 1626 durch einen Brand so sehr gelitten hatte, dass von den sechs Höfen zwei verlassen waren, durch die rohen Kriegsknechte angesteckt und gänzlich in Asche gelegt. Die Bauern, nicht im Stande, sich andere Häuser zu erbauen, wanderten in andere Orte. Das Dorf ist seitdem als solches nie wieder aufgebaut.[128] Von dem brennenden Solchstorf zogen die Dänen nach Edendorf, wo sie das alte Schloss auf dem Junkernhof verwüsteten. Tilly, hiervon benachrichtigt, rückte von Bevensen heran und jagte sie durch den Bruch nach Hohnstorf. Beim sog. Stadtberg von Hohnstorf scheint das Hauptscharmützel stattgefunden zu haben. Wenigstens sind dort öfters eiserne Kugeln der Dänen und bleierne der Kaiserlichen gefunden worden. Die Stelle, wo es am schärfsten herging, heißt noch heute *„up en Scharpen"* und der Platz, wo die Scharfentinle (s.v.a. scharfe Dirne, Scharfmetze) gespielt haben werden, wird noch heute *„scharpen Thies"* genannt. Wie sehr das Dorf Hohnstorf bei diesen Treffen gelitten, kann man daraus schließen, dass selbst die Kapelle so sehr verwüstet wurde, dass seitdem kein Gottesdienst mehr darin gehalten ist, obwohl sie noch bis in die zweite Hälfte des 18. Jahrhunderts gestanden hat. Nachdem die Dänen das Feld geräumt hatten, zog ein Teil der Tillyschen Reiter nach Wichmannsburg hinab und lagerte sich auf der jetzt Schulze'schen Koppel beim Kirchhof. Den dürren Stackzaun des Friedhofes rissen sie teilweise ab, um ihr Wachtfeuer zu unterhalten, das übrige wurde von der Flamme ergriffen und schaurig fuhr die Lohe über die Ruhestätte der Toten hin. Jahrelang konnte man nicht soweit kommen, die armselige Befriedung auch nur notdürftig wieder aufzurichten.[129]

Während nun Georg in Italien unter des Kaisers Fahnen kämpfte, hörte er, dass man damit umgehe, seine Erblande an des Kaisers Günstlinge zu vergeben. Empört sagte er sich vom Kaiser los, kehrte heim und verband sich mit Gustav Adolf von Schweden, der später 1632 den mächtigen Tilly bei Breitenfeld aufs Haupt schlug. Aber Georg konnte die Rüstungen nur sehr heimlich betreiben, denn noch waren die hannoverschen Städte und das ganze Lüneburgische mit Ausnahme der Stadt Lüneburg in den Händen der Kaiserlichen. In gräulicher Weise übten sie Rache an dem armen verratenen Volk. Einstmals, noch im Jahre 1631, fielen sie raubend in Wichmannsburg ein, drangen in die Häuser und plünderten. Auch in die Pfarre kamen sie und als sie das Verlangte nicht sofort erhielten, schlugen sie die Tür zur Speisekammer ein und nahmen, was sie fanden.[130]

Georg sprach seinen Bruder Christian um Mittel zum Krieg an, aber der starb, noch ehe er Gelder hatte flüssig machen können, und sein Nachfolger, der römisch gesinnte August, verweigerte ihm jegliche Hilfe. Trotzdem wusste Georg ein Heer zusammenzubringen und in weise angelegten Magazinen Vorräte zu sammeln und erfocht mehrere glänzende Siege über die Kaiserlichen. Als aber der Schwedenkönig 1632 bei Lützen gefallen war, merkte Georg, dass ihm das schwedische Bündnis mit der Zeit ein drückendes Joch werden könne, verband sich mit dem Kurfürsten von Sachsen und trat 1635 dem Prager Frieden mit dem Kaiser bei, der doch für die Protestanten ungünstig war, und die Schweden opferte.

Aber die Schweden hatten einmal im Lüneburgischen festen Fuß gefasst und dachten nicht daran zu weichen. Von nun an sogen sie vielmehr das Land furchtbar aus und straften schwer, wo sie Widerstand fanden. Als die Stadt Uelzen ihnen auf Befehl des Herzogs den Einzug weigerte, büßte sie solches mit 21.000 Reichstaler Kassengeld. Endlich zogen die Sachsen heran, sie zu vertreiben. Sie kamen auch wirklich bis über Lüneburg hinaus, mussten aber vor dem Pass Lüdershausen umkehren. Auf dem Rückweg nahmen sie mit, was sie fanden. Auch unser gutes Wichmannsburg wurde jetzt zum vierten Mal in zehn Jahren der Plünderung preisgegeben. Sogar in die Kirche drangen die Kriegsknechte ein und raubten aus dem Altarschrank eine Summe Geldes, welche der Pastor Horneburg mit Mühe von seinen Pfarrkindern zur Reparatur des Turms gesammelt hatte, nebst allem, was sie sonst irgend Wertvolles in der Kirche fanden, auch beschädigten sie die Leuchter und den Altarschrein.[131] Wenn es den übrigen Dörfern der Umgegend ähnlich wie uns ergangen ist, so kann man sich einen Begriff von der verheerenden Wirkung dieses Krieges machen. Auch wird man ein gut Stück jener Not gewahr, wenn man die Kirchenrechnungen jener Jahre durchblättert und die Masse der armen Vertriebenen überblickt, welche die Barmherzigkeit des Kirchherrn ansprachen. So wurden in den vier Jahren von 1630 bis 1634 neben zahllosen anderen Verarmten allein elf vertriebenen Pastoren nebst mehreren Studiosen und Schulmeistern Gaben aus der hiesigen Kirchenkasse mitgeteilt, und doch erhielten nur diejenigen etwas, welche eine Empfehlung vom Fürsten oder vom Generalsuperintendenten beibringen konnten.

Endlich zog Herzog Georg zur Verjagung der Schweden heran und wurde von allen als Retter begrüßt. Es war am 3. September 1636, als er mit 600 Mann Lüneburg besetzte und den Oberst Stammer, welcher zu früh den Kopf verlor, nötigte, das Schloss auf dem Kalkberg „mit Accord" auszuliefern. Aber nun musste alle irgend dienstfähige Mannschaft aus der Umgegend, und so auch aus unserer Parochie, nach Lüneburg, um Schanzarbeit zu tun. Damals sind die seit 1440 angelegten Umwallungen der Stadt zu wahren Riesenwällen ausgedehnt, welche erst in unseren Tagen abgetragen werden. Kirchlicher Gottesdienst und Schule wurde in jener Zeit in unserer Gemeinde nicht gehalten. Aber mit großer Standhaftigkeit, Weisheit und Strenge hielt der damals noch jugendliche Pastor Eberhard Horneburg seine Gemeinde, die fast alle Jahre flüchtig oder im Heere eingestellt war, wo dann die armen hungernden Weiber und Kinder dem Tross nachfolgten, nach Kräften zusammen. Er wankte und wich nicht und half vielen Elenden, obgleich er oft selbst nichts hatte, wovon er sich ernähren sollte. In einem Schreiben an den Herzog bittet er diesen, ihm doch zu helfen, weil ihm „in diesen elenden und beschwerlichen Kriegsjahren, da einem das liebe Brot ohne das sehr sauer und schwer gemachet worden, der Abgang des Dorfes Solchstorf am ehesten und schwersten zukommen und widerfahren" sei; „der ich doch nicht allein" schreibt er, „meinen sehr kümmerlichen Aufenthalt allhie gehabt, sondern auch durch das betrübte Kriegswesen mir oft und vielmals alles, so man sonst durch Gottes Segen erreichen mögen, genommen und abgeraubet ist."[132]

Noch im Jahr 1637 finden wir die Bauern zum Kriegsdienst nach Lüneburg bestellt, so dass der öffentliche Gottesdienst und Schulunterricht abermals auf Monate eingestellt wurde, während die schwedischen Reiter das Land unsicher machten und so auch unser Wichmannsburg wieder überfielen, wo sie mitnahmen, was sie fanden und unter anderem die große Heldentat vollbrachten, im Küsterhaus und Pfarrwitwenhaus die Kachelöfen zu demolieren. Die folgenden Jahre verliefen ruhiger. Georg, welcher besorgte, der Kaiser möchte über seine Erblande zu Gunsten des Bischofs von Hildesheim verfügen, schloss 1639 einen Frieden mit den

Schweden und gedachte sich, nebst Christian von Hessen und Otto von Schaumburg, mit dem schwedischen Feldherrn Baner zu vereinigen. Aber bald nach der Zusammenkunft dieser Helden in Hildesheim 1640 starben alle vier, wie man meinte, an hildesheimschen Gift.

Da rückte 1642 um Michaelis der Schwede Torstenson über die Elbe, um die Banerschen Streitkräfte zu sammeln. Abermals stob das lüneburgische Landvolk vor ihm auseinander. Auch unsere Wichmannsburger Parochianen waren so versprengt, dass Pastor Horneburg klagt, er könne die nötigen Kirchensteuern nicht aufbringen. Aber der Schwede rief die Leute bei namhafter Strafe zusammen und so mussten denn die armen Bauern aus ihren Verstecken hervorkriechen und von Weihnachten bis Mittfasten nach Lüneburg gehen, um dort Schanzarbeit zu tun.[133] Ebenso ging es 1645, als die Schweden abermals in die kaiserlichen Lande einbrachen.[134] Es waren gar betrübliche Tage. Im ganzen Amt Medingen waren nur fünf oder sechs Dörfer, worin keine verwüsteten Höfe waren. In Altenmedingen lagen sechs Höfe und zwei Brinkkoten wüst, in Eddelstorf vier Höfe, in Bohndorf zwei, in Römstedt fünf, in Strothe vier, in Himbergen fünf, in Emmendorf sechs u.s.w. In unserer Gemeinde war ebenfalls ein großer Teil der Höfe wüst, die beiden Pfarrkoten in Wichmannsburg und Bargdorf waren in Flammen aufgegangen, die Kapelle in Hohnstorf gänzlich verwüstet, das Dorf Solchstorf völlig untergegangen.[135] Von den geretteten Höfen besaßen nur wenige Zugvieh, und diese wenigen, warum sollten sie säen, dass Fremde es ernteten?

Wie atmete man auf, wie dankte man Gott, als endlich 1648 der ersehnte Friede geschlossen wurde! Aber das Ende des Dreißigjährigen Krieges war für unsere Nachbarn im Bremen-Verdenschen und für alle ehemaligen bremischen oder verdenschen Untertanen der Anfang einer siebzigjährigen Fremdherrschaft. Die Bistümer Bremen und Verden fielen nämlich im Westfälischen Frieden an die Krone Schweden. So kam es, dass auch in unserer Gemeinde die beiden verdenschen Höfe in Hohnstorf (Sander) und in Edendorf (Wiese) schwedisch wurden. Zwar versuchte Herzog „Jürgen Wilhelm" von Lüneburg nach der Schlacht bei Fehrbellin die Bistümer wieder an sich zu nehmen. Aber er behielt sie nur von Mai bis August 1676 und musste sie dann den Schweden gegen einige Vorteile wieder ausliefern. Nach der Niederlage des Schwedenkönigs Karls XII. bei Poltawa besetzten die Dänen 1710 das Land und verkauften es 1715 für 700.000 Reichstaler an Georg Ludwig von Braunschweig und Lüneburg, der seit 1714 als Georg I. den Thron Großbritanniens bestiegen hatte. Aber erst 1719 wurde es von den Schweden gegen über eine Million Taler Entschädigung abgetreten.[136]

Zweiundzwanzigstes Kapitel
Nachwirkungen des Dreißigjährigen Krieges

$\mathfrak{B}$eim Ausgang des großen Krieges waren nur wenige unserer Höfe noch in denselben Händen wie zu Anfang desselben. Mehrere Hauswirtsfamilien waren Dienstleute geworden, zugewanderte Fremdlinge hatten in Stellen eingefreit, deren Erben im Krieg geblieben waren. Die Armut in der ganzen Gemeinde war so groß, dass der Herzog in Celle fortwährend um Beihilfen und Kollektenbewilligung zur Wiedererbauung der zerstörten Gebäude angegangen wurde. Auch fehlte es sehr an Arbeitskräften zur Bestellung der gänzlich verwahrlosten Felder. Die Bevölkerung war so erheblich gesunken, dass noch 1660 die Zahl der Getauften durchschnittlich nur zehn, die der Begrabenen durchschnittlich neun beträgt, während sie sich jetzt, ohne dass die Häuser entsprechend vermehrt wären (bei 780 Seelen), auf fast das Dreifache beläuft. Überhaupt konnte man die ganze Verheerung, die der Krieg angerichtet, erst übersehen, als seine Wogen sich gelegt hatten. Die Befruchtung, welche sie zurückgelassen, wurde damals minder klar erkannt.

Und doch war auch das schon ein beachtenswerter Gewinn des Krieges, dass, sobald die Gemeinde anfing, sich zu erholen, das Verwüstete nicht wieder in der alten Weise, sondern mit mehr Wohnlichkeit und Kunst hergestellt wurde. Denn umsonst hatten die guten Bauern nicht so viel fremde Länder draußen und fremde Völker drinnen gesehn. Der Blick war erweitert und der Geschmack, besonders durch die Wälschen, gebildet. So erhielten im Pfarrhaus die Fenster fortan rundbogige, sauber geweißte Rahmen; in der Kirche wurden gemalte Wappen und Bilder in die Chorfenster geschenkt, auf denen die Schenkgeber sich zum Teil abbilden ließen. Da sehen wir denn unsere Landleute ganz in der modernen Tracht jenes Jahrhunderts mit Wams und Pattenröcken, kurzen Hosen und Schnallenschuhen, Perücken und Krämphüten. Auch in der Glasmalerei, die sich aus späterer Zeit (1735) an den Sander'schen Fenstern in Hohnstorf findet, erscheint der Bauer in bedeckter Staatskutsche, den Kutscher auf dem Bock. Man pflegte sich nämlich damals noch wegen der Seltenheit des Fensterglases zur Hochzeit oder zum Hausbau die Fenster zu schenken, in welche der Schenkgeber dann sein Bild und seinen Namen malen ließ – in der Tat eine noblere Sitte, als wenn heutzutage bei solchen Gelegenheiten bares Geld verehrt wird. Auch manche andere wertvolle Einrichtungen und Erfindungen gelangten im Gefolge des Kriegs in unsere Städte und Dörfer, deren hier aber ebenso wenig wie seiner geistlichen Früchte weiter gedacht werden soll. Jedenfalls brachte der Krieg eine durchgreifende Änderung in der ganzen Lebensweise und Denkart mit sich, was schon in dem erwähnten Umstand zu Tage tritt, dass unsere Landleute damals zum ersten Mal seit Jahrhunderten ihre Volkstracht wechselten. Statt des einfachen kittelartigen, faltenreichen Überwurfs ohne

Ärmel, den man Hoyken nannte, trug man fortan die Langjacke mit kurzen Schößen und blanken Knöpfen; die formlose runde Mütze mit der Wetterkrämpe wich dem dreimal aufgebogenen stattlichen Filzhut; die kurzen Hosen wurden mit zierlichen Bändern abgebunden, die Schuhe mit blanken Schnallen geschmückt. Diese Tracht hat unser Mannsvolk bis zum Anfang dieses Jahrhunderts beibehalten. In der französischen Zeit fingen sie an, die langen Hosen, langen Röcke und zweimal aufgekrämpten Filzhüte zu tragen; der runde Zylinderhut gewann erst in den zwanziger Jahren Eingang. Die Frauen und Mädchen haben ihre alte schöne Volkstracht der selbstgewebten kurzen Röcke mit bunten Säumen und den reizenden Hauben mit farbigem oder silbernem oder goldenem Einsatz und zierlichen Spitzen, wozu denn das Brusttuch sorgfältig passend gewählt wurde, bis zur Mitte dieses Jahrhunderts fast unverändert bewahrt. Jetzt freilich sind sie erst recht dem alles gleich machenden Strom der wechselnden Mode anheimgefallen.

Aber nicht nur die Kleider änderten sich, sondern auch die Sitten, und das nicht zum Besseren. Das unglückselige Getränk des Branntweins wurde damals zuerst in unseren Gegenden heimisch. Bei der Kirchenrechnung von 1664 wird es gelegentlich des Pfarrhausbaus als etwas ganz gewöhnliches erwähnt, dass *„dem Töpfer, da er des Morgens gekommen, ein Glas Branntwein verabreichet"* sei. Die Kriegsleute, welche seit dem Krieg fortwährend auf den Bauernhöfen in Quartier lagen, waren zum größten Teil rechte „Gurgelfritzen" und brachten das Saufen und Spielen in den Krügen recht in Gang. Auch die unehelichen Kinder mehrten sich und die Zuchtlosigkeit war so groß, dass man die jungen Dirnen nicht ohne Gefahr allein über Feld gehen lassen durfte. Dazu nahm das Rauben und Stehlen wie der Bettel überhand, geradeso wie es heutzutage wieder steht. Nur dass heute die Gesetze viel milder sind, während damals das fürstliche Amt mit dem Brüchen und Einsperren, Hand abhauen, Hängen und Säcken rasch bei der Hand war[137] und von Pfarramts wegen die schärfste Kirchenzucht geübt wurde.

Aber alle dergleichen sittliche Schäden ließen sich im Laufe der Zeit wieder heben. Unersetzlicher war der Verlust, dass durch den Krieg die altgewohnten Rechtsverhältnisse und Volkssitten, gleichsam der letzte Rest des Eigenlebens der Gaue und Genossenschaften hinweggespült wurde. Wenn einer von den alten Schöffen, die noch unter grüner Eiche über Hals und Hand das Urteil fanden, hätte aufleben und in die Amtsstube, z.B. in Medingen, schauen können, wo der hochmögende Herr Amtmann und sein Herr Amtsschreiber mit der Feder in der Hand das Recht und die Strafe diktierten und der ehemalige freie Veestherr jetzt als Vogt oder Amtsdiener hinter dem Stuhl stand oder meldete, dass er die Kontribution angesagt, den Viehschatz eingetrieben, die Kriegsfuhren bestellt habe, und dann sein monatliches Gehalt von acht Gutegroschen aus der Amtskasse entgegennahm, auch beim Gotag aufwartete, wofür er dann von den sechs Godiensten entbunden war und eine freie Mahlzeit erhielt; - er hätte sich gewiss vor Gram und Entrüstung wieder in die Erde zurückgesehnt. Aber die alte Zeit war unwiederbringlich verloren. Das alte Volksleben, das Volksgericht, das Volksheer war gefallen. Während des Dreißigjährigen Krieges zwar bestanden die Veeste noch. Als z.B. Solchstorf 1628 zerstört war, wurde das dortige Veest mit dem Altenmedinger verschmolzen, welches seitdem Altenmedingen, Eddelstorf, Vorwerk, Haaßel, Edendorf, Hohnstorf und die Schäferei Solchstorf umfasste. Auch wurde noch das Veest *„im goh to Bevensen"* in die beiden Veeste Addenstorf und Rieste zerlegt, Emmendorf und Jastorf dagegen in eins verschmolzen und nach Groß Hesebeck, das Römstedter nach Niendorf, das Himberger nach Strothe verlegt. Aber eben diese willkürliche Verlegung war der Anfang zur Auflösung der Veeste. Die Veestherrn selbst waren nichts mehr als Unterbediente des fürstlichen Amts. Noch hundert Jahre weiter, so sollte man kaum den Namen noch kennen. Sie passten nicht mehr in die neue Ordnung. Ihre Verpflichtungen gingen teils auf die Amtsdiener, teils auf die damaligen Burmester, jetzigen Gemeindevorstände über.

Auch die Gogerichte blieben als „Landgerichte" noch eine Zeit lang in Übung, wurden aber um 1680 ganz aufgehoben, wo dann ein Beamter der Rentenkammer das Wrogengericht, der Amtmann aber das eigentliche Gericht abhielt. Die 30 Schwedenjahre, welche bis dahin seit dem Westfälischen Frieden verstrichen waren, hatten gründlich geholfen, das Volk seiner eigenen Verfassung zu entfremden. Und die Rechtspflege der Schweden selbst hat wenigstens in unserer Gemeinde keine lobenswerte Erinnerung hinterlassen.[138]

Mit der Veest war aber auch das Volksheer gefallen. Die geworbenen Söldnerscharen der Lanzeknechte waren nach dem großen Krieg zu stehenden Heeren geworden, die den Krieg handwerksmäßig betrieben und neben denen die bäurische Landfahne nur eine klägliche Rolle spielte. Wie musste schon um der fehlenden Uniform willen der Bauer gegen den Kriegsmann wegfallen! Denn nur die Wohlhabenderen konnten sich den kurzen wollenen spanischen Rock und Kriegshut, das breite Säbelbandelier, das über der Schulter hing, die großen Krempstiefel und die schwere Arkebuse anschaffen. Die meisten rüsteten sich aus, wie es die Notdurft gestattete. Immer wieder musste es durch fürstliche Verordnungen eingeschärft werden, dass die Vermögenderen beritten, im Harnisch und mit langen Spießen, die Dürftigeren mit tüchtigen langen Feuerröhren, guten Seitengewehren und Sturmhauben, die Kossaten und Häuslinge aber mit Hellebarden erscheinen sollten.[139] Von diesen alten Kriegswaffen waren noch bis vor kurzem Überreste in einzelnen Bauernhäusern vorhanden. Sie verraten nicht mehr, mit welchem Widerstreben ihre einstigen bäuerlichen Träger sie in die Hand nahmen. Dieser Übergang vom

Volksheer zum stehenden Heer, den nur eine despotische Regierung fertig brachte, erreichte erst im folgenden Jahrhundert sein Ende. Aber die Landfahne wurde mehr und mehr bedeutungslos, das Volksheer war damit gefallen.

Wir, die wir zwei Jahrhunderte weiter sind und die Entwicklung überschauen, wundern uns nicht mehr, dass die Regierung damals alles naturwüchsige Rechtsleben des Volkes an sich riss und das Volk in neue Verfassungsformen einzwängte. Die Zeit des Sonderlebens der kleinen Einzelwesen war eben vorüber, die Not erforderte größeren Zusammenschluss. Da mussten denn oft mit Härte die kleinen Gemeinwesen an allgemeine und gleichartige Rechte und Sitten gewöhnt werden, mochten gleich etliche Geschlechter darüber zu Grunde gehen. Jetzt, wo sich dasselbe Verfahren im Großen wiederholt hat und der Kreislauf der Entwicklung fürs erste wieder beendet ist, gibt der zu einem Riesenleib angewachsene Staat den einzelnen Provinzen und Verbänden das in geklärter Form wieder, was sie minder allgemeingültig einst aus sich selber erzeugten. Statt der vielen kleinen Heerbanne ist wieder ein großartiges deutsches Volksheer mit allgemeiner Wehrpflicht entstanden; statt der Goe und Gotage haben wir Kreise und Kreis- und Amtsversammlungen; statt der alten Gogerichte Schöffengerichte bei den Amtsgerichten; statt der Holz- und Markgerichte Wrogengerichte bei den Ämtern u.s.w. Das Leben der einzelnen Gaue, welches ehemals in seiner Abgeschlossenheit nur durch beständigen Kampf seine Selbständigkeit rettete, musste dieselbe verlieren, um sie jetzt als Glied eines großen Organismus beschränkter, aber sicherer wiederzugewinnen.

Dreiundzwanzigstes Kapitel
Die Pfarrherrn von Wichmannsburg seit der Reformation

Als erster lutherischer Prediger von Wichmannsburg ist Herr **Jürgen Bade** bekannt. Derselbe begegnet uns 1585 in einem Protokoll des Lüneburger Rentenbuches,[140] in welchem anerkannt wird, dass die Kirche zu Wichmannsburg dem Schneider Jacob Alberding in der Schrangenstraße auf sein Haus 40 Mark Geldes zu 2 Mark jährlicher Rente geliehen hat. Ihm folgte

2) Herr **Johann Köhne**.

3) 4) Die Namen seiner beiden Nachfolger sind nicht aufbehalten. *Qui bene latuit, bene vixit.*

5) **1603 – 1647. Lüderus Horneburg**. Er gründete infolge der großen Pest von 1597 gleich bei seinem Antritt die Sargversicherungsgesellschaft in Hohnstorf. Er trug die erste Last des Dreißigjährigen Krieges und machte sich um die Gemeinde wohl verdient.[1] Zu seiner Zeit wurde die Küsterschule in Wichmannsburg organisiert. Er scheint zuerst in hochdeutscher Sprache gepredigt zu haben.

6) **1647 – 1662. Eberhardus Horneburg**, des vorigen Sohn und ihm seit 1630 adjungiert, ein würdiger Herr, den wir uns nach der Sitte der Zeit in großer Perücke und aufgestrichenem Schnurrbart zu denken haben. Wie er in der schweren Kriegszeit als ein Fels im Meer stand und wieviel er dabei gelitten, ist schon erzählt. Noch ein Beispiel, wie er für seine schwer heimgesuchte Gemeinde sorgte. 1631 erbat er sich vom Herzog die Gnade, in Braunschweig, Celle, Uelzen und Lüneburg für seine Gemeinde sammeln zu dürfen und bei dem Leichenbegängnis Herzog Christians erwirkte er durch viermalige Reise nach Celle die Erlaubnis, bei den anwesenden Fürstlichkeiten und Rittern zu kollektieren. Alle diese Kollekten, welche viele Wochen und Monate erforderten, hielt er in eigener Person, obwohl das Reisen für den einarmigen Mann recht beschwerlich war. Schließlich war er des Herzogs wohlbegünstigter Bettelmann geworden. Als 1659 die Kirche in Wichmannsburg einstürzte, ließ ihm der Herzog nicht nur das nötige Bauholz verabfolgen, sondern befahl auch dem Amtshauptmann, ein Buch für diese Gemeinde anzulegen und den Unglücksfall sowie das Patent zu einer allgemeinen Landes-Kollekte vorne darin zu attestieren, welches der Pastor zuerst bei Sr. Fürstl. Durchlaucht präsentieren solle, die sich denn auch mit 40 Rtlrn. obenan schrieb. Welche besondere Lebensrettung übrigens der Pastor bei jenem Einsturz erfuhr, wird im folgenden Kapitel erwähnt werden. Er starb hochbetagt am St. Mauritiustag 1662.

7) **1663 – 1665. Henricus Blumenthal**, ein fähiger und äußerst rühriger Mann, der vormals zu Bröckel (bei Celle) gestanden hatte. Er benutzte die kurze Zeit seines Hierseins, um Kirche, Pfarre und Schule merklich zu verbessern, legte die Pfarrwitwenwiese an, gewann einen wichtigen Prozess wegen der Pfarrkote in Wichmannsburg, pflanzte Obstbäume und Weinstöcke, legte einen Bienenzaun an und wird ja auch den Weinberg des Herrn nicht vernachlässigt haben. Nach zwei Jahren folgte er einem Ruf nach Rosche.

8) **1665 – 1681. Johann Müller.** Er erlebte die schwere Pestzeit und große Wassersnot 1672, schmückte die Kirche – seine Schwäger verehrten z.B. unser altes schönes Taufbecken – ließ in der Kirche die Seitenprieche bauen, führte das neue Celler Gesangbuch 1678 ein u. dgl. mehr. Kurz vor seinem Tod sah er mit düsteren Gedanken den großen Kometen vom 18. Dez. 1680 bis nach Neujahr 1681. Er starb als Witwer am 24. Nov. 1681.

9) **1682 – 1684. Gabriel Hinrich Lyssmann**, kam gerade an, als das Schloss in der Göhrde gebaut wurde und die meisten Bauern dorthin waren, um Hand- und Spanndienste zu leisten. Er wandte wie Blumenthal seine Kraft mit rüstigem Eifer den äußeren Verhältnissen der Kirchengemeinde zu, führte die beiden Längsmauern der Kirche ganz neu auf und reponierte einen neuen Pfeiler am Chorende. In der restaurierten Kirche feierte er am 23. Sept. 1683 das Dankfest wegen der Vertreibung der Türken und predigte über den ausgeschriebenen

Text Ps. 9, 1 - 6. Wegen seiner großen Predigtgaben wurde er schon nach zwei Jahren nach Uelzen berufen.

10) **1685 – 1697. Bartholomäus Hermannus Löhner**, aus Nürnberg gebürtig, vorher Pastor in Obershagen bei Burgdorf. Er hatte bei seiner Anstellung in Wichmannsburg mit großen Schwierigkeiten zu kämpfen. Als er nämlich die Pfarre besah und von seinen Umständen erzählte, gefiel das freie Wesen des an Bier und ein Pfeifchen Tabak gewöhnten Bayern unseren Landsleuten durchaus nicht. *„Am 2. Oktober 1684"* – so erzählt das Uelzer Probsteiprotokoll[141] – *„erscheinen auf der Probstei Albert Meyer und Jürgen Cöllmann aus Wichmannsburg und bringen im Namen der sämmtlichen Gemeinde vor, wie verwichene Woche eine Person dagewesen von Obershagen und vorgegeben, er wolle Gottes Wort zu ihnen bringen, auch endlich zu dem Krüger daselbst gesaget, er würde wieder Prediger bei ihnen werden. Weil nun die Person dem Trunke sehr sei ergeben gewesen, indem er des Abends, da er daselbst hinkam, sich ganz voll gesoffen; - des andern Tages war er zu Edendorf im Kruge gewesen, da er den Krüger von der Arbeit gefordert, daß er mit ihm Tobak und Bier hätte trinken müssen, und sich vor den Pastoren von Wichmannsburg ausgegeben; überdem auch ganz alberne Reden geführt, wie er ihnen wollte die Wahrheit sagen und solche mitbringen, sie müßten ihm aber einen eigenen Wagen senden zu lauter Gläsern, einen Wagen zu Tonnen, 12 Wagen zu Brettern und was solcher Reden mehr gewesen – als könnten sie ihn unmöglich zu ihrem Pastor annehmen. Sie wollten lieber nach Altenmeding oder Bienenbüttel zur Kirche gehen, als zu solch einem Menschen, bitten demnach, daß ich (der Propst) doch möge helfen, daß er nicht zu ihnen käme, sondern mit einer andern Person mögen versehen werden."* Nachdem zeigte sich indes, dass die übel gedeuteten Reden ein schlechter Scherz gewesen und dass es auch mit dem Biertrinken und Tabakrauchen so schlimm nicht sei. Die Gemeinde nahm ihren Prediger an und hat sich gut dabei gestanden. Löhner nahm den lebhaftesten Anteil an den Umständen der Gemeindeglieder. Er legte die ersten ordentlichen Kirchenbücher an, sammelte und vervollständigte die ältesten Nachrichten über die Pfarre und Kirche, gründete vermutlich die Schule in Edendorf, baute an Kirche und Turm und nahm sich der Bedürftigen und Kranken treulich an. Kräftig und tadellos ließ er Gottes Wort erschallen in schwerer Zeit, die voll von Krieg und Ruchlosigkeit war, und in welcher man das Ende der Welt erwartete. Als im Januar 1692 der lüneburgische Stadtsuperintendent Dr. th. Petersen *„wegen chiliastischer und enthusiastischer Schwärmereien und Offenbarungen"* abgesetzt und Landes verwiesen wurde, und sich Parteien für und wider ihn bildeten, stand er mit seinem Kollegen Toppius in Bienenbüttel auf der orthodoxen Seite. Als seine Augen erblindeten, wurden seine Schriftzüge immer größer, seine Worte bedeutsamer. Ein Gebet und Segenswunsch im Sterberegister für einen Heimgegange-

nen waren seine letzten Zeilen. Er starb um Lichtmessen 1697, durch viele Trübsale geläutert.

11) **1697 – 1713. Cornelius Blanckart**. Über seiner Vergangenheit schwebte tiefes Dunkel, er selbst sprach nie davon. Er soll früher katholisch gewesen sein und als Pfarrer bei Köln am Rhein gestanden haben. In diese Gegend gekommen erhielt er die kleine Hungerstelle in Höver und wurde dann am Freitag nach Kantate bei der Generalvisitation durch den Generalsuperintendenten Franz Eichfeld und den Propst Stille in hiesiger Gemeinde eingeführt. Bei der Visitation 1699 erhielt er das Zeugnis, dass seine Konfirmanden sehr wohl bestanden. Später wurde er in einen widrigen Prozess mit der alten Magdalen, Botenfrau in Altenmedingen, verwickelt, der seinem Ruf sehr schadete.[142] Auch verweigerte ihm kurz zuvor sein Beichtvater Toppius in Bienenbüttel die Absolution, was nicht gerade für den ersteren zu sprechen scheint. Dass Blanckart mindestens sehr unklar war, geht daraus hervor, dass er einem Knecht, der einem Mädchen die versprochene Ehe nicht halten wollte, vorschlug, er sollte ein Licht in die Kirche stiften, so könne er losgesprochen werden. Er erlebte den spanischen Erbfolgekrieg mit seinen Beschwerden, 1710 die große Teuerung, wo der Himten Roggen, der vorher 6 Ggr. gekostet hatte, auf 14 Ggr. und darüber stieg, 1712 die schwere Pest, welche indes unsere Gemeinde glücklich verschonte. Seine Gebeine ruhen in der Kirche vor dem Altar. Sein Leichenstein, über den man jetzt in die Seitentür der Kirche tritt, meldet, dass er in Christi Wunden einschlief am Tage Michaelis 1713.

12) **1714 – 1750. Melchior Ulrich Kregel**, geboren 2. Sept. 1680 in Gifhorn, Magister der Philosophie, wurde *Dom. Quasimod.* 1714 durch Propst Backmeister von Uelzen im Beisein des Amtmanns Sarnighausen von Medingen eingeführt. Im Oktober desselben Jahres vermählte er sich mit der ältesten Tochter des ehrwürdigen Pastors Toppius zu Bienenbüttel, mit welchem er beständig die schönste Glaubens- und Liebesgemeinschaft unterhielt. Seine Gemeinde fand er stark verwahrlost. Seit den letzten 14 Monaten waren keine Bücher und Rechnungen mehr geführt. Kregel war ein rechter Seelenhirt, unerschrocken und weise, Herz und Hand auf dem rechten Fleck, nach oben und unten aufs beste geachtet. Mit Begeisterung feierte er 1730 das 200-jährige Jubiläum der Reformation. Der armen Salzburger Emigranten, die 1732 um ihres Glaubens willen verjagt wurden, nahm er sich aufs wärmste an. Die Armen bezahlte er stets aus seiner Tasche statt aus dem Kirchenärar. Leider musste auch er wieder seine Zeit damit hinbringen, die Kirche zu bauen und bat seit 1724 fast jährlich bei dem Konsistorio, *„die gnädigen Herren patroni und nutritores möchten doch geruhen, mit Bewilligung einer Collecte der armen Gemeinde unter die Arme zu greifen, damit wir mit Sicherheit vor dem Einfall desto freudiger unsern Gottesdienst verrichten können."* Zwei Jahre später hatte er noch keine Antwort und

behalf sich mit kleinen Reparaturen. 1734 flehte er noch dringender und schloss seine Beschreibung des baufälligen Zustandes von Kirche und Turm mit den Worten: *„Gott verhüte indessen alles Unglück."* Zugleich ließ er auf seine Kosten Baumaterialien anfahren, sammelte in der durch den Krieg verarmten Gemeinde, soviel er konnte, sprach die Gutherzigkeit seiner Bekannten an und behalf sich wieder mit Reparaturen. Das ging bis über 20 Jahre hindurch so fort. Ja 1747 erwartete er noch die Resolution vom Konsistorium. Endlich 1750 im Herbst, nachdem der Turm schon hatte abgebrochen werden müssen, die Kirche dem Ruin nahe war, forderte die Behörde Riss und Anschlag an. Der würdige Pfarrherr erlebte das nicht mehr. Er war schon im Januar desselben Jahres entschlafen. Das Vordergebäude des Pfarrhauses, welches auch längst dem Einsturz nahe gewesen war, stürzte hinter ihm zusammen. Das Witwenhaus war so baufällig, dass seine Witwe kein Unterkommen hatte. Sie setzte ihrem Mann einen schönen Leichenstein auf dem Kirchhof. Man hat ihm den Platz dort nicht gegönnt, sondern ihn 1808 beim Bau des Pfarrhauses als Trittstein vor die Tür gelegt. – Während Kregel in der innigen Gläubigkeit des Pietismus wirkte, gehörten seine nächsten Nachfolger dem Zeitalter der Aufklärung an, die für alles Gute, Wahre und Schöne begeistert, die natürliche Religion auf Kosten der Kirchenlehre pflegen wollte, und die Befreundung mit dem Christentum nur als eine vernünftige Notwendigkeit ansahen. Über diese ernsten strebsamen Herren im Zopf sind nur dürftige Nachrichten vorhanden.

13) **1750 – 1757. Jacob Friedrich Krüger** aus Eimbeck, früher auf der Patronatpfarre in Esbeck, kam im Anfang Oktober hier an, konnte aber wegen der grassierenden Hornviehseuche erst Ende November eingeführt werden. Wo er hier sein Unterkommen fand, ist nicht mehr klar. Er baute die Pfarre und das Witwenhaus und hatte viel Ärger davon. Die frische noch feuchte Wohnung griff seine Gesundheit an. Er starb an einem hitzigen Fieber den 2. August 1757 im Alter von 47 Jahren mit Hinterlassung mehrerer Kinder und einer Witwe, die ihm noch am Weihnachtsabend jenes Jahres eine Tochter nachgebar und noch 50 Jahre in ihrer Witwenschaft lebte.

14) **1758 – 1777. Ernst Anton Engel** aus Breese im Bruch wurde von Darringstorf, Amt Knesebeck, hierher versetzt. Er baute, nachdem die Drangsale des Siebenjährigen Krieges überwunden waren, den niedergelegten Kirchturm notdürftig wieder auf. Er erduldete viele Trübsal und starb an einer zehrenden Krankheit am 23. Juni 1777, seines Alters 69 Jahre.

15) **1778 – 1807. Johann Heinrich Jisch** aus Lüneburg, „ein feiner Mann", wurde als *cand. min.* hierher berufen. Er führte sein Amt, wie aus den Kirchen- und Schulberichten zu ersehen ist, mit großer Treue und hob die Schulen, wie er auch die pädagogische und philosophische Entwicklung seiner Zeit mit großem Interesse verfolgte. Er erlebte die Schrecken der Französischen Revolution und

Invasion, auch die seit 1779 wiederholt auftretende heftige Blatternepidemie, legte den Zopf ab, beförderte den Anbau der Kartoffel und machte sich um das Gemeinwesen in vieler Hinsicht verdient. Er starb als Witwer 61 Jahre alt am 1. Nov. 1807 und wurde abends in der Stille beigesetzt.

16) **1808 – 1821. Carl Conrad Nicolaus Schmidt** aus Tostedt, der noch heute bei vielen Gemeindegliedern im besten Andenken steht, wurde ebenfalls als *cand. minist.* hierher berufen. Er suchte die Aufklärung zu befördern und die in der Gemeinde herrschenden Vorurteile und abergläubischen Gebräuche zu bekämpfen, beförderte auch die Einführung der Kuhpockenimpfung. Er machte die Knechtung Deutschlands unter Napoleon mit durch, führte auch als französischer Maire die Zivilstandsregister. 1811 wurde er als Feldprediger ins Lager von Deutsch Evern geschickt, wo er zugleich den Kantor- und Küsterdienst versehen musste. Er hatte sein kümmerliches Auskommen mit seiner Familie, zumal da er mehrmals gänzlich ausgeplündert wurde. Mit Freuden begrüßte er die Zeit der Erhebung des Vaterlandes und durfte am 24. Juli 1814 mit der Gemeinde das große Friedensfest begehen. Auch seine äußeren Umstände sahen der Verbesserung entgegen, da er vom Konsistorio zum Prediger in Suhlendorf ernannt wurde. Aber wenige Tage vor der festgesetzten Abreise befiel ihn eine Lungenentzündung und entriss den 48-jährigen Mann dem Kreis der Seinigen. Als fünf Monate später ihm noch ein Sohn geboren wurde, tröstete der Pastor Matthei aus Barum die tiefbetrübte Witwe mit den Worten 2 Sam. 7, 14: Ich will sein Vater sein und er soll mein Sohn sein. Sie lebte noch bis 1865.

17) **1821 – 1829. Heinrich Friedrich Buschmann**, ein unverheirateter Mann, welcher von Oiste hierher versetzt wurde. Er war früher Soldat gewesen und hatte sich dabei den Trunk angewöhnt, dem er immer mehr verfiel. 1829 wurde er abgesetzt, unter Belassung eines jährlichen Gnadengehalts von 50 Reichstalern, die ihm sein Nachfolger aus der geringen Pfarreinnahme zahlen musste. Jahre lang sprach er noch wandernd die Barmherzigkeit seiner Amtsbrüder an.

18) **1829 – 1844. Johann Peter Lüders** aus Asendorf im Amt Winsen a.L. gebürtig, ein Mann von Schrot und Korn, als *cand. min.* herberufen. Es gelang ihm in kurzer Zeit, die unter Buschmanns Leitung heruntergekommene Gemeinde bedeutend zu heben. Vor allen Dingen musste er aber für seinen und seiner zahlreichen Familie ehrlichen Unterhalt sorgen und sollte er darüber zum Bauer werden. Er leitete die Gemeinheitsteilung und Verkoppelung der Gemeinden Wichmannsburg, Hohnstorf und Edendorf und machte erhebliche Meliorationen an der Pfarrländerei. In den Jahren 1838 – 1844 verwaltete er auch die Pfarre zu Bienenbüttel mit gegen Zubilligung der Accidenzien, während die Fixa der Pfründe zum dortigen Kirchenneubau verwandt wurden. Am 1. Advent 1844 wurde er nach Tostedt versetzt, wo er am 23. August 1877 achtzigjährig gestorben ist.

19) **1844 – 1870. Hermann Leberecht Agapetus Schütze**, Predigersohn aus Handorf bei Peine, war 26 Jahre treuverdienter Pfarrer hierselbst. Er war unverheiratet und führte ein einsames, sparsames Leben, war auch zuletzt körperlich sehr leidend. Er stiftete mehrere Legate, zunächst für jede der drei Schulen zur Deckung des Schulgeldes armer Kinder und zur Besoldung einer Handarbeitslehrerin; sodann ein Legat für arme Bräute, die im jungfräulichen Kranz zum Altar treten dürfen; ferner eins für die Armen des Kirchspiels; endlich eins, wodurch das Pfarrwitwentum hierselbst und später auch das in Handorf u.a.O. um 100 Thlr. jährlich aufgebessert wird. Er erlebte die Anlage der Eisenbahn, deren Bau damals von den Bauern mit höchstem Misstrauen verfolgt und deren erste Befahrung 1847 von zahllosen Volkshaufen angestaunt wurde. Er starb infolge eines Schlaganfalls am 3. September 1870, mit Hinterlassung einer langjährigen Braut, seines Alters 63 Jahre.

20) **1870. Otto Friedrich Wilhelm Adolf Rösebeck**, geboren 1832, wurde von Gieboldshausen hierher versetzt. Gott verlieh ihm keine Zeit, seine reichen Gaben hier zu entfalten. Er kam krank an und starb nach sieben Wochen am 24. April 1871.

21) **Seit 1871. Karl Adolf Friedrich August Kayser**.

Vierundzwanzigstes Kapitel
Die Kirche und das kirchliche Gemeindeleben

U̇nser Kirchengebäude scheint einst im Zusammenhang mit der von Wasmod von Meding erbauten Feste von Seiten des Klosters Medingen erneuert worden zu sein, und würde dann bis in das Jahr 1366 zurückreichen. Gegenwärtig steht übrigens von diesem alten Bau nichts mehr, da die Langmauern schon 1683 neu aufgeführt wurden, das Chorende aber 1874 abgebrochen ist. Das alte Chor hatte, wie das jetzige, drei gotische Spitzbogenfenster, das Schiff aber kleine hochliegende Rundbogenfenster, welche an der Südseite 1849 durch größere Fenster ersetzt sind. Die Decke ist flach. Vor der letzten Reparatur von 1874 bot die Kirche ein wüstes und fast schauerliches Aussehen. Mehrere Fuß unter dem Niveau des Kirchhofs gelegen hatte sie ganz dumpfe kellerartige Luft und salperterfräßige Wände. Der Altarschrein war halb zerbrochen und der Farbe und Vergoldung entkleidet, die Kanzel abgefault und nur mit Lebensgefahr zu besteigen, die Kirchenstühle eng und wackelig, der Fußboden die schiere Gotteserde, der einzige Eingang durch den Turm bei Regenwetter ganz aufgeweicht und kaum gangbar. Die Gemeinde hatte nie etwas rechtes an ihre Kirche wenden können und daher im Laufe der Zeit mit vielen Unkosten stets geflickt, ohne je ein würdiges und dauerhaftes Gotteshaus zu erhalten.[143] Einmal, es war am Sonntag Judica 1659, stürzte während des Gottesdienstes ein großer Teil der Seitenmauer samt der Decke und der Prieche ein, wobei nicht nur etliche zwanzig Menschen elendiglich beschädigt, sondern auch eine Frau auf der Stelle totgeschlagen wurde. Dem Pastor Eberhard Horneburg, der gerade auf der Kanzel stand und predigte, wurde zwar das Lesepult vor ihm zerschmettert, er selbst blieb aber wie durch ein Wunder unversehrt. Vor wenigen Jahren war, wie gesagt, das Gotteshaus wieder so verfallen, dass Fremde kaum ohne geheimes Grausen einzutreten wagten. Gleichwohl kam ein Neubau nicht zu Stande, sondern nur eine gründliche Reparatur, welche gegen 14.000 Mark kostete. Da die Kirche kein Vermögen besitzt, erfolgten diese Kosten rein aus Gemeindemitteln.

Der Kirchhof ist im Jahr 1844 um ½ Morgen vergrößert. Man darf wohl annehmen, dass seit 800 Jahren die Pilger der Gemeinde daselbst begraben werden. Indes scheint auch der Kapellenkirchhof in Hohnstorf früher zur Beerdigung benutzt zu sein. Noch um 1630 beschwert sich der Pastor, dass ein Hohnstorfer Hauswirt seinen Dienstjungen auf dem Kapellenplatz eigenmächtig bestattet habe.[144] Auf dem Kirchhof hatte jede Ortschaft ihre Grabstätte, bis man 1844 anfing, in der Reihe zu begraben. Vornehme Personen wurden auch wohl in der Kirche beigesetzt, z.B. die Pastoren und 1679 auch ein gewisser Fähnrich Ketze, der für die Stätte 10 Thlr. gab.[145] Früher wurden die meisten Leichen öffentlich, mit Sang und Klang und Leichensermon in der Kirche, begraben, die übrigen ganz in der Stille bestattet. Weil aber die Zahl der öffentlichen Beerdigungen allmählich sehr abnahm, fing man 1862 an, auch bei stillen Beerdigungen zu läuten, um ihnen mehr Feierlichkeit zu geben und auf Verlangen redet auch der Geistliche am Grab, allerdings zum Schaden der Accidenzien. Für die Bahren, Holz- und Eisenschaufeln, Seile u.a. Bestattungsgeräte hatte man bis 1850 ein eigenes Leichenhaus, welches wie ein Schwalbennest an den Kirchturm angebaut war. Auch wurde früher bei Begräbnissen am Kirchhofstor über den Sarg ein schwarzes Leichlaken mit weißem Kreuz gehängt, wofür die Kirche eine Abgabe bezog.[146]

Was das Innere der Kirche betrifft, so rührten die meisten heiligen Geräte aus frommen Stiftungen her. Eine neue Kanzel schenkte 1657 der Pastor Eberhard Horneburg, den Deckel darüber mit der schwebenden Taube 1669 Hans Niemann, Verwalter zu Solchstorf. An der Kanzelwand war eine Sanduhr mit verschiedenen Seigern befestigt. Den Taufstein verehrten Ilsabe Machts und Barbara Schulze, Geschwister, anno 1677. Die Prieche ließen vermalen die Familien Siems und Schönbeck 1693. Im östlichen Chorfester hatte Hans Niemann die Auferstehung Christi, seine Frau die Verkündigung Mariä malen lassen. Der Altar war mit mehreren, ehemals wertvollen Antependien geschmückt, die indes nie recht aufbewahrt, sondern eine über die andere gehängt wurden, so dass z.B. 1860 neun solcher Decken übereinander hingen. Von einer sehr wertvollen unter diesen Decken ist bereits oben (Kap. 19) die Rede gewesen. Diese nebst einer anderen leinenen, auf welcher unter fünf gotischen Bögen die Verkündigung, Geburt, Kreuzigung, Auferstehung und Himmelfahrt Christi dargestellt ist,[147] wurden vor einigen Jahren für 90 Mark an das Welfenmuseum verkauft. Ein anderes grünseidenes stammte noch von Pastor Horneburgs Gattin, ferner eines von der Krügerin Schönbeck in Wichmannsburg. Kleinere ebenfalls dedizierte Laken wurden teils bei der Austeilung des Abendmahls von den Altaristen untergehalten, damit von den heiligen Elementen nichts auf die Erde fiel (*receptacula*), teils vor der Kommunion über die heiligen Gefäße gedeckt (*vela*).[148] Viele wetteiferten damals, das Haus des Herrn zu schmücken. Den Wein sogen die Kommunikanten aus einer kleinen vergoldeten Röhre, welche mittels einer Feder am Kelch befestigt wurde und oft der Reparatur bedurfte.[149] 1727 befahl das Konsistorium die Röhre *„sine strepitu und mit theologischer prudence"* zu beseitigen.[150] Der silberne, vergoldete Kelch ist alt und von klassischer Form mit sechseckigem Knauf und der Kreuzigung Christi in Haut-Relief auf dem sechsbogigem Fuß. Der Knauf enthält die Buchstaben H.A.V.O.I.[151] Zu Löhners Zeit wurden neue Abendmahlsgeräte, Kelch, Kanne, Hostiendose, auch Krankengerät von englischem Zinn dediziert, welche indes geschmacklos und außer Gebrauch sind. 1874 sind durch freiwillige Gaben neue zu ihrem Ersatz gekauft. Die beiden, von je drei Löwen getragenen, dreiarmigen Leuchter sollen aus dem fünfzehnten Jahrhundert stammen und tragen in gotischer Minuskel die Namen *tomas et lutke lampe*.[152] Von den beiden älteren, jetzt veräußerten, Leuchtern ist oben in Kapitel 9 geredet. Die Kirchenlichter wurden noch um 1700 nicht fertig gekauft, sondern selbst gemacht,[153] wobei eine Mahlzeit gehalten wurde, die 1733 auf höheren Befehl aufgehoben ist. Sehr häufig wurde entweder das Wachs oder die Lichter geschenkt.[154] Der Altarschrein soll vom Kloster Medingen verehrt sein. Er wird für ziemlich wertvoll gehalten. Das Mittelblatt des Diptychons stellt die Kreuzigung dar und ist aus einem Stück geschnitzt. Die verschiedenen Gruppen der Kriegsknechte, des Hauptmanns, der frommen Weiber mit Johannes sind höchst ausdrucksvoll und edel. Bemerkenswert ist, dass die frommen Männer bartlos, die rohen oder gottlosen bärtig erscheinen. Dies Hauptbild wird eingerahmt von den vier Statuetten des heiligen Erasmus[155] und Laurentius zur Linken, des Christopherus und Sebastians zur Rechten. Die beiden Seitenflügel tragen je sechs Apostel, Paulus ist auch darunter, an Judas Stelle steht Matthias, Thaddäus fehlt. Über dem Diptychon steht in rechteckigem Schrein die Maria mit dem Kinde in der Glorie. In der Tumba des Altars ruhen Gebeine und Asche eines Märtyrers. Unser Armen- und Opferstock ist über 200 Jahre alt. Früher wurde nur an hohen Festtagen der Klingelbeutel herumgetragen, und zwar zum Besten durchreisender Armer, daher das Kommunionopfergeld die Armenpfennige um das Dreifache überstieg,[156] während es jetzt umgekehrt ist. Das Armengeld, welches jetzt unseren Witwen zu gute kommt, ist seit 1690 von 3 ½ Reichstaler auf 120 Mark jährlich gewachsen.

Gehen wir zu dem gottesdienstlichen Leben über, so wurde von den heiligen Handlungen zunächst das Abendmahl zu Kregels Zeit alle vierzehn Tage gefeiert [157] von im ganzen ca. 1000 Kommunikanten bei 550 Seelen. Zur Zeit des Rationalismus wurde die Feier auf zwei Abendmahlszeiten um Ostern und Michaelis be-

schränkt, die Zahl der Kommunikanten aber um ein Drittel verringert. Die Beichte geschah noch bis 1750 einzeln im Beichtstuhl, der nachher als Sakristei und Pastorenstuhl benutzt wurde. Mutwillige Sünder wurden zu allen Zeiten streng von der heiligen Feier ausgeschlossen. Die alte staatliche Kirchenzucht hat noch bis in dieses Jahrhundert hineingeragt. Alte Leute erinnern sich noch, wie Sünder gegen das sechste Gebot öffentliche Kirchenbuße tun und wie insbesondere die gefallenen Mädchen, in das schwarze Büßerlaken gehüllt, unter der Kanzel sitzen mussten, und wenn sie wieder aufgenommen waren, beim Abendmahl doch nicht mit den Jungfrauen, sondern allein, zwischen diesen und den Ehefrauen zum Altar treten durften. Die Taufe hat Pastor Eberhard Horneburg noch mit dem Exorzismus oder der Teufelsaustreibung vollzogen; seit 1663 wurde einfach die Abrenunziation gebraucht. Dem Täufling, der schon vor 200 Jahren nicht mehr untergetaucht wurde, legte man ein Westerhemdchen an, welches „Taufluder" hieß[158] und von der „Pastörschen" rein und sauber geliefert werden musste. Die bei der Reformation vernachlässigte Konfirmation wurde zu Löhners Zeit 1694 wieder eingeführt, geschah aber durch den Propst bei Gelegenheit der Kirchenvisitationen. Da diese aber nur alle drei Jahre gehalten wurden, so mussten die Kinder entweder bis zu ihrem fünfzehnten, auch siebzehnten Jahr warten oder nach Altenmedingen, Bevensen, Römstedt zur Visitation wandern (das nahe Bienenbüttel gehörte nach Lüne), um dort mit konfirmiert zu werden. Weil es aber unrecht schien, den Kindern, wenn sie die gehörige Reife hatten, bloß um der fehlenden Konfirmation willen die Teilnahme am Abendmahl, die sie doch früher mit Verlassen der Schule erlangt hatten, zu versagen, so wurde seit 1698 der Pastor ermächtigt, solche Kinder auch ohne Konfirmation zuzulassen und sie bei der nächsten Visitation mit vorzustellen.[159] Erst von 1780 an, wo bei uns ohne Unterbrechung Konfirmationslisten geführt sind, scheint der hiesige Pastor selbst konfirmiert zu haben. Der Unterricht der Konfirmanden dauerte anfangs nur sechs Wochen, dagegen mussten sie die Freitagsbetstunden von Ostern bis Martini, später die Bibellehre von Martini bis Ostern regelmäßig besuchen. Diese Bet- und Bibelstunden sind erst unter Pastor Buschmann eingeschlafen.

Überhaupt geriet der Gottesdienst gegen Ende des vorigen und Anfang dieses Jahrhunderts wie überall, so auch hier immer mehr in Verfall. Ehemals fand z.B. die Beichte, welche seither am Sonntagmorgen geschieht, regelmäßig am Sonnabend Nachmittag statt. Man hatte die Zeit dazu, weil man sie sich nahm. Diese Ordnung stand in der ganzen Umgegend so fest, dass z.B. noch 1793 zwei Hauswirte in Wulfstorf dem Pastor in Bienenbüttel in der Ernte einen Diemen Roggen und Michaelis noch einen Himten Roggen jährlich auslobten *„für die Mühe, daß er uns und unsere Hausgenossen des Sonntags vor Anfang des Gottesdienstes zur Beichte annimmt"*.[160] Der Sonntagsgottesdienst begann ehedem, wenn das Eingangslied gesungen war, ganz kirchenordnungsmäßig mit dem Sündenbekenntnis: *Herr, erbarme dich* etc. und der Gnadenversicherung: *Ehre sei Gott in der Höhe*, worauf die Gemeinde einsetzte: *Allein Gott in der Höh* etc. Dann erst folgte der Gruß: *Der Herr sei mit euch!* und der Gegengruß: *Und mit deinem Geiste!* Darauf

Kollekte, Epistel, wieder Gesang, Evangelium[161] und als Bekenntnis der Gemeinde zu dem gehörten Gotteswort das Glaubenslied: *Wir glauben all an einen Gott* etc. Hierauf bestieg der Pastor die Kanzel. Fand nun Kommunion statt, so wurde ein Psalm angestimmt, während dessen die Kommunikanten sittsam ins Chor traten und dort niederknieten. Während der Konsekration erhob sich die ganze Gemeinde. Bei der Kommunion knieten die Tischgäste zu je zwei oder drei auf den Kniebänken, indem sie nach dem Genuss des Brotes um den Altar gingen. Waren keine Kommunikanten da, so wurde nach der Predigt die Litanei gesungen und mit dem Segen geschlossen. Als der Name des dreieinigen Gottes und das Zeugnis von Christo auf der Kanzel verstummte, tat man auch vom Altar das Kyrie, Gloria und Credo hinweg. Dieses Jahrhundert fand außer dem Gemeinde-Gesang nur noch Gruß, Kollekte, Lektion, Predigt und Segen vor. Dank dem wiedererwachten kirchlichen Leben konnte seit 1871 die kirchenordnungsmäßige Form des Gottesdienstes im Wesentlichen wiederhergestellt werden. Ja neuerdings wurden sogar an hohen Festen zur Erbauung der Gemeinde vierstimmige Chorgesänge von etwa 40 unserer Männer und Kinder aufgeführt. Der Gemeindegesang muss nach der Beschreibung unserer Alten noch zu Anfang dieses Jahrhunderts recht kläglich gewesen sein. Bevor nicht der Küster den folgenden Ton angegeben, habe niemand recht eigentlich gewusst, ob es auf- oder abwärts ginge. Wie viel mehr Not muss das erst gegeben haben, als noch nicht einmal der Text in allen Händen war! Von den plattdeutschen Liedern, die man noch zur Zeit des Dreißigjährigen Krieges sang,[162] ist keine Kunde mehr vorhanden. Das erste hochdeutsche Gesangbuch, das sogenannte alte cellische,[163] wurde 1667 auf fürstlichen Befehl bei allen Kirchen in zwei Exemplaren für Pastor und Küster angeschafft, damit diese den Schulkindern und der Gemeinde durch wiederholtes Vorlesen und Vorsingen Text und Melodie, welche letztere den Liedern beigefügt war, einprägen sollten. Hundert Jahre später 1767 wurde unser jetziges lüneburgisches Gesangbuch[164] eingeführt. Die Schulkinder mussten es in Händen haben. In der Gemeinde fand es erst viel später vollständig Eingang.

Die nachmittägige Katechese wurde noch zu Pastor Lüders Zeit keineswegs bloß von Kindern, sondern, wie sich gehört und höchst nötig ist, auch von Erwachsenen besucht, ja diese wurden mit in die Katechese selbst hineingezogen. Im vorigen Jahrhundert kamen die Leute abwechselnd dörferweise so regelmäßig wie Schulkinder. Aber diese Ordnung wurde nur durch Zwang aufrecht erhalten. Die Ausbleibenden wurden notiert und dem Amt oder Landgericht übergeben. Die angesetzten Strafgelder sind erst kürzlich aufgehoben. In den Katechesen selbst wurde anfänglich bloß Luthers kleiner Katechismus gebraucht. 1653 wird die vom Generalsuperintendenten Walter in Celle verfasste Erklärung des lutherischen Katechismus wie im ganzen Fürstentum so auch hier eingeführt sein. Ob dieser Katechismus nun aber für das Verständnis des Landvolks zu schwer oder ob er zu teuer war, genug; von 1667 an wurde in unserer Gemeinde tatsächlich der vom Propst Schowart in Uelzen herausgegebene Katechismus, ein Auszug aus jenem cellischen, mit angehängten Kernsprüchen (und in der ersten Auflage auch biblischen Geschichte) gebraucht.[165] Erst 1698 wurde die Einführung des Walter'schen Katechismus, dieses Meisterstücks der Katechetik, bei uns durchgesetzt.[166] Dieser wurde dann 1790 durch den sogenannten „alten Landeskatechismus" verdrängt, welcher den fünf Hauptstücken Luthers nur in einem kleingedruckten Anhang ihren Platz auswies. Der vom König Georg 1862 eingeführte neue Landeskatechismus, eine Überarbeitung des alten Walter, rief den bekannten Katechismussturm hervor, der auch unsere Gemeinde vorübergehend streifte. Jetzt behilft man sich mit dem vom Generalsuperintendenten und Konsistorialrat Erck in Celle verfassten trefflichen Spruchbuch.

Die Früchte des katechetischen Unterrichts und des kirchlichen Lebens überhaupt kamen bei den Kirchenvisitationen zu Tage. Diese wurden, entsprechend dem Wechsel der kirchlichen Eingliederung unserer Gemeinde, seit 1542 vom Propst in Uelzen, seit 1740 vom Superintendenten in Ebstorf und seit 1862 wieder vom Superintendenten in Bevensen abgehalten. Bei denselben wurden ehemals nicht nur die Kinder, sondern auch die Erwachsenen einer öffentlichen Prüfung in der Kirche unterzogen. Die Visitation wurde auch wohl an einem Wochentage abgehalten.[167] Der Gottesdienst begann dann mitunter schon um acht Uhr morgens, umfasste den gewöhnlichen Sonntagsdienst mit Predigt, dann das Examen, darauf die Konfirmation und mag leicht fünf bis sechs Stunden gedauert haben. Diese Visitationen machten der Gemeinde viele Kosten.[168] Da kamen dann tags zuvor der Herr Propst und der Herr Amtmann mit Kutscher und Bedienten angefahren, die alle mit bewirtet werden mussten. Die Herrschaften aßen in der Stube, die Schullehrer und Juraten mit dem Gesinde auf dem Hausflur. Bei der Visitation 1697 wurde allein vertrunken: 1 Tonne Hamburger Bier zu 3 Rtlr. 24 ßl, ½ Tonne Broyhan zu 1 Rtlr. 12 ßl., 2 Stübchen Rheinwein zu 3 Rtlr, 2 Quart Franzwein, außerdem Branntwein. An Fleisch wurde verbraucht: 1 fettes Kalb, 30 Pfund Rindfleisch, junge Tauben, Fische, 2 Hasen, 1 fettes Lamm, 5 Hühner und eine Ente (Schweinefleisch hier wie auch bei andern Visitationen gar nicht).[169] Wegen solcher Beschwerung der Gemeinden wurden die Visitationen seit Mitte des 18. Jahrhunderts eingeschränkt und befohlen, dass die Schullehrer, Juraten, Fuhrleute etc., sobald ihre Anwesenheit nicht mehr erforderlich, die Pfarre verlassen sollten, auch die Zusammenlegung mehrerer Kirchspiele gestattet. Von 1752 bis 1789 wurde die Visitation bei uns sieben Mal, von da bis 1856 überhaupt nicht gehalten.

Die Verwaltung der äußeren Kirchengemeindeangelegenheiten lag außer beim Pastor von alters her mit bei den Kirchenjuraten. Dieses Amt reicht bis in das frühe Mittelalter hinab. Im Jahr 1344 erließ der Bischof Daniel von Verden neue Bestimmungen über diese „Kirchgeschworenen",[170] welche auch für unsere Gemeinde maßgebend wurden. Ihre Wahl von Seiten der Gemeinde bedurfte der Genehmigung des Pfarrers. Die kirchlichen „Beden" sammelten sie nach eingeholter Erlaubnis des Pfarrers, und zwar in fünf Zeiten nach den Abendmahlsgottesdiensten um Ostern, Pfingsten, Maria Himmelfahrt, Weihnachten und Kirchweih. Von diesem Bedengelde erhielt der Pastor die Hälfte und, wenn zu anderen Zeiten gesammelt wurde, ein Drittel. Jedes Gemeindeglied über 14 Jahre war beitragspflichtig. Die Juraten hatten dem Pfarrer einmal im Jahr seinen Anteil auszuzahlen und mussten, wenn er es verlangte, unter Berührung der Heiligenreliquien schwören, dass sie recht geteilt hätten. Wollten sie nicht schwören, so konnte der Pfarrer sie absetzen und andere wählen. Zu der Kirchenlade gehörten drei Schlüssel; zwei davon waren in den Händen der Juraten, den dritten hatte der Pfarrer. Auf diesen Bestimmungen baute die Reformation in der Art weiter, dass ordentliche Rechnungsbücher über das Kirchenvermögen angelegt und diese von der Obrigkeit revidiert wurden. Das Amt der Juraten, deren zur Zeit immer zwei waren, welche auf Lebenszeit gewählt wurden, hielt sich bis 1849 und bestand wesentlich nur in dieser Verwaltung der Kirchengüter.[171] Sie sammelten die Beitragsgelder ein, besorgten die Bau- und Reparatursachen und vermittelten die Wünsche der Gemeinde mit dem Pastor und der Kirchenkommission. Vor Jahren pflegten sie, gemäß der damaligen Stellung des Bauernstandes, bei den Arbeiten an kirchlichen Gebäuden „aufzuwarten",[172] sowie Reisen und Botengänge in kirchlichen Angelegenheiten zu tun und bezogen dafür ein Tagelohn. Der jetzige Kirchenvorstand, bestehend aus dem Pfarrer und vier Vorstehern, wurde 1850 gebildet. Ihm ist durch das Gesetz über Kirchen- und Schulvorstände vom 9. Oktober 1848 eine unabhängigere Stellung in der Verwaltung des Kirchenvermögens und eine Beteiligung bei der Anstellung der Prediger eingeräumt; seit Einführung der neuen Kirchenvorstands- und Synodalordnung vom 9. Oktober 1864 ist ihm auch eine unmittelbare Unterstützung der pfarramtlichen Tätigkeit zur Erweckung und Mehrung christlichen Glaubens und Lebens und zur Erhaltung von Zucht und Sitte in der Gemeinde zur Pflicht gemacht. Die Vorsteher werden von sämtlichen Wahlberechtigten der Kirchengemeinde aus sämtlichen Wählbaren derselben, also ohne Abteilungswahl gewählt.[173]

Was unseren Beitragsfuß zu den kirchlichen Lasten betrifft, so lässt sich dessen Entwicklung von langer Zeit her verfolgen. Nach der Reformation hatte man zuerst drei, dann vier, dann fünf Klassen und auch diese trugen nach wechselndem Verhältnis bei.[174] Noch besteht bei uns der sogenannte Höfefuß. Es steht aber zu erwarten, dass demnächst die Beitragsquote nach dem Maß der direkten Steuern reguliert wird. Sollte man hierbei diese dinglichen Lasten in persönliche umwandeln, so wäre das allerdings ein neues Zeichen von der Auflösung unserer Landeskirche.

Das Kirchenschiff vor dem Umbau 1966 mit Seitenempore, alter Kanzel und Deckenmalereien

Von freien kirchlichen Vereinen gibt es hier nur eine, an den Lüneburger Missionsverein sich anschließende, Anzahl Missionsfreunde, welche seit 1872 unter Leitung des Pastors etwa zehnmal im Jahre zu „Missionsstunden" zusammenkommen, wozu der Schulvorstand die Küsterschule freundlichst eingeräumt hat. In diesen gesegneten Stunden wird aus der kleinen Missionsharfe gesungen, gebetet, Gottes Wort ausgelegt, aus der Geschichte der Heidenmission erzählt und über deren gegenwärtigen Stand berichtet.

Fünfundzwanzigstes Kapitel
Die Pfarre und das Pfarrwitwentum

Unsere Pfarre gehörte in alten Zeiten nicht zu den geringeren des Fürstentums. Noch 1685 verließ Pastor Löhner die Pfarre Obershagen, um sich hier zu verbessern. Jetzt steht diese Pfründe um 1000 Mark höher als die unsere. Auch dieser Verfall hat seine Geschichte. Schon vor 1630 sah sich die Pfarre in der Kriegszeit genötigt, einen Teil ihrer Länderei gegen Zins abzutreten, wofür sie nicht mehr als zehn Himten reinen Roggen aus Wichmannsburg und vier Himten aus Hohnstorf empfing. Ferner wurden um dieselbe Zeit die Schinken, Brote und Würste, welche die Hauswirte lieferten, zu Geld gesetzt und für alles zusammen kaum je zwei Mark gegeben. Als im Jahre 1628 die Kapelle in Hohnstorf verwüstet wurde, starben binnen kurzem auch die Fundations-Intraden. Dazu schmälerte der Untergang des Dorfes Solchstorf die Einkünfte erheblich. Und doch war, wie gesagt, die Stelle um 1680 noch ziemlich einträglich. Außer jenen 14 wurden noch 52 Himten reiner Roggen und 24 Diemen geliefert, die auch ihre 48 Himten taten. Dazu zwölf Schock Eier, bei jeder Geburt ein Huhn, bei jeder Taufe der sog. „Kindesfuß", d.i. ein Brot und ein gutes Stück Rindfleisch, ebenso bei jeder Trauung.[175] Die Fischereigerechtigkeit in der Ilmenau lieferte manchen schmackhaften Fisch. Die der Pfarre gebliebenen 42 Morgen waren bestes Land. Ein Stand von alten Eichen und Weichholz zeugte vom Wohlstand. Brenn- und Stackholz wurde nach Bedarf in der Forst Reisenmoor angewiesen. Die Hönkenmühle ging von der Pfarre zu Lehn. Jene Naturalien gingen nun im vorigen Jahrhundert, wahrscheinlich wegen Verarmung der Gemeinde, teilweise verloren. Die Eichen wurden gefällt, aus Bünden wurden Garben, die Accidenzien zu Geld gesetzt, das Forstholz auf sechs Klafter beschränkt. In diesem Jahrhundert wurde die Hälfte des reinen Korns wie auch die Mühle abgelöst und das Forstholz ist in der Ablösung begriffen, alles zum Nachteil der Pfarre. Vor allem aber war die letztere ehemals gestärkt durch die beiden Pfarrkötner in Wichmannsburg und Bargdorf, welche nicht allein zinspflichtig waren, sondern auch die erforderlichen Arbeitskräfte zur Bewirtschaftung der Pfarrgrundstücke hergeben mussten.[176] Zu Anfang dieses Jahrhunderts war die Pfarre so heruntergekommen, dass sie keine 300 Rtlr. aufbrachte.[177]

In der Kriegszeit 1809 wurde der Pastor es müde, mit seinem Joch Kühe weiter-zuwirtschaften und verpachtete das Land gegen den fünften Diemen. Erst 1829 hob sich die Stelle etwas, da sie bei der Gemeinheitsteilung 84 Morgen, darunter 28 Morgen Wiesen erhielt und diese Länderei durch den unverdrossenen Fleiß des Pastors Lüders in guten Stand gebracht wurde. Gegenwärtig leistet der Staat einen Zuschuss zum Pfarreinkommen.

Über das ehemalige Pfarrgebäude sind auch noch Nachrichten vorhanden.[178] Es lag auf dem alten Burgplatz, nahe beim Küsterhaus, mit der Kirche durch den sog. Kirchenstieg verbunden. Einstöckig, mit Stroh gedeckt, glich es einem Bauernhaus und bestand auch wie dieses aus einem Wohn- und einem Viehhaus. Das letztere wurde 1664 für 110 Rtlr. Neu gebaut. Der Wohnraum war schon früher gründlich repariert. Er enthielt die sog. „große Stube", 18' breit, 21' lang, 10' hoch mit 9 Fach Fenstern, eine wahre Laterne, ferner eine Schlaf- und eine Nebenkammer und die sog. Hinterstube, in welcher durch einen Verschlag das Studierstübchen des Pastors, das sog. „Museum" abgeteilt war.[179] Die Stubenwände waren geweißt und geockert, auch rot und blau betupft. Das Bild wird vollständig, wenn wir uns hin-term Kachelofen die rot angestrichene Schlummerpritsche und abends bei ge-schlossenen Laden die brennende Talgkerze mit der Lichtschere daneben auf dem derben Eichentisch denken, neben welchem die Frau Pastorin mit ihrer Magd am Spinnrocken sitzt. Da das Haus ohne Schornstein war, so suchte sich der Rauch durch Türen, Fenster und Giebellöcher den Ausgang, auf seinem Weg alle Wände und Balken, den Hausflur und die Leiter, die auf den Boden führte, mit blankem Sott überziehend. Vom abgeschorenen „Flet" aus öffnete sich eine Pforte nach der Viehdiele, deren große Tür, die „Missendör", nach der Straße blickte. Weiter süd-lich am Pfarrhof stand die Scheune mit dem Mästkoven, daneben der Schaf- und Schweinestall. Links davon das Backhaus, welches zugleich die Malzdarre und andere Brauapparate enthielt.[180] 1750 stürzte der Wohnraum des Pfarrhauses ein und wurde erst zwei Jahre später mit Hilfe einer Inspektions-Kollekte wieder er-baut, aber so wenig dauerhaft, dass er nach 60 Jahren abermals für den Abbruch reif war. So musste denn in der drückendsten Kriegszeit 1808 das Pfarrhaus mit den Nebengebäuden und dem Witwenhaus wegen Baufälligkeit abgerissen werden. Damals wurde von dem jungen Meister Sommer, der schon 1812 in Russland fiel, das jetzige Pfarrhaus – mindestens das dritte seit der Reformation – nebst Zubehör erbaut.

Wann bei uns zuerst ein Pfarrwitwenhaus gegründet wurde, ist nicht mehr zu ermitteln. 1637 wurde es von den Schweden verwüstet. Fast beständig finden wir es an Pächter verheuert, wobei es denn bald für eine Pfarrwitwe nicht mehr bewohnbar blieb. 1752 baute man das Haus zum zweiten Mal. Nach 25 Jahren war es wieder völlig verwohnt. Doch hat die Pastorin Engel von 1777 bis 1808, durch die Not gezwungen, in der elenden Baracke gewohnt. Das gegenwärtige Witwenhaus ist vom Jahr 1810 und bereits wieder recht verwohnt. Wenn es in anderen Gemeinden ähnlich hergeht, dass sie alle 90 Jahre ein neues Witwenhaus bauen müssen, während diejenigen, um derentwillen es da ist, von 300 Jahren keine 80 darin zubringen, so könnte man zweifelhaft werden, ob diese Art der Witwenversorgung sich noch fernerhin empfiehlt. – Unser Wittum war vor Zeiten gar gering. Nach dem Dreißigjährigen Krieg fiel die Witwe Ehren Horneburgs ganz ihrem Sohn zur Last. Eine Buche zu Brennholz von der Forst und 18 Himten Roggen aus der Gemeinde waren ihre einzigen Intraden. Doch wurden ihr vom Herzog zwei kleine Gartenstücke der damals wüsten Schulze'schen Kote zum Nießbrauch auf Lebenszeit gegeben. 1663 legte Pastor Blumenthal eine zwei Morgen große Witwenwiese an, deren Grund und Boden die Gemeinde Wichmannsburg, die Anlagekosten die übrige Gemeinde bewilligte. Ist keine Witwe vorhanden, so hat der Pfarrer sich der Wiese zu getrösten. Eine geringe Zubuße erhielten die Witwen, als 1718 vom Propst Backmeister in Uelzen die erste Predigerwitwenkasse für diese Inspektion gegründet wurde. Der Einsatz betrug vier Rtlr., der jährliche Beitrag ein Rtlr. Dafür erhielt die Witwe auf Lebenszeit oder ihre Waisen bis ins 16. Jahr jährlich sechs Rtlr. Später wurde die Pension auf 12 – 20 Rtlr. erhöht.[181] Bei der Gemeinheitsteilung erhielt unser Wittum 14 Morgen Land, wovon es 1847 einen halben Morgen für gutes Geld an die Eisenbahn verkaufen konnte. Hierdurch, sowie durch Pachtüberschüsse, bildete sich der erste Wittumsfonds, der leicht hätte vermehrt werden können, wäre nicht die Pacht teilweise noch der Kirche und Kirchengemeinde zugute gekommen und wäre nicht das Wittum beständig besetzt gewesen. Von 1757 bis 1877 haben wir nur sechs Jahre keine Witwe gehabt. Durch ein Legat des Pastors Schütze wird das Wittum demnächst um 300 Mark jährlich aufgebessert werden.

Sechsundzwanzigstes Kapitel
Die Küsterei und Schule in Wichmannsburg

Das hiesige Küsterat reicht in unvordenkliche Zeiten zurück. Vor Jahrhunderten mag es hier freilich hergegangen sein, wie noch im Jahr 1701 von Darrigstorf bei Uelzen berichtet wird: „Küster ist daselbst nicht, sondern der Pastor singet daselbst."[182] Aber im 14. Jahrhundert, wo unser Pfarrer in den Urkunden den ansehnlichen Titel eines *rector ecclasiae* führt (mit dem man übrigens ziemlich freigiebig war), scheint Wichmannsburg doch einen eigenen Küster besessen zu haben. Die erste Erwähnung geschieht seiner im Jahr 1630, wo ihm einige Taler Kollektengelder zugewendet werden.[183] Das Patronat über die Küsterei folgte der Pfarre. Das jetzige Küsterhaus liegt auf der alten Burgstelle und ist 1851 von der Kirchengemeinde erbaut, doch hat die Schulgemeinde Wichmannsburg-Bargdorf 1/6 der Kosten getragen, wie ihr denn auch die Unterhaltung der dafür im Küsterhaus eingeräumten Schulstube obliegt. Der Küsterdienst ist, abgesehen von den Accidenzien mit freundlicher Wohnung und Garten, etwa 32 Morgen an Ackerland, Wiesen, Anger, Heide, Torfmoor und Holzung, dazu an Naturalien jährlich sechs Diemen Roggenbunde, 99 Broten, 33 Würsten und 680 Eiern dotiert. Organistendienst ist bis jetzt nicht damit verbunden. Dagegen ist der Schullehrerdienst von Anfang unserer Schule bis jetzt immer bei der Küsterei gewesen.

Der Ursprung der Schule zu Wichmannsburg liegt für uns im Dunkeln. Nach der Lüneburgischen Kirchenordnung von 1564 sollten alle Küstereien mit deutschen Volksschulen verbunden werden. Aber es geschah nur nicht aller Orten. Auch bei uns mag das Fortbestehen der Medinger Klosterschule die Sache verschleppt haben. Jedenfalls ist die Küsterschule die älteste unserer drei Gemeindeschulen. Und da nun schon 1631 berichtet wird, dass des Krieges halber der Schulunterricht ausgefallen sei, so steht wohl nichts im Wege, die regelrechte Begründung dieser Schule mit der Bewegung in Verbindung zu setzen, welche 1619 der Celler Generalsuperintendent Joh. Arnd in das Lüneburger Schulwesen brachte. Nach dem Dreißigjährigen Krieg hat die Schule ohne Unterbrechung bestanden. Sie umfasste anfänglich die ganze Gemeinde. Aber schon 1682 finden wir in Edendorf eine eigene Schule und seit 1702 zweigte sich auch die Hohnstorfer Schulgemeinde, die schon früher einmal selbständig gewesen war, dauernd ab.

Wenn wir aber vom Schulunterricht redeten, so betraf das bloß die Winterschule. Denn an die Sommerschule konnte sich die Gemeinde von Anfang an nicht gewöhnen. War doch der ganze Zuschnitt der Wirtschaft – und ist es zum Teil noch – so gemacht, dass die Kinder vom Frühling bis zum Herbst ein gutes Stück der Haus- und Feldarbeit mit übernehmen mussten. Anderswo erreichte das Konsistorium wenigstens noch am Sonnabend und Sonntag je eine Schulstunde, aber bei uns konnte der Pastor Löhner am 13. Mai 1685 auf dem Synodus in Uelzen die Frage des Propstes: *Ob bei ihm Sommers auch Schule gehalten würde?* einfach mit *Nein* beantworten.[184] Auch die verschiedenen fürstlichen Verordnungen wegen der Sommerschule von 1687, 1692 und 1734 [185] blieben in Wichmannsburg fruchtlos.

Mariendag, pogg in'n pool.
Kinner ut de school!

davon wollte man nicht weichen. Erst 1738 wurde der widerstrebenden Gemeinde der erste Sommerunterricht aufgenötigt. Er wurde mittwochs in drei Stunden gehalten, aber kläglich besucht. Als 1778 Pastor Jisch kam, der sich um unsere Schulen sehr verdient machte, gelang es, die Kinder wöchentlich zweimal mittwochs und sonnabends von fünf bis acht Uhr morgens zu versammeln. Dafür wurde aber von Johannis bis Michaelis gar keine Schule gehalten.[186] Auch diesen geringen Fortschritt sollte der Sturm des französischen Krieges vernichten, und als man 1819 zu derselben Einrichtung zurückkehrte, verlangte der Küster eine Entschädigung dafür, dass er zweimal in der Woche Sommerschule halten solle! Erst unsere hannoverschen „Regulative" vom 31. März 1857 schafften Wandel. Der Schulvorstand schien die Sache höchst ernsthaft zu nehmen und beschloss ganz vorschriftsmäßig im Mai jenes Jahres, dass der Sommerunterricht im ersten Quartal täglich von sechs bis neun Uhr morgens und von eins bis vier Uhr nachmittags, im zweiten aber täglich von sechs bis neun Uhr morgens erteilt werden solle. Das dies nichts als Spiegelfechterei war, sah man bald. Denn niemand schickte seine Kinder außer mittwochs und sonnabends. Erst als der Sommer fast vorüber war, fuhr die Kirchenkommission dazwischen und erreichte mit Strafzwang, dass sofort die letzten Wochen noch alle Kinder – zwei Stunden erschienen. Noch gab sich die Gemeinde nicht zufrieden. Zwei Jahre später hatte sie es vom Konsistorio schriftlich, dass die Schule nach Johannis auf den Nachmittag von eins bis drei Uhr verlegt, auch im ersten Quartal auf 18 Stunden wöchentlich beschränkt werden dürfe. Seit 1872 wird nun zwar im zweiten Quartal täglich eine Stunde zugelegt, dafür aber den ganzen Sommer Mittagsschule gehalten. Auch dieser Zustand ist natürlich nicht haltbar, doch wurde durch solchen täglichen und regelmäßigen Unterricht, bei dem von Dispensieren gar nicht mehr die Rede war, wenigstens etwas geleistet.

Man sieht, durch welche langsamen, hartnäckigen Schraubenbewegungen selbst in zwei Jahrhunderten nur dieser mäßige Erfolg erreicht werden konnte und man wird zugestehen, dass, bevor nicht die bäuerlichen Wirtschaften auf einen ganz anderen Fuß gebracht, mehr Futterkräuter gebaut, der Viehstand beschränkt, Stallfütterung eingeführt, oder doch die Hüteflächen umfriedigt und bei der Arbeit mehr Maschinen angewandt werden, dieser alte Hemmschuh des Unterrichtswesens auf dem Land nicht zu beseitigen ist.

Werfen wir nun einen Blick auf das innere unseres Schulwesens. Die Brunnenstube der Schulweisheit lag vor Zeiten mehr als jetzt in den monatlichen Konferenzen der Lehrer mit dem Prediger. Dort informierte der Pastor seine Informatoren. Dort war ihr Seminar,[187] wo sie seit 1698 vornehmlich den „alten Walter" und hundert Jahre nachher seinen Verdränger, den „Landeskatechismus" verstehen und behandeln lernten, später auch nach „Junckers Handbuch" allerlei gemeinnützige Kenntnisse erwarben. Die Religionsstunden nahm der Pastor gegen Ende des 17. Jahrhunderts meist selbst in die Hand; die 12 bis 14-jährigen Schüler aus den Außendörfern kamen dann mit zur Kirchdorfschule. Außer Religion wurde noch bis 1780 nur Lesen und Singen mit allen Kindern geübt, während das Schreiben und Rechnen fakultativ war und besonders vergütet wurde. 1782 wurde das Schreiben zum ersten Mal auch im Sommer traktiert; drei Jahre später auch das Rechnen.

1809 wurden diese Gegenstände in die öffentlichen Lehrstunden aufgenommen, blieben gleichwohl freiwillig. Damals lernten von 55 Kindern in Wichmannsburg 27 schreiben und 36 rechnen und dabei waren es fast soviel Ordnungen wie Kinder. Auch beschränkte sich das Rechnen bloß auf mündliche Übungen. Am Tafelrechnen nahmen noch 1830 von 57 Kindern nur 13 teil, in Hohnstorf zu derselben Zeit von 83 Kindern kein einziges. Rechenbücher kamen erst 1871 in die Hände sämtlicher Schüler, ebenso Lesebücher und biblische Geschichten, die zuvor in ganz wenigen ungleichen Exemplaren vertreten waren. Wie hatte man nur so zurückkommen können, da schon von 1797 berichtet wird, dass „Rochows Kinderfreund" in unseren Schulen eingeführt sei! Aber wo hätte man es hier auf dem Lande wesentlich anders gefunden? Daher ist es denn auch nicht zu verwundern, dass es in den meisten Dörfern unserer Umgegend äußerst schwer fiel, 1874 geeignete Standesbeamte zu finden.

Erst die allgemeine Schulverfügung vom 15. Oktober 1872 hat mit einem Schlag rings umher das äußere Angesicht der Schulen total verändert, ordentliche Klassenzimmer, Subsellien, Karten, Globen, Wandtafeln aller Art und zugleich eine Anzahl nützlicher Realien in die Schule gebracht, wovon sich der Bauer und leider oft auch der Schullehrer bislang nichts träumen ließ. Aber selten ist wohl eine heilsame Maßregel der Regierung von der Landbevölkerung mit mehr Misstrauen aufgenommen als diese. Wie sträubten sich anfangs die Schulvorstände gegen die Anschaffung der nötigen Schulutensilien! Wie stemmte man sich gegen die Einführung des weiblichen Handarbeitsunterrichts, so dass z.B. in einer unserer Schulgemeinden die Kirchenkommission, ihr Recht gebrauchend, auf Kosten der Gemeinde eine Lehrerin anstellen musste! Wie klagte man, dass durch die neuen Lehrgegenstände der Religionsunterricht beeinträchtigt werde und die Schule fortan nur für das irdische Vaterland arbeite! Dass aber bisher das Heilige oft entwertet war, wenn Bibel, Katechismus und Gesangbuch stundenlang von Stümpern zu Leseübungen benutzt wurden; dass alle weltlichen Kenntnisse und Fertigkeiten, sobald sie in den Dienst der Liebe treten, auch für das Reich Gottes miterworben sind; daß der Bauer bislang im wirtschaftlichen und staatlichen Leben eine traurige Rolle gespielt, dergleichen Vorstellungen fanden wenig Gehör. Vor allen Dingen fürchtete man auch, die Kinder würden verbildet und verweichlicht, den ländlichen Arbeiten bald abgeneigt und nicht mehr gewachsen sein, wie das einer sehr bezeichnend so ausdrückte: *se makt se noch so klok un so fin, dat se naher keen messfork mehr anfaten willt.* Hieran ist vielleicht das richtig, dass unser kommendes Geschlecht in den gegenwärtigen bäuerlichen Wirtschaften manche ursprünglichen Naturzustände, manche Zeit- und Kraftverschwendung entdecken und eine rationellere, bequemere, wenn auch vielleicht künstlichere Wirtschaft einführen wird. Und das wäre doch eben nicht von Schaden. Aber von einem Übermaß der Bildung in unseren Dörfern wird man im Ernst ebenso wenig reden, wie davon, dass die Bildung mit dem Landbau unverträglich sei.

Im Gegenteil wäre es wünschenswert, wenn der vermehrte Schulunterricht auch durch ländliche Fortbildungsschulen seine weitere Pflege fände. Denn so lange das nicht geschieht, bleiben unsere Landkinder Treibhauspflanzen, die aus dem fruchtbaren Boden und Klima der Schule mit der Konfirmation in das dürre Erdreich und den Wintersturm des praktischen Lebens versetzt werden, daher denn oft nach Jahresfrist alle mühsam gezogenen Keime und Blüten vertrocknet und abgefallen sind. Dies hat zum großen Teil seinen Grund darin, dass die Schulbildung eine hochdeutsche, die Umgangssprache aber plattdeutsch ist. In unseren Schulen werden jetzt wenigstens die zehnjährigen Kinder mit Mühe soweit gebracht, dass sie dem Lehrer hochdeutsch antworten, während noch vor zehn Jahren die wenigsten Konfirmanden dies vermochten. Aber bei alledem bleibt ihnen das Hochdeutsche etwas Angelerntes und Fremdes. Sie leben gleichsam in einer doppelten Welt und müssen alles, was sie in der Schule hören und lesen, erst ins Niederdeutsche übersetzen. Auch verstehen sie vieles verkehrt und sind mancher scharfen Sprachunterscheidung nicht fähig, weil ihnen in der einfacheren und ärmeren Muttersprache der Ausdruck dafür fehlt. Hört nun aber auch noch die tägliche Übung der hochdeutschen Sprache auf, so verliert sich ihnen diese selbst und damit zugleich der Wissensschatz, dessen Gefäß sie war.

Der ganze Aufschwung des Volksschulwesens würde aber undurchführbar gewesen sein, wenn nicht gleichzeitig für eine bessere Ausbildung und Besoldung des Lehrerstandes gesorgt wäre. Die Vorbildung unserer älteren Lehrer entspricht im allgemeinen den Anforderungen, die jetzt an sie gestellt werden, nicht. Aber durch die Erhöhung ihres Gehalts haben sie Mittel und Muße bekommen, sich zeitgemäß fortzubilden und ihrer Schularbeit ungeteilt zu obliegen. Unser Küster bekam um 1650 für seine Schularbeit von jedem Kind 2 ßl. „Einspringegeld" – wenn er es bekam! – und für die Schulzeit von Michaelis bis Ostern von jedem Kinde 16 ßl. Schulgeld, das macht nach heutigem Gelde auf 50 Kinder gerade 50 M! Um 1719 gab jedes Kind einen halben Taler und 1845 auch noch nicht mehr! 1846 aber 28 Sgr. 2 Pf., 1857 einen Taler, 1867 noch 75 Pf. mehr, 1876 zwei Taler. Aber seit 1867 erfolgten Zuschüsse aus der Schulgemeinde, so dass die ganze Küster- und Lehrerstelle, die schon bei der Gemeinheitsteilung erheblich gewonnen hatte, damals auf 200 Rtlr., 1874 auf 250 Rtlr., 1876 auf 900 M gebracht worden ist. Diese Beiträge aus der Schulgemeinde, bei welchen die Regierung sie bislang anerkennenswert unterstützt, werden ebenso wie die Baulasten, von Angesessenen und Nichtangesessenen nach dem Steuerfuß aufgebracht, welcher 1874 hier eingeführt ist, wobei man sogar den Prediger und Lehrer herangezogen hat.

Das Verzeichnis der bisherigen Küster und Schullehrer von Wichmannsburg ist folgendes:
1) Küster **Berendt** um 1631, der treue Beistand Pastor Horneburgs und dessen Begleiter auf seinen Kollektenreisen.
2) **Marten Baumeister**, gest. 17. April 1671.
3) **Christian Stegen**, nach zweijähriger Vakanz 1673 angetreten, heiratete 1675 seines Vorgängers Tochter Margarethe Sybille und starb 1720, nachdem er 47 Jahre hierselbst gedient und die letzten 6 Jahre als Emeritus zugebracht hatte. Sein Gedächtnis ist nicht lobenswert.
4) **Jürgen Hilmer Schleden** von 1714 – 1754 starb im 69. Jahre, nachdem er 40 Jahre ein treuer fleißiger Küster und Lehrer hierorts gewesen, der mit seinem trefflichen Pastor Kregel stets an einem Strang zog.

5) **Johann Jochen Alberts** von 1754 – 1758 wurde schon nach vierjähriger Wirksamkeit durch den Tod abgerufen.

6) **Johann Heinrich Wilkens** von 1758 – 1785, ein treuer Arbeiter, dem es oft recht knapp ging; starb am 2. Dezember 1785 im 54. Jahr.

7) **Conrad Reineken** von 1785 – 1789, war seit seinem 17. Jahr im Schuldienst, nämlich 4 Jahre in Hallstedt im hessischen Amt Freudenberg, dann 7 Jahre in Großringmer, Amt Harpstedt, darauf 12 Jahre in Wriedel, endlich 3 ½ Jahre hierorts. Ein achtenswerter Mann, der seine kurze Lebenszeit von 41 Jahren wacker ausgebeutet hat, „geschickt, fleißig und wohlgesittet". Not und Sorge führten ihn früh in die Arme des Todes; sterbend hinterließ er eine Witwe mit sieben unmündigen Kindern.

8) **Eberhard Wilhelm Schneider**, von 1789 – 1837, der erste hiesige Küster, welcher seminarische Vorbildung besaß; er stammte aus Schoten, Insp. Sulingen. Sein Andenken lebt noch in der ganzen Gemeinde. Von seinem Wissensdurst zeugt die Bibliothek, die er der Schule vermacht hat, von seiner Wohltätigkeit die Stiftung für hiesige Prediger- und Schullehrerwitwen und das Legat für die Kirche, im ganzen von 1050 M, von seinem Humor manche drollige Anekdote, die im Volke läuft, von seinem Ernst und aufrichtigen Christentum, sowie von seinen Schulmeister-Gaben und Tugenden die Liebe und das Zeugnis seiner Schüler. Er hatte eine fast weiblich hohe Stimme, aber einen felsenhaft männlichen Charakter. Kerngesund, ohne Nahrungssorgen, umgeben von wohnlicher Häuslichkeit und seinem Berufe mit Leib und Seele ergeben, war er so recht das Bild eines glücklichen Dorfschullehrers. Er starb 84 Jahre alt am 23. Oktober 1843, nachdem er in seinen letzten sieben Jahren den nachmaligen hiesigen Küster Dreyer zum Adjunkten gehabt hatte.

9) **Johann Philipp Liermann** von 1844 – 1858. Er war geboren in Stoetze 1787, besuchte 1809 das hannoversche Seminar, wurde im selben Jahr angestellt in Trauen bei Munster, 1813 in Emmendorf bei Bevensen, 1844 hier am Ort, wo er am 26. Januar 1858 siebzigjährig starb.

10) **Jürgen Wilhelm Dreyer**, seit 1858.

Siebenundzwanzigstes Kapitel
Die Schule in Hohnstorf

Es ist altes Herkommen in der Gemeinde, dass die Hohnstorfer Kinder in der kirchlichen Katechese wie im Konfirmandenunterricht vor den zahlreicheren Edendorfern den Vortritt haben, und diese Sitte stützt sich auf die alte Überlieferung, dass die Hohnstorfer Schule eher dagewesen sei als die Edendorfer. Als nun kürzlich die Edendorfer erfuhren, dass sie schon 1682 einen eigenen Schulmeister gehabt, die Hohnstorfer aber erst 1699 auf eine eigene Schule angetragen hätten, da wurde jener eifersüchtig gewahrte Vorrang nicht wenig erschüttert. Wenn sich nun doch herausstellte, dass das ältere Recht auf Seiten der Hohnstorfer wäre, so könnte das ja nur zum Frieden dienen. Nun waren allerdings die Hohnstorfer noch 1685 verpflichtet, ihre Kinder nach Wichmannsburg zu senden, aber sie taten es nur nicht, *„obwohl der Küster darüber etzliche Mal beim Amte geklaget, sondern ließen dieselben informiren von einem abgedankten Soldaten im Dorf“.*[188] Da es nun damals überall noch keine so abgegrenzten Schulbezirke und dotierten Schulen noch auch regelrecht vorgebildete Schulmeister gab wie heutzutage, so ständen die guten Hohnstorfer also bis 1685 den Edendorfern nicht nach. Was aber jene, fünfzehn Jahre später eingebrachte Petition wegen einer eigenen Schule betrifft, so muss hier der vollständige Bericht den Ausschlag geben. *„Nach gehaltenem Katechismusverhör“*, so lautet das Visitationsprotokoll vom 8. Oktober 1699,[189] *„darin die confirmandi sehr wohl bestanden, geben sich an die Hohnstörfer und halten an um einen eigenen Schulmeister, weil die kleinen Kinder hierher wegen der Kälte nicht könnten gehn. Der Küster zu Wichmannsburg testiret dawider, weil dies Dorf kaum ¼ Meil Weges hiervon liege und immer hierher gegangen wären; er könnte sich sonst nicht erhalten. Illi: Sie hätten vorhin einen eigenen Schulmeister gehabt; (nur) wenn sie keinen gehabt, wären sie hierher gegangen. Custos: Bei seiner Zeit nicht. Illi: Sie hätten einen eigenen Schulmeister gehabt bei die 20 Jahre. Custos: Das müsse geschehen sein vor seiner Zeit; er wäre über 20 Jahre (seit 1673) hier gewesen, in solcher Zeit hätten sie keinen gehabt. – Denen Hohnsdörfern ist vorgetragen, wenn sie zu Unterhalt des hiesigen Küsters etwas jährlich geben wollten, könnte es ihnen concediret werden, sonst nicht, weil die Hauptschule müßte erhalten werden. – Zuletzt ist beschlossen, daß sie die erwachsenen Kinder sollen hierher senden. Wollen sie die Kleinen vom 6. – 7. Jahre nach Edendorf senden, sollen sie den Küster dafür contentiren. – Was die Edendörfer betrifft, behalten sie ihren Schulmeister. Die Großen aber sollen sie zwei Jahre vor Konfirmation nach Wichmannsburg senden, damit der Herr Pastor sie mit informiren könne, sonst bleibt's in statu quo.“*

Hieraus geht also hervor, dass die Hohnstorfer sich schon um 1653 eines eigenen Schulmeisters erfreuten, während die früheste Erwähnung einer Edendorfer Schule erst 30 Jahre später erfolgte. Da in Hohnstorf wahrscheinlich noch das alte Kapellenküsterhaus stand, so war für dies Dorf die Anlage einer Schule mit verhältnismäßig geringen Schwierigkeiten verbunden.

Nachdem dasselbe nun, wie wir gesehen haben, Jahrzehnte lang dieser Wohltat entbehrt hatte, erhielt es seit 1702 [190] wieder dauernd Schullehrer bis auf den heutigen Tag und war von da an seinem Nachbarort entschieden überlegen. Denn in jenem Jahr hörte die Edendorfer Schule auf und Hohnstorf vereinigte bis zum Jahr

1852 außer den eigenen Schulkindern auch die von Edendorf, Solchstorf und Hönkenmühle. Indessen war das alte Schulhaus von 1702 für eine so große Kinderzahl keineswegs eingerichtet. Der Platz, auf dem es gestanden, ist kaum über dreißig Fuß lang und halb so breit und in demselben musste die Schulstube, der Vorplatz, eine Kammer und ein Kuhstall Raum finden. Darum saßen denn auch in der Schulstube die 50 bis 60 Kinder bis dicht an die Tür heran, obwohl der Platz durch Subsellien oder Tische noch nicht beengt wurde. Und weil für die Lehrerfamilie zwar eine Kammer, aber noch keine Stube vorhanden war, so saß „Scholmesters Mutter" mit in der Schulstube hinterm Ofen und nähte oder spann. Sie war aber auch nebenbei des Mannes Gehilfin, denn sie half durch Blick, Gebärde und Wort unter dem kleinen Volk Zucht und Ordnung halten. Ja manchmal musste sie sogar die Zügel der Regierung ganz allein in die Hand nehmen, wenn im hellen Schein der Juni- oder Julisonne die „Immen" draußen schwärmten und der sonst so treue Schulmonarch rasch sein Pfeifchen stopfte und hinauslief, um den kostbaren Schwarm vom Baum zu fangen. Und nicht nur die Mutter, sondern auch ihre Kinderchen hatten kein anderes Unterkommen als die Schulklasse; ja sie sahen sich als deren rechtmäßige Bewohner, alle anderen aber als Eindringlinge an, spielten und schrieen oft während des Unterrichts ganz wie sonst und riefen allerhand lustige und ernsthafte Szenen hervor, in denen ein Richterscher Griffel eine unerschöpfliche Fülle schätzbarer Vorwürfe gefunden hätte.

Dieses ganze Stück Poesie verschwand aus der Hohnstorfer Schule, als 1823 westlich vom alten das neue Schulhaus gebaut wurde, welches eine anständige Schulklasse mit vier Tischen, sodann Stuben und Kammern für den Lehrer, auch Viehhaus und Zubehör erhielt. Hatte ferner die Stelle vorher nur ¼ Morgen Garten und freien Torfstich besessen – vielleicht noch von der alten Kapellenküsterei her – so erhielt sie nun bei der Gemeinheitsteilung 23 Morgen Land, wenn auch nicht vom besten und nächsten, und 1875 noch die schöne Hausvogtswiese in Wichmannsburg beigelegt. Und während der Lehrer 1819 nur 60 Thlr., 1846 erst 89 Thlr. und 1872 auch nur 135 Thlr. einzukommen hatte, so ist er jetzt doch auf etwa 800 Mark gestellt. Die zur Aufbringung dieses Gehalts erforderlichen Beiträge aus der Schulgemeinde werden unter einstweiliger Beihilfe von Seiten der Regierung ebenso wie die übrigen Kosten nur von den Eingesessenen, die auch allein stimmberechtigt sind, nach vier verschiedenen Klassen aufgebracht, die im Verhältnis von 40, 32, 24 und 5 beisteuern.

Als in der ersten Hälfte dieses Jahrhunderts die Bevölkerung der Gemeinde wuchs, stieg auch die Zahl der Schüler von Hohnstorf, die 1823 bereits 65 betrug, 1833 schon auf 76, 1843 auf 89 und 1851 auf 106. Da litt es der Raum nicht mehr, dass die Edendorfer und Hohnstorfer bei einander wohnten, sondern es hieß: Lieber, scheide dich von mir! So zweigten sich denn 1852 die Edendorfer ab und in Hohnstorf blieben 47 Schüler.

Es folge nun das Verzeichnis der bisherigen Schullehrer von Hohnstorf:

1) **Johann Heinrich Ehrlich**, von 1702 – 1733, „*ein guter ehrlicher Mann, all gut lehrend*", war vorher Schullehrer in Bahnsen und Graulingen gewesen, wo er 1693 als Carsten Wesselmanns Nachfolger erscheint.[191] Er starb 74 Jahre 8 Monate alt am 8 Dezember 1733.

2) **Hans Peter Behne**, von 1735 – 1746, gebürtig aus Varendorf, übernahm den Schuldienst nach zweijähriger Vakanz und starb mit 53 Jahren den 26. Juni 1746.

3) **Carsten Kruse**, von 1746 –1788, nur aus den Geburts- und Totenregistern bekannt, da er viele Kinder taufen, aber auch in acht Jahren fünf davon begraben ließ, war fast 44 Jahre treuverdienter Schulmeister in Hohnstorf und starb achtzigjährig am Heiligen Dreikönigstag 1788. In den letzten beiden Jahren war ihm adjungiert:

4) **Eberhard Wilhelm Schneider**, von 1786 – 1790, der nachmalige Küster in Wichmannsburg. Als er 1787 das Seminar in Hannover besuchte, wurde die Schule vorübergehend mit der Wichmannsburger kombiniert. Er hob die Schule in außerordentlicher Weise.

5) **Ernst Christian Stolte**, von 1790 – 1840, seines Handwerks nach, was sein Vorgänger dem Namen nach war, hatte 6 ½ Jahre als Schullehrer in Lopau gestanden, von wo aus er auch 1785 im Sommer das Seminar besuchte. Sein Pastor gibt ihm das Zeugnis, dass er strebsam und getreu und von tugendhaftem Wandel war und hebt besonders hervor, dass er sein Schneiderhandwerk nie während der Schulstunden trieb. In den letzten Lebensjahren wurde er leider geistesschwach und erhielt deshalb auch einen Adjunkten. Er starb achtzigjährig 1840.

6) **August Heinrich Ludwig Kohlrusch**, von 1831 – 1860, früher Militär, geboren 1814, besuchte das Seminar in den Jahren 1829, 1838 und 1841; er wurde, nachdem er 30 Jahre der Hohnstorfer Schule gedient hatte, nach Kirchgellersen versetzt.

7) **Friedrich Johann Ernst Busch**, von 1860 – 1868, wurde 1868 wegen Trunks removiert und ins Irrenhaus gebracht.

8) **Heinrich Wilhelm Wittenberg**, seit 1868.

Achtundzwanzigstes Kapitel
Die Schule in Edendorf

Die erste Spur einer Schule zu Edendorf entdeckt uns unser Trauregister von 1682, wo am 4. Oktober Jürgen Harmens, wohlbestallter Schulmeister in Edendorf, den fröhlichen Tag seiner Hochzeit begeht. Doch war die dortige Schule ohne Zweifel Wanderschule, d.h. sie wurde abwechselnd in den Häusern der Hauswirte gehalten, da sich nirgends eine schriftliche Andeutung von einem dortigen Schulhaus findet, auch in der Gemeinde durchaus keine Erinnerung davon vorhanden ist. Drei Namen von Schullehrern sind aus dieser Wiegenzeit der Edendorfer Wanderschule erhalten. Allein noch in den Kinderschuhen sollte sie ganz aus dem Orte hinauswandern. Als nämlich 1702 die Schule in Hohnstorf wieder eröffnet wurde, wo ein eigenes Schullokal zur Verfügung stand, gaben die Edendorfer ihrem Schulmeister Peter Liermann mit der lahmen Hand den Laufpass – denn damals wurde noch auf Kündigung engagiert – und schlossen sich den Hohnstorfern an, bei denen sie genau anderthalb Jahrhunderte ausgehalten haben. Als aber um 1850 durch den Zuzug der Häuslinge und Anbauer die Schule zu sehr überfüllt wurde, ließ zunächst ein Teil der Edendorfer ihre Kinder privat in Edendorf unterrichten und da dieser Zustand nicht haltbar und die Überfüllung der Schule von der Behörde nicht länger zu dulden war, so entschloss sich die Dorfschaft 1852 zur Gründung einer eigenen Schule.

Vorläufig wurde das „alte Haus" des Hauswirts Wiese zum Unterricht eingerichtet. Zugleich aber kaufte man für 1125 Rtlr. die Strobel'sche Anbauerstelle, lieh das Geld dazu aus der Landes-Kredit-Kasse, um das Kapital mit 52 Rtlr. jährlichen Amortisationszinsen bis 1883 abzutragen. Das Haus wurde mit 240 Rtlr. Unkosten zum Schulhaus umgebaut und Ende Mai 1853 konnte zum ersten Mal Schule darin gehalten werden. Das anfängliche Gehalt des Lehrers bestand, außer freier Wohnung im Schulhaus und Benutzung der zu demselben gehörigen zwei Morgen Garten- und Feldland, in etwa 67 Rtlr. Schulgeld, 4 Rtlr. jährlichem Zuschuss aus der Schulgemeinde und noch 10 Rtlr. für jedes der ersten beiden Jahre. Diese Zuschüsse sind nach und nach erhöht und werden wie die Reparatur- und Baukosten von den Angesessenen nach einem Fünfklassenfuß im Verhältnis von 8, 6, 4, 2, 1 aufgebracht, wobei die Regierung vor der Hand dankenswerte Beihilfen gewährt. Jetzt beträgt das Schuldiensteinkommen 750 Mark. Diese Einnahme wird fast ganz in Barem bezogen, Naturalien sind nicht vorhanden, der Ackerbau nimmt den Lehrer so gut wie gar nicht in Anspruch. Da nun außerdem mit der Stelle keinerlei Verpflichtungen verbunden sind, welche den Schulberuf des Lehrers stören könnten, tüchtige Lehrkräfte immer vorhanden waren und die Gemeinde keine Unkosten scheut, um ihre Schule in wünschenswerter Weise auszustatten, so ist es erklärlich, dass die neue Edendorfer Schule sich von Anfang an unter den Parochialschulen ausgezeichnet hat.

Die Namen der bisherigen Schullehrer von Edendorf sind folgende:
1) **Jürgen Harmens**, um 1682.
2) **Dietrich Meyer**, stirbt 54 Jahre alt am 28. April 1689.
3) 1690 – 1702. **Peter Liermann**. Dieser meldet sich 1693 beim Propst Stille in Uelzen und gibt an, dass er 14 Schulkinder habe, von jedem bisher wöchentlich 2 ßl., fortan für den ganzen Winter ½ Rtlr., dazu 1 Brot und 1 Wurst erhalte.[192] 1701 bittet er um Erlass des Kopfgeldes, weil er gebrechlich sei, eine lahme Hand habe und nichts verdienen könne.[193]
4) 1853 – 1857. **Johann Heinrich Christoph Dedekind**. Geboren 1818, brachte er 1838, 1840 und 1842 je ein Vierteljahr im Seminar zu, stand in Jelmstorf sieben, in Barum 7 ½ Jahre bevor er nach Edendorf kam, wurde darauf zehn Jahre in Groß Thondorf und seit 1867 in Natendorf angestellt.
5) 1857 – 1861. **Christoph Heinrich Cohrs**, war 1835 geboren, mit 19 Jahren im Seminar, dann zwei Jahre Lehrer in Breloh vor seiner Anstellung in Edendorf und starb am 17. Juni 1861 an der Auszehrung. Er war unverheiratet, aber umgeben von einer geistlichen Familie, die er zu Gebetsversammlungen in seinem Hause vereinte.
6) 1861 – 1871. **Georg Friedrich Wilhelm Mörlin**, war geboren zu Essern, besuchte 1858 das Seminar und bekam die Schulstelle in Daensen, von wo er nach Edendorf zog. Seine tüchtige Kraft wurde leider früh gebrochen, da er infolge von Tuberkeln im Gehirn geisteskrank wurde und nach erfolgter Genesung des Geistes starb am 8. Februar 1872.
7) 1871 auf 1872. **Christoph Cohrs** aus Hollenstedt a.d. Este, noch Seminarist, war dem Vorigen sechs Monate lang adjungiert.
8) Seit 1872. **Johann Heinrich Christoph Hermann Dreyer** aus Wichmannsburg.

Neunundzwanzigstes Kapitel
Aus der Franzosenzeit

Franzosenzeit! Wieviel Jammer und Elend, Schmach und Unrecht fasst die Erinnerung in diesem Wort zusammen! Die Unruhen des spanischen Erbfolgekrieges, die Drangsale des siebenjährigen sind vergessen; Die Franzosenzeit wird unserem Volk immer im Gedächtnis bleiben. Die Wende des Jahrhunderts hatte nur einen kurzen Stillstand des langjährigen Streites gebracht. Schon 1803 forderte unser großbritannischer König Georg III. den stolzen Eroberer Bonaparte wieder zum Kampf und alsbald waren seine Kurlande und damit auch das Lüneburgische der Rache der Franzosen ausgeliefert. Während unsere kleine hannoversche Armee sich tatenlos hinter die Elbe zurückziehen musste, um bald hernach aufgelöst zu werden, setzten sich 35.000 Mann Franzosen unter General Mortier im Hannoverland fest, sogen seine Nahrung aus und raubten seine Schätze.

Die Bewohner unserer blutarmen Gemeinde hatten schleunigst das Wenige, das ihnen geblieben war, versteckt und verscharrt. Aber schon 1805 waren die Vorräte und kleinen Ersparnisse so gut wie erschöpft, ehrliche Leute gingen dem Bettel nach. Der damalige Pastor meldet, dass die gewohnten Tanzmusiken schwiegen, dass das Volk beginne ernster zu werden und nach Gott zu fragen. Mit dem nächsten Jahr rückten die Preußen und deren Verbündete, die Russen, ins Quartier, denn Hannover war von Frankreich an Preußen abgetreten. Die Russen kamen als Freunde, aber lieber wollte man die Franzosen zu Feinden, als diese schmutzigen, trunkenen, diebischen Gesellen zu Freunden haben, und hätten nicht die Preußen gute Mannszucht gehalten, so wäre um der Russen willen alles außer Rand und Band gekommen. Wenige Monate später folgte der Schreckenstag von Jena, wo Preußen gedemütigt wurde und Hannover wieder in Napoleons Hände fiel. Es war schließlich einerlei, welche Sprache die Besatzung redete, denn der Inhalt der Rede war doch immer; hergeben. Und wenn die Bauern Miene machten, die fremde Sprache nicht gleich zu verstehen, so tanzte der Knittel oder die Klinge unbarmherzig auf ihrem Buckel. 1807 wurde Hannover dem neugegründeten Königreich Westfalen einverleibt und 1810 der Norden des Lüneburgischen förmlich zu Frankreich geschlagen. Da hieß es denn z.B. Gemeinde Bargdorf in der Kommune Wichmannsburg, Friedensgericht Bienenbüttel, Kanton Bienenbüttel, Distrikt Uelzen, Departement der Aller in Frankreich. Oder: Gemeinde Hohnstorf in der Kommune Edendorf, Friedensgericht Medingen, Kanton Bevensen u.s.w. Der gute Pastor Schmid war als Maire und Führer der Zivilstandsregister französischer Beamter. Er musste, wie alle seine hiesigen Amtsbrüder, nicht nur für die neue Obrigkeit sonntäglich beten, nein, auch für die Siege des Unterdrückers über deutsche Brüder musste er von der Kanzel Dank sagen, und die Glocke zur Feier läuten lassen. Von der jungen Mannschaft hatten sich einige von der englischen Legion anwerben lassen, die übrigen wurden von den Franzosen ausgehoben, um gegen deutsche Brüder geführt zu werden. Dazu war die Gegend voll von französischen und deutsche Spionen, zu denen sich besonders die Magazinlieferanten hergaben, die auf den Dörfern aufkauften. Da lernte mancher das Schriftwort 1 Petr. 3, 10 verstehen. Keiner wagte seinem empörten Herzen Luft zu machen und empörend war es doch, was das Volk ertrug!

In unserer Gemeinde[194] war infolge mangelhafter Ernährung und Bedeckung das kalte Fieber von 1809 – 1812 epidemisch und sogar tödlich geworden. Die Felder konnten wegen Krankheit und Zugviehmangels nicht gehörig bestellt werden. Die Gemeinde musste Korn zukaufen. Die Kontinentalsperre, durch welche dem Land der Kaffee, Tee, Tabak und namentlich der Zucker abgeschnitten wurde, übte ihren Druck auch bis in unsere Dörfer. Darum herrschte auch große Freude, als 1812 der Hamburger Frank die erste norddeutsche Rübenzuckerfabrik in Uelzen anlegte. Am drückendsten wurden aber die vielen kleinen Akzisen empfunden. Wollte jemand Korn mahlen, Grütze machen, Vieh schlachten lassen, so musste er

Die Kirche in Wichmannsburg,
aufgenommen im Jahr 1905 vom Flensburger Fotografen Wilhelm Dresen

jedesmal vorher eine besondere Lizenzsteuer entrichten. Das wenige Vieh, das noch übrig war, fristete dürftig sein Leben. Pferde gab es in der ganzen Gemeinde kaum über zehn. Denn wenn der Bauer eine Kriegsfuhre nach der Stadt zu leisten hatte, so behielten die Franzosen die Pferde zurück, um sie sofort einzurangieren. Die ledigen Wagen blieben in endloser Reihe auf dem Sande in Lüneburg stehen, wurden auch wohl, wenn es an Platz mangelte, für ein paar Taler weggeschleudert. Darum hielten die Bauern ihre wenigen Gäule sorgsam versteckt. Wenn dann die

Fouragiere kamen, so fanden sie nur Ochsen. Aber auch diese waren den Kriegsleuten willkommen. Als 1810 das große Lager zwischen Hohenbostel und Deutsch Evern war, führten viele Spuren von Ochsen hinein, wenige wieder heraus. Drückte der Landmann den Sergeanten nicht ein gutes Trinkgeld in die Hand, so sah er weder Säcke, noch Körbe, noch Ochsen, noch Wagen wieder. Kamen doch selbst die Marketenderinnen, wie Schlieckaus Mutter aus Hohnstorf oder Sanders Mutter aus Hohenbostel, die sich mit Milch, Branntwein, erschmuggeltem Tabak u. dgl. einen Groschen verdienten, wenn nur erst einer zugegriffen hatte, in wenig Augenblicken um alles Ihre.

Aber der Krieg erzeugt den Krieg und die List weiß sich im Recht, wenn sie der Gewalt machtlos gegenübersteht. Niemand rechnete es sich zur Sünde, einen Russen oder Franzmann zu betrügen. Rachepläne und Tücken wurden ersonnen, weit über Recht und Pflicht der Notwehr hinaus, wovon doch nie etwas zur Ausführung kam. Aber fast immer waren die Bauern erfolgreich in ihren Schelmereien, wenn es galt, sich das Notwendigste zu erhalten. Ein solches Stück war es auch, als Hinrich Jürgen Scheele, Bauernschulze in Hohnstorf, in die Stadt ging, um seinen Wagen wiederzusuchen und noch ein Goldstück in der Tasche trug, um etwa noch einen Wagen oder „sonst etwas gutes" billig zu erhandeln.

Aber der Weg hätte ihm fast den Hals gekostet. Denn kaum dort angelangt, wurde er festgenommen und in schweren Arrest gelegt. Er sollte Schuld daran sein, dass kurz zuvor einige Edendorfer Bauern, die er hatte nach Lüneburg bestellen müssen, dicht vor der Stadt mit ihren Pferden „durchgegangen" waren. Schon hatte er acht Tage gesessen, schon schwebte sein Leben in Gefahr, da bringt er sein Goldstück an den rechten Mann und wird sofort freigesprochen, erhält auch seinen Wagen zurück. Aber da steht er nun mit dem Wagen auf dem Sande und hat kein Gespann! Begegnet ihm ein Bekannter, der eine Lieferantenmarke am Hut trägt, und sagt: *Was stehst Du denn hier so verlassen, Scheelen Vater?* – „*Ach ich habe keine Pferde, meinen Wagen heimzubringen, kannst Du mir nicht helfen?"* – *Sind denn keine Pferde von eurem Dorfe in der Stadt?* – „*Nein, aber aus Edendorf; doch wer wird uns die geben?"* – *Freund, da geht's zur Stunde nicht nach. Heut Nacht brecht ihr die Stalltür auf, spannt die Pferde vor und sagt mir Bescheid, ich helfe euch aus dem Tore!* – Gesagt, getan, wie der Morgen graut, jagt der Lieferant mit vier Pferden vor Scheelen Wagen dem Tor zu. *Qui vive?* ruft die Wache. „*Seht ihr meine Lieferantenmarke nicht?"* erwidert der Schelm. Und so lässt man ihn ungeschoren durch. Draußen aber harrt der Bauer mit etlichen Edendorfer Fuhrknechten, die setzen sich auf und jagen durch den tiefen Schnee bis nach Niendorf. Da sinken die Pferde ermattet nieder. Man spannt sie ab, lässt den Wagen einstweilen stehen und leitet die Pferde glücklich nach Haus.

Oder was war es für eine tollkühne List, mit der sich etliche junge Burschen, die sich für unabkömmlich hielten, als der Krieg gegen Russland losgehen sollte, der Konskription entzogen! Die einen hatten sich in der Scheune in einer Art unterirdischer Kammer, andere auf der öden Heide in kleinen Hütten verborgen. Ihrer drei aber hielten sich auf dem Kirchenboden versteckt. Letzteres erfuhren die französischen Gendarmen. Am folgenden Sonntag erschienen sie, während der Pastor predigte, vor der Kirche und hatten den Altenmedinger Veestherrn und einige Secklendorfer Bauern bei sich, die ihnen die Fahnenflüchtigen zeigen sollten. Sie dringen in die Kirche ein, erschrocken schließt der Pastor die Predigt mit den Worten: *„Kriegsgebot geht über Gottes Gebot! Amen".* Alles stürzt in Verwirrung aus dem Gotteshaus, aber die Häscher halten an den Ausgängen sorgfältige Musterung. Als sie dennoch die Gesuchten nicht finden und auch in der Kirche niemand mehr entdecken, steigen sie auf den Kirchenboden. Wie das die Flüchtigen hören, zerschlagen sie oben das Dachfenster, springen die Höhe hinab, eilen durch die Wiesen, schwimmen bei der Haselwiese durch die Ilmenau und entkommen glücklich auf benachbarte Edelhöfe.

Endlich um Weihnachten 1812 wurde die Vernichtung Napoleons bekannt. Dieses Ende hatten einfältige fromme Landleute längst im Geiste erschaut und „gewicket". Das Volk hielt den Atem an, der weiteren Gerichte Gottes harrend. Am 21. März 1813 zeigten sich schon die ersten Kosaken. Am 2. April donnerten die Kanonen von der Stadt her. Mit den Russen vereint hatten die Preußen unter Döhrenberg den tags zuvor eingerückten General Morand und seine sächsischen Bundesgenossen vor den Toren Lüneburgs geschlagen. Aber unsere Gemeinde jubelte zu früh. Eben dieser Monat sollte für sie noch Schrecken genug bringen. Abwechselnd streiften die zügellosen Kosakenpulks und die französischen Reiter plündernd in der Gegend umher. Insbesondere hatten die Franzosen, welche sich vom 4. – 9. April unter Montbrun und 14 Tage später unter Sebastiani Lüneburgs bemächtigten, der armen Dorfschaft Wichmannsburg noch eine Rachetat wegen eines vermeintlichen, an der Kriegskasse verübten Diebstahls zugedacht, die auch gegen Ende des Monats ausgeführt wurde.

Kurz nach dem Gefecht von Lüneburg waren nämlich aus unserer Gemeinde von den Franzosen Wagen requiriert, um Kriegsvorräte nach der Stadt zu schaffen. Auf einem dieser Wagen befand sich auch die Kriegskasse. Als man in Melbeck angekommen war, tranken in der Schänke die Fuhrleute den begleitenden Soldaten wacker zu und eine Stunde nach der andern verging. Plötzlich verbreitet sich das Gerücht: Die Douaniers kommen von Lüneburg! Eilends stürzt alles zu den Wagen und der Zug setzt sich wieder in Bewegung. Aber siehe, als man in Lüneburg ankam, fand es sich, dass die Kriegskasse verschwunden war. Die dem Wagen beigegebenen Soldaten beteuerten ihre Unschuld, konnten aber auch keine Aufklärung geben und wurden standrechtlich erschossen. Man fragte nach, woher der Wagen gekommen sei, und es stellte sich heraus, dass er aus Wichmannsburg war. Dies unschuldige Dorf sollte nun für den Frevel büßen und das Geld zur Stelle schaffen.

Am 26. April erschien in der Frühe ein Streifkorps des französischen Generals Sebastiani vor dem Dorf, ihrer 60 bis 70 Mann. Ein Teil lagerte sich auf der Schulze'schen Koppel beim Kirchhof, wo einst die tillyschen Reiter lagen, der andere jenseits der Aue auf dem Heidberg, welcher jetzt der Küsterei gehört. Einen Tag und eine Nacht brannten die Wachtfeuer. Der Anführer verlangte, die Kriegskasse sollte herausgegeben werden, und als von der niemand etwas wissen wollte, wurde das Dorf der Plünderung preisgegeben. Alle Winkel wurden durchsucht, alles Verschlossene aufgebrochen, das Geld und sämtliche Vorräte wurden den armen Leuten mit rohester Gewalt aus den Häusern, Kellern, Böden, Ställen und Scheunen geholt, sogar die Kartoffelkuhlen aufgegraben. Das Vieh wurde geschlachtet, viele Hühner, Enten und Gänse wurden bloß mutwillig getötet oder halb verzehrt liegen gelassen. Auch dem Prediger und dem Küster wurden aus den aufgebrochenen Kammern und Schränken alle irgend wertvollen Gegenstände geraubt. Jeder von ihnen erlitt, mäßig berechnet, einen Schaden von 100 Rtlr., wofür der Frauenverein in Hannover jedem später nur 14 Rtlr. vergüten konnte.[195] Die Kriegskasse war nicht gefunden. Wie man sich später erzählte, sollten die Diebe das Geld, an die 40.000 Taler, in einem Melbecker Brunnen versenkt und nach dem Krieg unter sich geteilt haben.

Die Septemberschlacht bei der Göhrde, wo Graf Wallmoden den General Pecheux schlug, berührte die Gemeinde sehr nahe. Die übrigen Heldensiege der deutschen Heere drangen nur wie eine kaum glaubliche Märe in unsere aufatmenden Heidedörfer herüber.

Dreißigstes Kapitel
Der Umschwung der letzten Jahrzehnte

Nach der französischen Zeit war der Zustand unserer Gemeinde ein beklagenswerter.[196] Krieg und Seuchen hatten ihre geringen Kräfte völlig verzehrt und die damalige Abhängigkeit des Bauernstandes stellte keine baldige Besserung in Aussicht. Was diese Abhängigkeit betrifft, so waren allerdings die letzten Spuren der Leibeigenschaft schon durch die Verordnungen von 1699 und 1702 verschwunden, alle Höfe waren sogenannte Meierhöfe geworden. Und im achtzehnten Jahrhundert fing auch die Erblichkeit des Meierrechtes an, sich Bahn zu brechen. Aber was half das, wenn die auf den Höfen ruhenden Privatlasten eine solche Unfreiheit mit sich führten, dass der Bauer in Wahrheit nie sein eigentlicher Herr, nie seines Gespanns, seiner Knechte, seiner Zeit und Kräfte sicher war? Hatten doch eine Reihe unserer Bauern nicht weniger als 72 Spanndienste jährlich und diese zum Teil zu unberechenbaren Zeiten abzuleisten! Damit war ihnen ein Fünftel des Jahres verloren. Dazu rechne man die vielen Handdienste zur Erntezeit, die Jagdfolge, die Gefangenenwache, das Burgfesten, Pfandvieh treiben, Boten gehen, - die Hälfte des Jahres und gerade die für den Bauer wichtige Zeit war von der königlichen Domänenkammer, der Erbin der Klöster, in Anspruch genommen. Nicht selten musste die nächtliche Ruhezeit von zwei Uhr morgens an zur Arbeit benutzt werden, damit nur das Hauswesen nicht ganz in Rückstand kam. Besonders drückend empfand man die Naturalleistung des Kornzehnten. Diese Abgabe war nicht nur deshalb widerwärtig, weil der Rechtsgrund derselben völlig aus dem Gedächtnis entschwunden war, sondern ebenso sehr, weil die Art ihrer Einforderung unleugbare Härten mit sich führte. Denn bevor der Zehntherr nicht seinen Teil von der Frucht genommen hatte, durfte nicht eine Garbe eingeheimst werden. War der Roggen nun reif und kündigte der Himmel einen guten Tag an, so sandte die Ortschaft flugs Nachricht an den Zehntherrn, dass anderen oder dritten Tages eingefahren werden könne. Genehmigte der Zehntherr den Tag, so wurden jedenfalls die, welche den Zehnten holen mussten, von ihrer Ernte abgehalten. Kam ihm der Bescheid irgend verspätet, so konnte das schönste Erntewetter dahingehen und niemand durfte es benutzen. Aber auch wenn der Zehntherr zu kommen versprach, wie lange musste man oft auf ihn warten! Die Julisonne stand schon hoch am Mittag und noch saßen die Bauern müßig und unwirsch im Krug, denn die Zehntfuhrleute waren noch nicht in Sicht! Und das wiederholte sich bei der Weizen-, Hafer- und Gersteernte. Zu welcher Unlust und Unordnung mussten diese Verhältnisse führen! Schien es nicht ratsamer, den Getreidebau möglichst einzuschränken und lieber Vieh auf den Anger zu treiben oder Hackfrüchte zu bauen, welche zehntfrei waren? Aber dabei kamen die Wirtschaften auch nicht vorwärts, wenngleich der Verkauf von Steckrüben neben dem Kluftholz oft das Einzige war, wovon manche Bauern in der teuren Zeit allein sich ernährten. Das Holz aber stahlen sie fuderweise aus der königlichen Forst. Wurden sie ertappt, so zahlten sie geringe Brüche und nicht selten drückte der Amtmann aus Mitleid ein Auge zu. Die Bargdorfer und Wichmannsburger aber lebten zum Teil von dem Vorspann, den sie am „Helfersberge" vor der Kläpe den Frachtfuhrleuten leisteten.

War durch jene Hoflasten eine rechte Wirtschaft so gut wie unmöglich gemacht, so fehlte auch die rechte Einsicht zum Besseren. In allen unseren Dörfern herrschte noch die altfränkische Dreifelderwirtschaft, wobei das Land teilweise ausgesogen, teilweise nicht gehörig ausgenutzt wurde und der Zusammenhang zwischen Feld-

und Viehwirtschaft nicht zu seinem Recht kam. Man wusste den Boden nicht zu vertiefen und zu lockern; die Nutzung und Entfernung des Wassers durch Gräben und Röhren, einen regelrechten Fruchtwechsel, Mergelung, Anbau von Futterkräutern, das alles kannte man nicht. Da es immer an Stroh fehlte, schon wegen des Zehnten, so musste die Düngung mit der sperrigen, dürren Heide, welche den Boden hier beraubte, dort verschlechterte, zum Ersatz dienen. Auf den verplaggten Weiden fristete mageres Hornvieh kümmerlich sein Dasein und wurde wintersüber in dunklen, schmutzigen, kalten Ställen zusammengepfercht. Die Schweinezucht lag ganz danieder. Jeder hatte zu seiner Notdurft kaum Korn und Vieh genug, zum Verkauf nie etwas übrig. Ein großer Teil der Höfe war überschuldet, einer unter amtliche Kuratel gestellt. Manche Bauern waren so arm, dass sie ihre verfallenen Hütten nicht reparieren, weder sich noch ihren Kindern die Kleider und Schuhe zum Kirchen- und Schulbesuch anschaffen konnten und in geliehenen Röcken zum Tisch des Herrn gingen. Aus Missmut ergaben sich viele dem Trunk, worin ihnen ja leider in den zwanziger Jahren ihr Seelsorger übel genug voranging.

Die Regierung kannte diese Zustände wenigstens teilweise und bemühte sich, zu Hilfe zu kommen. In der Gemeinheitsteilung und Verkoppelung wurde der erste Schritt zum Besseren getan. Schon das war fördernd, dass der Bauer sein Land vermessen und das vermessene auf der Karte darstellen sah, dass er die Bedeutung eines laufenden Fußes Erde, die richtige Anlage von Wegen und Gräben, die Wertschätzung des Bodens, nicht mehr nach Einfallshimten, sondern nach Kuhweiden kennen lernte. Auch das schien manchem ermutigend, dass er sein Glück an neuen Grundstücken versuchte, sumpfige oder dürre Flächen arthaft machte. Wichtiger war, dass die Grundbesitze abgerundet, die Verödung der Heideflächen verhindert und eine planmäßige Bewirtschaftung jeder Hofstelle ermöglicht wurde. Solchstorf und Edendorf verkoppelten schon 1820, Bargdorf 1826, Wichmannsburg und Hohnstorf 1831. Aber diese Einrichtung hatte auch ihre Schattenseiten, wobei der Menschlichkeiten oder gar Ungerechtigkeiten, die dabei vorfielen, gar nicht gedacht sein soll. Zunächst kam für die Häuslinge der bis dahin aus der Gemeinheit unentgeltlich gewährte Plaggen-, Bulten- und Buschhieb in Wegfall. Ferner wurden bei manchen Höfen nahe Grundstücke mit entfernteren vertauscht und dadurch entwertet. Vor allen Dingen brachte die Aufhebung der Gemeindeweide und der Gemeindehirten einen großen Übelstand mit sich. Jeder Höfner muss sich nämlich seitdem besondere Hirten halten, und da die paar Kühe und Schafe keinen erwachsenen Hirten lohnen, so lässt er sie durch Schulkinder hüten, was ehemals, als noch Gemeindeweide bestand, nicht notwendig war, jetzt aber fast unvermeidlich ist. Der alte Hemmschuh der Sommerschule ist also durch die Gemeinheitsteilung wieder recht fest geschroben.

Einen entscheidenden Fortschritt zum Besseren brachte die Wirksamkeit des Lüneburger Landwirtschaftlichen Vereins, der 1829 gegründet wurde. Er richtete seine Tätigkeit darauf, zunächst in den größeren Ökonomien, dann in den einzelnen Bauernhöfen eine richtige Schlagwirtschaft, einen tüchtigen Viehstand, Beforstung unfruchtbarer Heideflächen und den Gebrauch besserer landwirtschaftlicher Geräte, zunächst des englischen Schwingpflugs und der Ringelwalze, später der zusammengesetzteren Maschinen zu empfehlen und zu verbreiten. Seinen unausgesetzten Bemühungen gelang es, nach 30 Jahren etwa 800 bäuerliche Wirtschaften reguliert zu haben. In unserer Parochie ging das Gut Solchstorf rüstig voran und mit der Zeit wurden alle einsichtigeren Wirte für die neue Art der Landwirtschaft gewonnen.

Von durchschlagender Wichtigkeit aber wurde es, als infolge der freiheitlichen Bewegungen des Jahres 1830 dem Bauernstand die sog. Ablösbarkeit der Höfe und damit die Befreiung von allen Privatlasten, die unbeschränkte Verfügung über das bewegliche Gut, ferner selbstständigere Bewegung in Gemeindeangelegenheiten, ja die Teilnahme an den höchsten Rechten, welche dem Volke in einer Monarchie zustehen können, gewährt wurde. Wie zur Zeit des Faustrechts die Ritter- und Fürstenlehen durch das Recht des Stärkeren erst zu erblichen Lehen, dann zu freiem Eigentum wurden, so vollzog sich in unseren Tagen für die niederen Stände dieselbe Entwicklung auf dem geordneten Weg des Rechts. Mag nun die ganze Tragweite der hierher gehörenden Gesetze erst bei zunehmender Reife unseres Volkes offenbar werden, so viel ist gewiss, die Ablösbarkeit der Privatlasten, insbesondere des Kornzehnten, wurde von Anfang an als eine der größten Wohltaten empfunden. Aber so verarmt waren die Dörfer unserer Parochie, dass sie zehn bis zwanzig Jahre auf die Geltendmachung ihres Rechts verzichten mussten. Insbesondere getrauten sie sich lange nicht, die Zehntablösung über sich zu nehmen, jedenfalls erschien ihnen die vorgängige Befreiung von Hand- und Spann- und anderen Folgediensten mit Recht wichtiger.

Die wohltätigen Folgen dieser Entlastung und besseren Bewirtschaftung der Höfe ließen sich nach Überwindung der vierziger Jahre deutlich genug bemerken. Die Wohnhäuser boten zwar noch größtenteils ein trübes Bild des Verfalls dar. Denn wenn überhaupt gebaut werden konnte, so mussten die Stallungen, zumal die Schweineställe, vorangehen, und an Küchen, Schornsteine, abgeschorene Vorplätze, Keller, nun gar Wasserleitung im Hause, Tapeten und gemalte Plafonds, polierte Möbel, hier und da sogar mit Berner Spielwerken, wie das jetzt eingerichtet wird, war noch nicht zu denken. Aber in den alten Wänden zog doch wieder Ordnung, Reinlichkeit und Gemütlichkeit ein, und dass man die edle Zeit jetzt zu schätzen wusste, davon zeugte die tickende Wanduhr, die fast in keinem Hause fehlte, während es z.B. in Hohnstorf 1808 noch keine einzige Wanduhr und nur eine Sackuhr gab und man sich bei Tage nach der Sonne, bei Nacht nach dem sog. „Polwagen" (großen Bären) richtete. Auch die Kleidung wurde wieder sorgfältiger und das altväterliche Hutfell, das man sich bei der Arbeit statt Stiefel um die Beine band, gehörte nur noch zu den Seltenheiten.

Die ganze Umgegend hatte durch die bessere Wirtschaft einen bedeutenden Aufschwung genommen. Der Kornmarktverkehr war 1854 in Uelzen so stark, dass die Tore geschlossen werden mussten, weil die doch geräumigen Straßen der Stadt die Marktwagen nicht mehr zu fassen vermochten.[197] Und während auf dem Bahnhof in Bienenbüttel im Jahre 1848 nur im ganzen 7000 Ztr. Produkte und noch kein Stück Vieh verladen wurde, stieg die Summe der Produkte 1854 auf 33.000 Ztr. und 1859 auf über 70.000 Ztr.; auch wurden damals durchschnittlich über 40 Ladungen Vieh notiert. Das Gewerbe der Aufkäufer gewann eine überraschende Ausdehnung. Eier, Butter, Hühner, Wolle, Flachs, Honig, besonders aber Kartoffeln und Vieh, wurden jetzt den Bauern ohne ihre Mühe aus den Häusern geholt. Die Nachfrage der rheinländischen, belgischen, elsässischen Schweinehändler führte den Bauer besonders in der Schweinezucht und damit zugleich dem ausgedehnteren Kartoffelbau zu. Und an beiden Produkten lässt sich bei den gegenwärtigen Preisen schon etwas gewinnen. Denn während zu Anfang dieses Jahrhunderts in dieser Gegend ein volljähriges Schwein kaum über 1 ½ Rtlr. galt, werden jetzt für 100 Pfund lebend Gewicht 14 Rtlr. bezahlt, und während damals der Himten Kartoffeln zu 12 Pfennig verkauft wurde, ist er jetzt zu 12 Groschen nicht mehr feil.

Allein der Eisenbahnverkehr ist nicht in erwünschter Weise fortgeschritten. Vorzugsweise werden nur noch Kartoffeln und junge Schweine an die Station Bienenbüttel geliefert. Im übrigen, möchte man sagen, geht der große Weltverkehr auf zahllosen Güterwagen täglich an uns vorüber, ohne uns zu berühren. Denn auch die geringen Vorräte, die wir in den Handel zu bringen haben, dienen in erster Linie zur Versorgung der Nachbarstädte und dabei kommt die direkte Fuhr mit eigenem Gespann trotz der schlechten Wege sowohl den Städtern, die sie holen, wie den Bauern, die sie bringen und gelegentlich Besorgungen in der Stadt verrichten, billiger, als die Zwischenbenutzung der Eisenbahn. Hat man aber einmal Produkte abzuliefern, die nach auswärts hin bestimmt sind, so werden diese von den Aufkäufern besser bezahlt, wenn sie an die städtischen Bahnhöfe, als wenn sie an die Haltestelle geliefert werden. So zieht sich der Produktenverkehr von den Nebenstationen nach den Hauptbahnhöfen hin; das platte Land scheint für die Eisenbahn noch nicht reif zu sein. Über dem Weltverkehr ist der Kleinverkehr mangelhaft ausgebildet, und was von letzterem vorhanden war, ist durch jenen wieder aufgesogen. Im vorigen Jahrhundert gab es in Wichmannsburg, Bargdorf und Hohnstorf, vor wenigen Jahrzehnten noch in Solchstorf und Bienenbüttel, kleine Branntweinblasen; diese Ansätze der Industrie haben sich neben den großen Brennereien in den Städten nicht halten können, was freilich in sittlicher Beziehung nur zum Vorteil unserer Dörfer gewesen ist. Der Lokalverkehr würde sich vielleicht heben, wenn

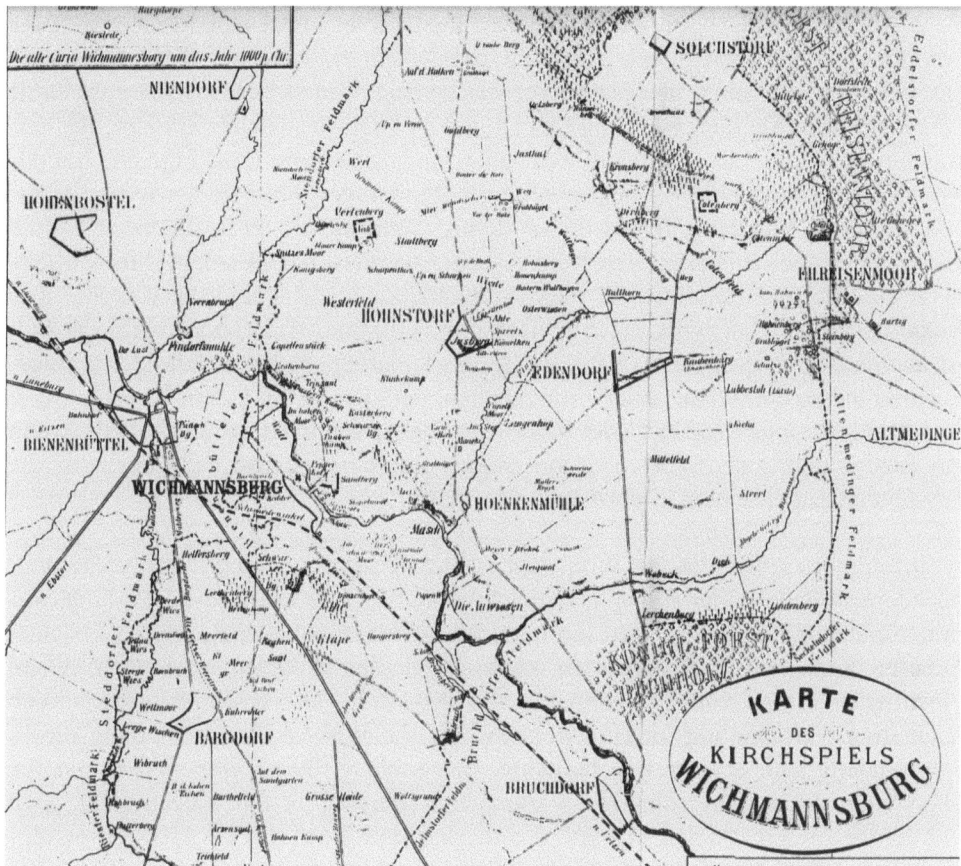

die Dörfer durch ordentliche Straßen verbunden wären und nicht, nach Riehls treffendem Ausspruch, Frost und Hitze die besten Straßenbaumeister sein müssten. Warum scheuen doch die meisten Dörfer vor der eigenen Anlage dieser Straßen zurück, zu der sie im Winter so viel Zeit haben und die ihnen durch Mitbeteiligung des ganzen Amtes so sehr erleichtert wird, und bringen den großen Zeit- und Kraftverlust, den sie jetzt bei Verdoppelung ihrer halbbefrachteten Fuhren haben, so wenig in Anschlag! Manche von ihnen wünschen allerdings gar nicht, dass das Land aufgeschlossen werde. Sie fürchten, dass eine Landstraße in der Nähe der Eisenbahn zur Anlage irgend eines industriellen Unternehmens locken könnte, das dann, abgesehen von anderen Schäden, alle Arbeitskräfte dermaßen an sich ziehen würde, dass Knechte und Mägde, die ohnehin knapp sind, gar nicht mehr zu bekommen wären. Und was vermag nicht das Gespenst des Arbeitermangels! Bis jetzt ist dieser bei uns gottlob nur vorübergehend gewesen, hervorgerufen durch die Anlage neuer Eisenbahnen und durch den vermehrten Dienstbotenbedarf der Städte. Wenn diese Löcher gestopft sind, was sollte die kleinen Leute bewegen, sich der gesunden Bauernarbeit zu entziehen, die ihren Mann ernährt? In anderen Gegenden hat sich wohl zwischen den bäuerlichen Herrschaften und Dienstboten eine Kluft herausgebildet, die dem Häusling das Dienen bei dem Hauswirt verleidet. Höfner, welche selbst kaum der Hörigkeit entwichen sind, sehen ihre Häuslinge, die mit der Wohnung, Landpacht und Landbestellung auf sie angewiesen sind, wie ihre Hörigen an, wo es uns denn nicht wundern kann, wenn diese sich in die freien Städte ziehen oder doch aus Knechten freie Arbeiter werden. Allein solche Missverhältnisse sind bei uns durchgehend nicht vorhanden. Meistens sind die Knechte und Mägde noch der Hauswirte eigen Fleisch und Blut, und wo das auch nicht der Fall ist, werden sie doch mehr als Brüder denn als Untergebene behandelt. Der geringste Hütejunge redet seinen „buer" mit „*Du*" an, der Herr teilt mit dem Knecht Arbeit und Mahlzeit, und wer Herr oder Knecht ist, das tritt manchmal erst hervor, wenn zur Kirche oder zur „Köst" oder zur Stadt gefahren wird, wo dann der Herr die gewohnten Zügel seinem „Fuhrmann" überlässt.

Infolge des zunehmenden Wohlstandes mehrte sich nun auch die Bevölkerung, nachdem sie Jahrhunderte lang sich gleich geblieben. Die Klasse der Häuslinge war in der ersten Hälfte des vorigen Jahrhunderts noch fast unbekannt. Es gab Knechte, Schäfer, Kuh- und Schweinehirten, auch abgedankte Soldaten, aber noch keinen eigentlichen Stand von Tagelöhnern oder Arbeitern. Die Knechte blieben auch nach ihrer Verheiratung im Hof wohnen. Als die Wirtschaften zu Anfang dieses Jahrhunderts sich erweiterten, brauchte man mehr Arbeitskräfte. Wenn nun die Hauswirte neu bauten, richteten sie die „alten Häuser" für ihre Knechte ein, auch wurden besondere „kleine Häuser" für die letzteren gebaut. Um Arbeiter anzulocken, versprach man ihnen öfters freie Wohnung und freie Ackerbestellung. Bei der Teilung der Gemeinheit erwarben mehrere dieser „kleinen Leute" einigen Grundbesitz teils aus der Gemeinheit, teils von einzelnen Höfnern. So entstanden seit 1820 die An- und Abbauer, wie um 1660 die Brinksitzer entstanden waren. Die neuen Ansiedler empfingen Sitz und Stimme in der Gemeindeversammlung, wogegen sie einen sehr geringen Teil der Gemeindelasten übernahmen. Auf diese Weise musste die Einwohnerzahl beständig wachsen. Während die Parochie im Jahre

1809 nur	59 Häuser mit	131 Familien und	566 Seelen,
1819	64 "	134 "	645 "

1829	64 Häuser mit	132 Familien und	628 Seelen

zählte, so betrug die Bevölkerung nach der Gemeinheitsteilung

1839 schon	72 Häuser mit	135 Familien und	720 Seelen,
1849	75 "	144 "	814 "
1859	87 "	173 "	850 "

Damit war aber auch der Höhepunkt erreicht. Die Anbauersucht ließ, nachdem mehrere Neubauer zu Grunde gegangen waren, erheblich nach. Die Beschäftigung an den Eisenbahnen, die Arbeit in städtischen Fabriken, der Dienst bei städtischen Herrschaften, die Verführung der Auswandereragenten, welche unserem Volk in Amerika goldene Berge versprachen, und der beklagenswerte Krieg von 1866, wo unsere braven Krieger mit dem weißen Stab heimkehren mussten, nachdem sie bei Langensalza wie Löwen gefochten und nun in törichtem Preußenhass lieber das Elend bauen als feindlichen Fahnen folgen wollten – dies alles entvölkerte die Gemeinde in wenigen Jahren so sehr, dass sie seit 1869 nur etwa noch 770 Seelen zählt. Es würde an Arbeitskräften fehlen, wenn unsere Hauswirte sich der Handarbeit schämten. In Wahrheit aber war durch diese Entvölkerung nur das Missverhältnis zwischen Arbeit und Arbeitskraft wieder aufgehoben, welches der übermäßige Zudrang von Nichtangesessenen in der Gemeinde hervorgerufen hatte. Indessen blieb doch noch ein unbrauchbarer Rest zurück, welcher den Gemeinden zur Last fiel. Denn es bildete sich jene bis dahin in unseren Dörfern ganz unbekannte Klasse der Bevölkerung, das ländliche Proletariat, das sich unter dem Schutz der staatlichen Armengesetze bald wie ein lästiger, gefährlicher Schmarotzer an die einzelnen Ortschaften ansetzte. In Edendorf wurde 1857, in Wichmannsburg 1861, in Hohnstorf 1870 ein Armenhaus gebaut, während Bargdorf sich noch davon frei gehalten hat. Diese Armenhäuser sind Stätten der Not und des Elends, denn die Dorfschaften sorgen dafür, dass alle rechtlichen Armen ein Grauen vor diesen Hütten bewahren. Sie sind aber auch Stätten der Schande und des Lasters. Denn bei dem Zusammenleben von Männern, Weibern und Kindern, die in einem Raum zusammengewürfelt sind, kann sich kein Familienleben, keine Zucht und Sitte erhalten, worunter nicht bloß die unverschuldete Armut bitter leiden muss, sondern auch die vielen, die mit diesen Sündenhöhlen in Berührung kommen, alle Scham und Gottesfurcht ausgelöscht wird. Wann werden wir neben den Lokalarmenhäusern noch Zwangs-Kreiswerkhäuser für die Arbeitsscheuen und Lasterhaften erhalten, damit die Armenhäuser der einzelnen Dörfer werden können, was sie in christlichen Gemeinden sein müssten, Pflegestätten der christlichen Liebe, Friedenshütten der Gottseligkeit!

Werfen wir nun noch einen kurzen Blick auf die Bevölkerung im ganzen, so ist dieselbe in religiöser Beziehung ungemischt, rein lutherisch, dem Irrglauben ab-

hold, auf kirchliche Zucht und Sitte haltend. Dem Gewerbe nach ist sie ackerbau-
und viehzuchttreibend. Selbst die wenigen Professionisten, nämlich Zimmerleute,
Tischler, Schuster, Schneider, Maurer, Krämer, Krüger und Musikanten, bauen
doch neben ihrem Gewerbe den Acker. Die Steuerkraft der Gemeinde ist gering.
Die vorherrschende Bodenklasse ist die fünfte, sechste und siebte. Von sämtlichen
Bauern zahlt wohl niemand klassifizierte Einkommensteuer. Aussicht auf Eröffnung neuer Erwerbsquellen scheint nicht vorhanden und niemand verlangt danach.
Gott erhalte der Gemeinde ihren genügsamen Sinn und lasse sie über dem Zeitli-
chen das Ewige nicht vergessen.

Einunddreißigstes Kapitel
Kurze Geschichte des Dorfes Bargdorf

Bargdorf, in alten Urkunden auch Berchtorpe genannt, liegt im Tal des Nate-
bachs, rings von sanften Höhenzügen umgeben. Seinen Namen hat es gewiss nicht vom „Berge", wenn man auch, um von Wichmannsburg aus dahin zu
gelangen, den sog. Kläpenberg übersteigen muss. Es steckt vielleicht der wendische Name „Bar" darin, wie auch in Barskamp, Bargmoor bei Dahlenburg, Barfel-
de u.a. Im Jahre 1503 gab es in der Nähe von Barskamp, nämlich bei Göddingen
noch ein Bargdorf, welches auch Bardorf genannt wird. Nicht weit davon liegt
noch heute ein Bruchdorf oder Brokdorp, beide in einer Gegend, welche nach den
untersuchten Hünenbetten eine ehemals wendische Bevölkerung aufweisen soll.
Beachtet man, wie auch unser Bargdorf offenbar in Form des wendischen Rund-
lings erbaut war, [die Dorfform lässt keinen derartigen Rückschluss zu!] so liegt
der Gedanke nahe, dass dieser Ort nebst dem nahen Bruchdorf an der Ilmenau von
einer aus jenen gleichnamigen wendischen Orten vorgedrungenen Bevölkerung
gegründet ist. Mit welcher Mühsal die ersten ackerbautreibenden Ansiedler das
Feldland dem Urwald und den sumpfartigen Seen abgewinnen mussten, davon
zeugen noch die Ortsnamen Nath, Arzensaal (d.h. Artschenwaldsteich), bi de ho-
gen Eeken, Kreiensaal und Barkensaal, welche auf den früheren, die Teiche um-
rahmenden Wald hinweisen, und die Namen Diekfeld, Meerfeld, lütje und grote
Meer, welche die Lage der ehemaligen Seen angeben.

Bargdorf mit einer Feldmark von 2202 Morgen 54 Quadratruten bestand in alten Zeiten aus neun gleichen Halbhöfen, zu denen im 13. Jahrhundert die Hirtenkote hinzukam. Infolge der vielen Kriegsverwüstungen, namentlich im lüneburgischen Erbfolgekrieg und im Dreißigjährigen Krieg, erlitt es indessen einige Verän-
derungen, so dass 1686[198] ein Voll- oder Meierhof, sechs Halbhöfe, ein Brinksitzer,
eine Pfarrkote und die Hirtenkote vorhanden waren. Die letztere Stelle (jetzt Mül-

ler) wurde im 18. Jahrhundert Brinkkote, eine neue Hirtenkote (jetzt Anbauer Röper) kam hinzu und nach der Gemeinheitsteilung entstand noch eine Anbauerstelle.

Den Zehnten zu Bargdorf finden wir als von den Eltern aufgeerbt 1332 im Besitz Ritter Ottos von Schwerin, Besitzer der Wichmannsburg, der ihn vom Herzog, dem kemnadischen Vogt, zu Lehen trug. 1332 verkaufte er ihn an das Kloster Medingen für 200 Mark Lüneb. Pfge.[199] Dieses Kloster veräußerte einen Monat später die eine Hälfte des Zehnten an das damalige Kloster Heiligenthal bei Lüneburg[200] und nachdem es im Oktober desselben Jahres auch das Obereigentum über den gesamten Zehnten vom Herzog geschenkt erhalten hatte,[201] verkaufte es 1336 die andere Hälfte an das Kloster St. Michaelis in Lüneburg gegen einen Teil des Waldes Rießel mit nachträglicher Genehmigung der Herzöge.[202] Das Kloster St. Michaelis wiederum erwarb 1340 vom Kloster Heiligenthal die erste Hälfte hinzu,[203] nachdem es das Obereigentum darüber schon früher erstanden hatte.[204] So ist der Zehnte bis in die Gegenwart Eigentum dieses Klosters gewesen.

Aber auch die einzelnen Höfe gingen größtenteils in Besitz jenes Klosters über. Ehemals waren sie (offenbar aus der kemnadischen Gütermasse) in den Händen derer von Schwerin, diese übertrugen schon früh drei Höfe, den jetzigen Siegel'schen, Hallensleben'schen und Buhr'schen, an die von Estorf, während zwei Höfe an die Pfarren in Natendorf und Wichmannsburg gehörten.

Die Höfe von Jürg. Schröder, Heinr. Schröder und Harms wurden zusammen am 28. Juli 1359 von Ritter Heinrich von Schwerin an den Ratsherrn Albert van dem Brooke in Lüneburg verkauft und dieser verkaufte sie später an das Kloster St. Michaelis. Die damaligen Bewohner derselben hießen Cort, Kruse und Henneke Borcherding.[205] Jürgen Schröders Hof ist der alte Meyerhof. Gegen Mitte des 18. Jahrhunderts kam er von den Meyer an die Sander von Niendorf, 1781 bzw. 1790 an die Hohnstorfer Scheele und Schlieckau, 1809 an die Schröder von Rieste. Der Hof hat 1872 seine Privatlasten mit 288 Thlr. abgelöst. Auf Heinr. Schröders Hof saßen 1686 die Hofmeister, 1722 fiel er an die Meyer aus dem Meyerhof, 1749 an die Heidmann von Hohenbostel, 1860 an die Schröder von Bargdorf. Harms Hof hieß bis 1730 Hüseners Hof, kam dann an die Meyer aus dem Meyerhof, 1756 an Schulze, der ihn nach Jahresfrist verließ, 1758 an Röhr, 1797 an Schulze aus Sasendorf und 1850 an Harms aus Edendorf. Aus Röpers Hof übertrug schon Otto von Schwerin um 1340 (?) dem Kloster St. Michaelis ein jährliches Einkommen von 17 ßl.,[206] welches 1872 abgelöst ist. Die Röper oder Reuper sitzen seit über 250 Jahren nachweislich auf dem Hof.

Siegels Hof wurde 1340 von Eggehard von Estorff an das Kloster St. Michaelis verkauft mit samt dem damaligen Bewohner namens Werner.[207] Um 1630 saßen die Stepke darauf, um 1680 die Krüger und seit 1757 die Siegel aus Altenmedingen. Der Hof ist 1872 abgelöst. Hallenslebens Hof wurde 1378 den 25. März von Heinrich von Estorff an die Kirche und Kirchengeschworenen von Bienenbüttel verkauft mit Ausnahme einer Geldrente von 8 ßl. und einer Fruchternte von 6 Scheffel Roggen, welche er „um Gottes Willen" den Priestern in Veerßen schenkte.[208] Diese Schenkung hatte sich vielleicht das Kloster St. Michaelis (Patron von Bienenbüttel) ausbedungen, dem die Kirche in Veerßen (von den Estorffs gegründet und seit 1312 eigene Parochie) im Jahr 1302 vom Papst Bonifaz geschenkt wurde. Die Roggenabgabe ist schon früh zu Geld gesetzt, und zwar in der Art, dass der Scheffel zu 2 ßl. oder 1 ggr. abgelöst wurde, so dass noch jetzt beide Renten mit jährlich im ganzen ½ Thlr. Kassengeld gezahlt werden. Dieser Hof war vor zwei Jahrhunderten von den Meyer, dann lange von den Eickenberg bewohnt, kam noch vor 1700 an Hase, dann an die Meyer aus dem Meyerhof, 1759 an die Jungemann von Grünewald und seit 1856 an die Hallensleben von Grünhagen. [richtig ist Varendorf]

Merkwürdige Schicksale hat Buhrs Hof durchgemacht. Er war einst von gleicher Größe wie die anderen Halbhöfe. 1396 verkauften ihn die Gebrüder Segeband und Cort von Estorff an das Kloster Isenhagen „*mit allerlei Recht und Zubehör, im Dorfe, im Felde, in Acker, an Holz, an Wiesen und Weide, mit allerlei Eigenrechten, Vogteien und Diensten*" für 110 Mark Lüneb. Pfge.. Der damalige Bewohner hieß Sügerke Blecke.[209] Später hieß die Stelle Erwens Hof und wurde 1567 bei einer uns unbekannten Veranlassung verwüstet, lag dann lange Jahre wüst, war um 1680 von den Stein bewohnt, lag wieder wüst bis 1708, wo sich denn befand, dass der Hof nur noch 8 ½ Himten Einfall Ackerland und zwei Fuder Heu an Wiesenwachs hatte. In diesem Jahre wurde er vom Amt Medingen mit Zustimmung des Amts Isenhagen einem gewissen Mich. Schulze übergeben, der darauf eine Branntweinbrennerei anlegte, wozu ihm das Amt das nötige Eichenholz zum Hausbau schenkte. Als Schulzens Sohn nicht auf der Stelle fertig werden konnte, ließ er seinen Sohn Schuster werden und dieser verkaufte als Bürger in Lüneburg die Stelle 1787 an einen ledigen pensionierten Hauptmann Wolf, nachdem der Hof einige Jahre an Heidmann und Röper verpachtet gewesen war. Wolf wollte eine kleine Musterwirtschaft führen, er war ein sogen. studierter Landwirt, und musste die Kote Schulden halber nach fünf Jahren wieder verkaufen. So kam sie in die Hände des Reiters Struwe und 1819 an die Bienenwirte Buhr von Bode, die noch heute darauf sitzen.

Clements Hof ist von alten Zeiten her Eigentum der Kirche zu Natendorf gewesen, worüber indes die Urkunde nicht aufzutreiben war.[210] [Diese Urkunde von 1387 befindet sich als Dokument Nr. 1 im Kirchenarchiv Natendorf]

Die Pfarrkote, Kläpes Halbhof, gehört von uralter Zeit her der Pfarre in Wichmannsburg. Der Bewohner führt, wie auch die Inhaber der an die Kirchen in Bienenbüttel und Natendorf pflichtigen Höfe, im Volksmund den Namen *papenbuer*. Das An- und Abmeierungsrecht bei der Stelle steht der Pfarre zu. Im Jahre 1632 nahm der Pastor Horneburg einen Bauer Berend Meyer, der den Hallensleben'schen Hof inne gehabt, aber, weil er in der Notwehr seinen Bruder erschlagen hatte, vom Abt zu St. Michaelis von Haus und Hof gejagt war, auf seine Pfarrkote, da in den betrübten Kriegsläufen des 30-jährigen Krieges sonst niemand das Lehen antreten wollte. Nun stand allerdings dem Abt, oder wie er gewöhnlich hieß, dem „Herrn vom Hause", der damals auf seinem Schloss in Grünhagen residierte, die Bargdorfer Zaun- und Pfahlgerichtsbarkeit, soweit seine Höfe gingen, zu. Aber er beanspruchte die ganze hohe und niedere Gerichtsbarkeit im Dorf. Als er daher vernahm, was der Pfarrer getan hatte, wollte er nicht nur den „Brudermörder" zur Kote hinauswerfen lassen, sondern auch dem Pastor das Recht der Belehnung nehmen, welches, wie er behauptete, ihm allein zustünde und nur aus Gnaden lehnsweise dem Vorgänger des Predigers übertragen sei. Da reichte Berend Meyer, der sonst ein ordentlicher Mensch war, eine Bittschrift beim Fürsten ein und erhielt herzogliches Geleit. Der Pastor aber verklagte den Abt beim Fürsten und dieser erkannte das Meierrecht der Pfarre im vollsten Maß an.[211] Der Pfarrer hat indes viel Unglück mit dem Hof gehabt. Im 30-jährigen Krieg brannte die Kote ab und lag noch 1667 wüst.

Der Kötner musste schon damals als Hofzins einen Sack reinen Roggen (5 Himten) und 4 Rtlr. Kassengeld geben, sodann in der Ernte zwei Tage und sonst noch vier Tage jährlich auf der Pfarre Herrendienst tun und seine Kote in Dach und Fach selber in Bau und Besserung erhalten. 1754 weigerte sich der damalige Kötner Stein, die schuldigen Hoftage zu leisten, wurde aber auf Beschwerde seines Gutsherrn vom Amt mit nachdrücklicher Strafe dazu angehalten.

Zweiunddreißigstes Kapitel
Kurze Geschichte der Hönkenmühle

Diese Mühle, am Fuß des kahlen Lietzberges gelegen, war einst rings von Wald umgeben und muss einen äußerst lieblichen Anblick gewährt haben. Sie hieß in alten Zeiten Honemühle und weist auf einen ursprünglichen Besitzer namens Hon hin, der in Hohnstorf sein Dorf, in Hohenbostel sein Vorwerk (burstall

= bostel) und in Honemühle seine Mühle besaß. Woher sie den Namen Hönkenmühle oder, wie in den Urkunden zwischen dem 15. und 18. Jahrhundert geschrieben wird, Höllekenmühle erhalten hat, ist nicht anzugeben. Wahrscheinlich rührt er von einem Müller Hölleke her, wie auch jetzt die Mühle von dem früheren Müller Düwel vielfach Düwelsmöhl genannt wird. Sie befand sich um 1300 in den Händen des Klosters Medingen und wurde von diesem 1332 an Ritter Otto von Schwerin überlassen, damit er sie beim Abbruch der Wichmannsburger Mühle, in welcher das Kloster Kemnade einen jährlichen Wichhimten Weizen besaß, diesem Kloster zum Ersatz zuweisen könnte. Um Michaelis desselben Jahres aber verkaufte das Kloster Kemnade alle seine Wichmannsburger Besitzungen samt der Mühle wieder an die von Schwerin. Später findet sich die Mühle nur noch im Besitz der Pfarre in Wichmannsburg, wie solches durch eine Urkunde des Herzogs Friedrich des Frommen von 1432 bestätigt wird, in welcher dieser dem Müller Titke Lyssen von Linden die von demselben gekaufte Höllekenmühle als Pfarrlehn verbürgt. Dieser herzogliche Schutzbrief, von dem 1686 noch eine Abschrift im Wichmannsburger Kirchenbuch genommen wurde,[212] sollte dem Müller wie der Pfarre wiederholt zu Nutze kommen. 1645 verlangte z.B. das Amt Medingen, zu eifrig auf die Mehrung der Amtsgewalt und Amtsgüter bedacht, dass der Müller, der sich in Kriegszeiten hin und wieder Diensten unterzogen hatte, die sämtlichen Landesfolge-, Landwehr-, Jagd- und andere Dienste wie die übrigen Bauern leisten sollte. Als er sich als Pfarrgutsmann dessen weigerte, wurde ihm eine schöne frischmilchende Kuh abgepfändet. Alle Vorstellung beim Amt, alles Supplizieren beim Fürsten half nichts, bis die Urkunde beigebracht werden konnte, in welcher unter anderen diese Worte vorkommen, dass der Müller seine Mühle besitzen sollte *„quid vnde fry nichts davon tho beschedende, vthgenamen twe wichhimpten roggen Luneburger mate alle sünte Mychaelis. Vth tho gheuende dem jenende de eyn Kerkher is tho Wichmannsborg, da de eyn recht Her is ouer düsse vorbenömde Möhlen“*. Da endlich musste das Amt, nachdem es die Kuh ein Jahr lang behalten, das Pfand wiedergeben und die Immunität des Müllers anerkennen. Das Protokoll darüber wurde im Pfarrhaus in Altenmedingen am 14. April 1646 ausgefertigt.[213] Auch später hat diese Urkunde in manchen Prozessen den Ausschlag gegeben und ist deshalb 1639, 1671, 1708, 1734 wiederholt von den lüneburgischen Fürsten konfirmiert worden. Noch 1860 hat der Müller mittels dieser Urkunde einen Wasserprozess gewonnen.

Die zu der Mühle gehörende Länderei beträgt 68 Morgen. Im Jahr 1656 erwarb der Müller von Heinrich Meyer zu Bargdorf, der beim Hausbau in Geldverlegenheit war, ein gutes Stück Land, damals wertlos und mit Heide bewachsen für 10 Rtlr., welches noch jetzt die Meyerkoppel genannt wird. – Am 22. Dezember 1856 wurde die Mühle auf Provokation des Müllers Joh. Meyer mit 557 Rtlr. 15 sgr. 5 Pf. von der Pfarre abgelöst. Was die Mühle ehedem war ist sie nicht mehr. Solange der Cotendiek noch Wasser enthielt und der aus ihm entspringende Mühlenbach durch holzreiches Bruch und den Edendorfer Wald floss, fehlte es dem Müller nie an Wasser und die Mühle gehörte zu den besten der Umgegend. Seit jenes Wasserbecken in eine Wiese umgewandelt, das schattenreiche Holz gefällt und der Bach wasserarm geworden, gibt es oft Zeiten, wo der Müller nicht mahlen kann und sich dann an seine seit ca. 20 Jahren zur Hilfe erbaute Windmühle halten muss.

Dreiunddreißigstes Kapitel
Kurze Geschichte des Dorfes Hohnstorf

Hohnstorf, ehemals Honestorpe, ist zweifellos wendischen Ursprungs. Die noch nachweisbare Hufeisenform, in der es ursprünglich gebaut war, sowie der bis in dieses Jahrhundert reichende überwiegende Gebrauch des Hakens statt des Pfluges weisen deutlich darauf hin. Dass es seinen Namen vermutlich einem gewissen Hon verdankt, wurde schon oben bemerkt. Vielleicht ist der Honsberg beim Honenkampe (gewöhnlich Hunnenkamp gesprochen) sein Grabmal. Der große Umfang dieses Grabhügels, der schwerlich auf einmal aufgeschüttet wurde, lässt vermuten, dass die Hohnstorfer hier manches Jahr ihrem Vater Hon zu Ehren Totenopfer gebracht und seine Grabstätte durch neuen Aufwurf erhöht haben. Ob in Hohnstorf ein adeliges Geschlecht gesessen hat, ist nicht mehr festzustellen. Der Propst in Isenhagen und Pfarrer in Natendorf Hermann Honstorpe, der im Jahr 1379 erwähnt wird,[214] scheint nicht von Adel gewesen zu sein. Den Dorfzehnten besaß in den ältesten Zeiten die Kirche in Verden. Diese gab ihn den Grafen von Dannenberg. Letztere übertrugen ihn an die von Doren. Thethard von Doren verkaufte ihn 1264 an das Kloster Medingen, worauf Bischof Gerhard I. von Verden auch das Obereigentum darüber, welches die dannenbergschen Grafen zu Lehn gehabt, dem Kloster schenkte.[215] Als 1542 die Klostergüter von der Herrschaft eingezogen wurden, ging der Zehnte an den Landesherrn über und wurde 1843 abgelöst. Um das Jahr 1300 war das Dorf wesentlich noch in einer Hand, nämlich derer von Schwerin, der Untervögte des Klosters Kemnade. Es hatte damals 15 Häuser.[216] Davon finden wir im Landschatzregister von 1450 zwei Höfe (1 plog, 1 haken) und eine Kote, die übrigen gehörten nach dem Propst in Lüne. 1666 gibt das Medinger Erbregister nur noch im ganzen 12 Höfe ohne die Hirtenkote an, und zwar beim Amt Lüne neun, beim Amt Medingen zwei, beim Herzogtum Verden 1. Zwischen dem 15. und 17. Jahrhundert gingen also zwei Höfe ein. Ihre Spuren lassen sich noch entdecken. Von den vier wüsten Höfen, welche wir im Jahr 1401 antreffen,[217] wurden vermutlich nur zwei wieder aufgebaut, ein dritter, der sog. Verdinger Hof, dessen Länderei nachmals unter dem Namen Verdinger Kamp an die Gebrüder Viscule in Lüneburg und von da 1483 und 1484 an das Kloster Medingen kam,[218] wurde gegen Zins an einzelne Bauern, z.B. an Schlieckau ausgetan.

Ein vierter kleinerer Hof, der sog. Warneken-Hof, wurde mit dem Scheele'schen später vereinigt, weshalb dieser letztere schon seit über 200 Jahren ein anderthalbfaches Pflichtgeld an die Pfarre zu zahlen hat. 1817 ist ein Teil dieses sog. Warneken-Hofes, der auch der Kirche von Alters her neun Gr. jährlichen Pfennigzins zu leisten hatte, zu einer Abbauerstelle verwandt worden, wobei der Kirchenzins auf 1 Rtlr. erhöht wurde.[219] Außer der einen Hirtenkote entstand Anfang dieses Jahrhunderts noch eine zweite (Sost). Ein Schulhaus war schon 1702 vorhanden. Bei der Gemeinheitsteilung entstanden noch 2 Anbauer- und 3 Abbauerstellen, zu denen 1875 die vierte hinzukam. Somit enthält das Dorf jetzt 9 Halbhöfe, 3 größere Kotstellen, 8 An- und Abbauereien und 1 Schulhaus, dazu das Armenhaus. Die Feldmark beträgt 3345 Morgen 26,6 Quadratruten.

Was die einzelnen Höfe betrifft, so weisen diese schon vor 1300 eine ziemliche Mannigfaltigkeit der Besitzer, abgesehen vom Schwerin'schen Obereigentumsrecht, auf. Vogteifrei war nur noch ein einziger Hof, der spätere Meierhof. Diese Stelle (jetzt Ritz), ehedem mit Waldungen und Fischteichen ausgestattet, gehörte um 1320 einem freien Bauer namens Reyner,[220] dem das Besetzungs- und Eigentumsrecht daran erblich zustand, sowie derselbe auch eine Ilmenauwiese in Wichmannsburg[221] als freies Eigentum besaß. Aber auch er konnte seine Freiheit in jenen schutzlosen Zeiten nicht bewahren und verkaufte den Hof an Ritter Otto von Schwerin, jedoch mit der Bedingung, dass er denselben, falls er ihn nicht selbst bebauen wollte, mit jemand anderes besetzen und bemeiern durfte, wo dann der Meier jährlich 18 ßl. Zins geben sollte. Auch durfte Reyner den Meyer um diesen Zins auf der Gerechtsame des Hofes pfänden ohne des Ritters besondere Erlaubnis und dieser war nicht befugt, dem Meier irgend welche andere Besteuerung oder sonstige Dienste aufzuerlegen. 1355 verkauften die Schwerin diesen Hof, den damals ein gewisser Henneke Meyne bebaute, an das Kloster Lüne[222] und 1358 auch die Vogtei über denselben.[223] 1367 schenkte Herzog Wilhelm, dem seit 1332 an sämtlichen Hohnstorfer Höfen das Obereigentum von den Schwerins übertragen war, dem Kloster auch das Obereigentum über jenen Hof hinzu.[224]

Außer diesem Hof gelangten mit der Zeit noch zehn andere Schwerin'sche Höfe (wovon indes, wie gezeigt, zwei eingingen) nebst der Hirtenkote an das Kloster Lüne. Als nämlich 1371 Heinrich von Schwerin ohne Erben starb, wurde sein Hohnstorfer Lehen an Dietrich Hogeherte übertragen. Die förmliche Belehnung erfolgte erst 1372, und zwar nicht von Seiten des Herzogs von Braunschweig-Lüneburg, sondern durch Albrecht von Sachsen-Lauenburg, der vom Kaiser mit dem Land belehnt war.[225] In dem Lehnsbrief erklärte Albrecht *„dat wie hebbet angheseen grote truwe . vun stede denste, de vns der Erbare Man . Diderik . Hoherte vnse lewe getruw . dicke nutlike ghedan hefft . vnd noch wol doen mach . in* *tokomenden tiden"* usw. Auch die Holzherrschaft über das Hohnstorfer Holz war den Hogeherten damit zugefallen, sowie alle übrigen Rechte, Gerichte, Dienste und Renten außer dem Zehnten, den das Kloster Medingen besaß. Nach Dietrichs Tod wurden diese Güter seiner Witwe als Leibzucht und beider Söhne Friedrichs als Lehen zugewiesen und diese verkauften dieselben für eine nicht näher bekannte Summe 1401 am 15. Juni an das Kloster Lüne, nämlich *achte besatte houe to Honstorpe vnd veer wuste houe darsulues de de meygere vppe den besetteden houen buwet vnd tyns vor gheuet.*[226] Zugleich schenkten die Herzöge Bernhard und Heinrich von Lüneburg dem Kloster *„um Gottes und Wohltat und ihrer Seelen Seligkeit willen und um vieles Dienstes"*, den sie und ihre Erben vom Kloster teils erwiesen erhalten, teils noch erwarteten, das freie Eigentum über Hohnstorf, entbanden die Höfe auch von jeder Art von Lehnspflicht.[227] Deshalb sind von den Höfen die nach Lüne gehörenden nicht im Landschatzregister zu finden. Dahingegen hatten die Hohnstorfer samt mehreren Edendorfer Höfen Zinsroggen an das Kloster Lüne zu leisten, welcher 1842 abgelöst ist. Auch waren dieselben verpflichtet, am dritten Pfingsttage (*afsetteden pingsten*) das von dem Herrn von Spörcken auf Lüdersburg an das Kloster zu liefernde Deputatholz anzufahren, eine Pflicht, die durch die Ablösung jenes Holzes hinfällig geworden ist. Ebenso erklärt es sich, weshalb die Holzgerichte in Hohnstorf und Edendorf bis in das vorige Jahrhundert vom Lüner Propst oder Amtmann gehalten sind. Übrigens wurde jenes sogenannte „Geschenk" dem Kloster doch ziemlich kostspielig. Denn zur Gegengabe schenkte Propst Johann von Lüne dem Herzog Bernhard 40 Mk. Pfennige und zerriß zwei von ihm und seinem Bruder Heinrich an das Kloster ausgestellte Schuldscheine über 135 Mk., wozu der Herzog meinte: *dat is vns von eme wol to danke!*[228]

Als 1529 die Klostergüter eingezogen wurden, gingen dieselben an das Amt Lüne über. Im Jahr 1666 werden die sämtlichen außer der Hirtenkote dorthin gehörenden neun Höfe folgendermaßen aufgeführt:[229]

1) Jürgen Meyer (der Hof kam 1778 an eine andere Familie Meyer, 1814 an Burmester, 1851 an Hartmann, 1863 an Jörs, 1866 an Steinke, Pächter Allershausen, 1875 an Ritz aus Tatern).
2) Lembke (ist seit 1686 in den Händen der Müller)
3) Roland (1699 Hans Moritz Müller, 1714 Dreyer von Solchstorf, 1841 Peter Müller aus Hohnstorf).
4) Gottspfennig (1713 Stoffer Rademacher von Radenbeck, dessen Erben noch darauf sitzen).
5) Christopher Scheele (diese Familie hat den Hof nachweislich seit 1643 inne).

6) Claus Meyer (1686 Henny Grütter, der Landvogt; 1714 Hans Cord Müller, 1738 Hinrich Thiele von Hösseringen und dessen Erben).
7) Kleisch (1714 Trips, 1778 Johann Friedrich Müller von Wichmannsburg und dessen Erben).
8) Talg (1686 Hinrich Wulbrandt, 1689 Joh. Dietr. Roland, 1699 Hans Moritz Müller, 1778 Jürg. Fried. Manecke von Edendorf und dessen Erben).
9) Gade (1686 Johann Scheele, 1773 Jürgen Christoph Wulf und dessen Erben).

Zwei fernere Höfe gelangten an das Kloster Medingen. Den einen besaßen vormals die von Lobeck oder Lopke und übertrugen ihn 1296 an das Kloster Medingen.[230] Dieses erwarb 1344 auch die Gerichtsbarkeit über den Hof[231] und hat ihn bis in die neueste Zeit besessen. Dieser Hof wurde 1666 von Menke Hartig bewohnt, hieß dann lange Schulzen Hof und wurde von Schlieckau und Mich. Roland bewirtschaftet, kam 1704 an Lembke von Hohnstorf, 1728 an Kläpe von Seedorf und seit 1748 an die Roland von Hohnstorf. Der andere Hof ist Schlieckaus Hof. Diesen verkauften die von Schwerin 1347 am 1. Mai an das Kloster Medingen für 20 Mk. 14 ßl. samt der Gerichtsbarkeit und Vogtei. Der Hof leistete damals jährlich ein Zinsschwein, 8 ßl. Geld, ½ Wichhimten (6 alte Himten) Weizen und noch 12 ßl. Pfennigzins.[232] Später wurde der Himten Weizen mit 1 ßl. Geld gelöst. So kam es, dass nach dem 30-jährigen Krieg nur 8 ßl. + 6 ßl. + 12 ßl. = 26 ßl. Pfennigzins gezahlt wurden. Seit 1666, wo schon ein Werner Schlieckau den Hof inne hatte, ist er stets bei dieser Familie geblieben. – Für die letzteren beiden Höfe war der Untergang des Dorfes Verle insofern von Bedeutung, als ein großer Teil der Länderei dieses Dorfes diesen beiden Höfen zugewiesen wurde, den sie auch seitdem immer als freies Sondergut betrachtet haben.

Der zwölfte Hof war vormals Eigentum der Kirche in Verden. Als erste Lehnsträger desselben begegnen uns die von Bintrem. Von diesen kauften den damals noch vogteifreien Hof die Gebrüder Werner und Arnold von Thondorf. Diese übertrugen ihn 1273 an das Kloster St. Michaelis in Lüneburg[233] und dieses vertauschte ihn nebst anderen Höfen gegen den Zehnten zu Grünhagen an den Bischof von Verden 1308.[234] Die damalige Rente aus dem Hof betrug 17 Scheffel Weizen und 11 ßl. Lüneb. Pfge. Das Bistum Verden ging nachmals in das sog. Herzogtum Verden über. Der Hof wurde an den Grafen Schwiechelt übertragen, der ihn bis zur Ablösung besessen hat. 1666 hieß der Bewohner Hans Meyer, 1693 Franz Jungemann, seit 1779 Pet. Jürg. Sander von Addenstorf und dessen Erben.

Bei der Reorganisation der Ämter 1795 wurden auch jene neun Lüner Gutsleute an das Amt Medingen abgetreten und zugleich kam die Hoheit und Gerichtsbarkeit über das ganze Dorf an dieses Amt.[235]

Vor Jahren besaß Hohnstorf eine Kapelle, deren Andenken sich noch heute in den Ortsnamen Kapellenhof, Kapellenstück, Kapellenwiese erhalten hat. Sie ist vermutlich eine Stiftung des Klosters Lüne und mag bereits um 1402 gebaut sein. 1666 stand sie noch, aber der damalige Pastor Blumenthal schreibt, dass schon seit einem Menschenalter kein Gottesdienst mehr darin verrichtet sei; sie sei in den Kriegszeiten verwüstet und die Einkünfte zugleich verloren gegangen. Insbesondere zürnt er auf die „räuberischen Bauern", welche die Holzberechtigung der Kapelle an sich gerissen hätten, ein Kirchendiebstahl, den sie noch ewiglich würden zu verantworten haben. Die Kapelle ist Ende vorigen Jahrhunderts niedergerissen. Wo die beiden darin hängenden „feinen Glocken" geblieben sind, weiß man nicht. Wäre das Vermögen dieser Kapelle gehörig bewahrt und verwaltet, so möchte es jetzt vielleicht eben so ansehnlich sein, wie das der Kapellen zu Vastorf, Wendhausen und Adendorf.

Von den Kriegsverheerungen, die das Dorf erlitt, ist schon oben berichtet. Wie aber Hohnstorf in Zeiten der Verwüstung eine Zuflucht an dem Kloster Medingen gefunden hatte, so sollte es einst in der grausamen Stiftsfehde 1519 den Klosterjungfrauen wenigstens ein kurzes Asyl gewähren. In der Trinitatiswoche jenes Jahres nämlich sah das Dorf plötzlich, da kaum der Morgen graute, die sämtlichen über 100 Klosterdamen in seinen Grenzen. Denn in Oldenstadt lagerten 7000 Mann Braunschweig-Calenberger, um gegen Herzog Heinrich von Lüneburg zu ziehen, der es mit dem Hildesheimer Bischof, ihrem Gegner, hielt. Da waren denn die bedrängten Jungfrauen bei Nacht und Nebel zu Fuß aus den Klostermauern entronnen. Aber in Hohnstorf schon blieben sie vollständig ermattet liegen und nahmen sich nun in ihren weißen Röcken und in ihren schwarzen turmartigen Skapularen, die von Staub, Nässe und Gesträuch nicht wenig gelitten hatten, eigentümlich genug aus. Die guten Hohnstorfer ließen es an Pflege nicht fehlen und sandten Eilboten nach Lüneburg, worauf jene denn in vielen Wagen vom Rate daselbst abgeholt wurden.[236]

Noch verdient eine Hohnstorfer Einrichtung aus alter Zeit erwähnt zu werden, da sie gewiss zu den Anfängen des ländlichen Versicherungswesens gehört und in dieser Gegend nur in der allerdings bedeutenderen Bau-, Pferde- und Sarggilde zu Amelinghausen, die noch 1634 vom Amt Winsen bestätigt wurde, ihres Gleichen hat. 1597 herrschte nämlich in Uelzen eine große Pest, an der 800 Menschen starben. Sie verbreitete sich über das ganze Land; in Hannover starben etwa 4000. Auch der Ort Hohnstorf wurde besonders schwer heimgesucht. Daher gründete der damalige Pastor Lüder Horneburg daselbst eine Sterbekasse, genannt die Not- oder Sarggilde, deren Rechnungen aus den Jahren 1603 – 1622 noch aufbewahrt sind.[237]

Die Beteiligung an dieser Gilde erstreckte sich über die ganze Gemeinde. Jeder Teilnehmer zahlte jährlich nur 1 ßl. „Hauptgeld" und erhielt dafür bei seinem Tod einen freien Sarg. Damals waren aber noch sechs „Likhüser", noch dazu mit Gläsern, für 4 ½ Tlr. zu kaufen. Das sog. „Biergeld", welches die drei Gildeherren mit dem Pastor als Vorstand bei ihren um Himmelfahrt gehaltenen Sitzungen verzehrten, fiel auch noch beim Hauptgeld ab.

Vierunddreißigstes Kapitel
Kurze Geschichte des Dorfes Edendorf

In Edendorf war in alten Zeiten das Geschlecht derer von Edendorf ansässig. Noch 1349 gab es zwei Medinger Klosterfräulein Elisabeth und Walburg von Edendorf, deren Schwester an den Vater Ottos von Schwerin vermählt gewesen war.[238] Auch wird im Jahr 1358 ein gewisser Gottfried von Edendorf erwähnt, der zusammen mit Ludolf Rottorp einen Hof in Sasendorf kauft.[239] Die Rottorp scheinen mit den Edendorf verwandt und noch bis Ende des 16. Jahrhunderts in Edendorf ansässig gewesen zu sein. Wenigstens zeigt uns noch eine Glasmalerei aus dem Wichmannsburger Kirchenfenster den Namen Anna von Rottorp mit der Jahreszahl 1582 nebst dem Rottorp'schen Wappen, dem halben Mühlrad. Der ehemalige Edelhof, sogenannte „Junkernhof" ist jetzt in den Händen der Kiehn. Die Lage der alten Edendorfer Burg lässt sich nicht mehr genau angeben, doch weist der Name einer Koppel dicht hinter dem Dorf rechts vom Altenmedinger Weg, welche die „Knakenborg" heißt, auf eine ehemalige Burg hin und sollte dann eigentlich Knabenburg oder Knappenburg heißen. Eine derartige Entstellung der Wörter im Volksmund ist nicht selten. So hieß z.B. die zu dem ehemaligen Dorf Cote gehörende Länderei das Cotenfeld oder Kötenfeld. Daraus wurde mit der Zeit Kökenfeld und der Geometer, welcher den Ursprung des Worts nicht ahnte, trug ihn auf der Verkoppelungskarte als „Küchenfeld" ein. Was übrigens diese ehemalige Feldmark Cote betrifft, so wurde sie durch drei vom Dirnberge ausgehende Strahlen, wie es scheint zu gleichen Teilen, unter die Dörfer Edendorf, Hohnstorf und Solchstorf geteilt. Die Edendorfer Gemarkung, seit der Gemeinheitsteilung mehrfach in ihren Grenzen geändert, enthält gegenwärtig ein Flächenraum von 3372 Morgen 92 Quadratruten.

Haben die von Edendorf vormals das ganze Dorf besessen, was sich indes nicht nachweisen lässt, so konnten sie jedenfalls schon im 13. Jahrhundert ihr Gut nicht mehr aufrecht erhalten. So wird bereits 1266 eine Kornrente von einem Wichhimten erwähnt, welche bis dahin der Graf Gunzelin von Schwerin aus dem Dorf (von Seyer's Hof) bezogen hatte und die er damals an das Kloster Medingen übertrug.[240] Ferner findet sich um 1350 die Nachricht, dass aus Edendorf dem Archidiakonat

144

Bevensen jährlich sechs schwere Mark einkamen,[241] deren Spur nicht mehr zu verfolgen ist. Schließlich wurden die einzelnen Höfe selbst verkauft. Es waren ihrer im ganzen 12 Höfe und fünf Koten, die sich auch bis auf die gegenwärtige Zeit erhalten haben. Von diesen besaßen im 14. Jahrhundert die Kirche zu Verden einen Hof (jetzt Wiese); die von Lobeck, welche auch Solchstorf und viele andere Güter der Umgegend inne hatten, einen Hof; die von Schwerin sechs Höfe und eine Kote; die von Moltzen[242] drei Höfe und vier Koten; die von Edendorf hatten nur noch den Junkerhof inne. Von allen diesen Herrschaften hat nur die Kirche zu Verden (später Herzogtum Verden) ihren Besitz bis auf die neueste Zeit durch die sechs Jahrhunderte hindurch gerettet. Bei der Ablösung im Jahr 1857 war Advokat Präsent in Uelzen Vertreter des Herzogtums. Die von Lobeck verkauften ihren Hof schon Palmarum 1314 (zugleich mit einem Hof in Weste und dem halben Wald Sunder für 200 Mk.) an das Kloster Medingen,[243] und weil dieser Verkauf nach Johann von Lobecks Tod von den Vormündern seiner Söhne Boldewin, Gerlach und Johann abgeschlossen war, so wurde er 1326 von den Letzteren bestätigt und bei der Gelegenheit auch das Dorf Solchstorf vollständig an jenes Kloster verkauft.[244] Auch die von Schwerin vermochten ihre Edendorfer Güter nicht zu halten, sondern übertrugen zunächst fünf Höfe und eine Kote daselbst, welche noch ihr freies Eigengut waren, an die Herzöge, um es als Burglehen von ihnen zurückzuempfangen, am 21. Juli 1332.[245] Dann verkauften sie die genannte, damals wüste Kote (jetzt Oetzmanns Krugwirtschaft) an das Kloster St. Michaelis in Lüneburg,[246] bei welchem dieselbe auch bis zur Ablösung im Jahr 1872, die für 95 Rtlr. erlangt wurde, geblieben ist. Ferner verkauften sie 1345 einen sechsten, beim Gildehaus in Edendorf belegenen Hof, den damals Friedrich bebaute (jetzt Basse), an das Kloster Medingen.[247] Ihre noch übrigen fünf Höfe aber verpfändeten sie 1347 für nur 29 Mk. (!) an dieses Kloster[248] und lösten zwei davon nicht wieder ein, so dass beim Tod Heinrichs von Schwerin 1371 nur noch drei Höfe von dem Schwerin'schen Burglehen vorhanden waren, mit denen Dietrich Hogeherte belehnt wurde.[249] Die von Moltzen endlich verkauften beim Ausbruch des lüneburgischen Erbfolgekrieges 1368 ihre drei Höfe, auf denen die „Tribeses" (d.h. die Familie Trips, Hohtrips und Neddertrips, jetzt Schulze und Seyer) und Heino Werners wohnten, nebst ihren vier Koten an das Kloster Medingen[250] und ein Jahr später auch die daraus fließenden Aufkünfte an die Klosterdamen von Medingen, Gerburg von Bücken, Gertrud Mule, Gerburg Lange, Adelheid von Etzendorf und Gertrud Hut, wozu der Propst Dietrich von Langlingen seine Genehmigung gab.[251] Das Kloster Medingen, jetzt im Besitz von sieben Edendorfer Höfen und vier Koten, trat davon zwischen 1372 und 1401 einen Hof an die Hogeherte ab, so dass diese 1401 die ursprünglichen vier Burglehnhöfe zu Edendorf an das Kloster Lüne übertragen konnten.[252] Später müssen noch drei Medinger Höfe neben dem Edelhof bzw. deren Dienste in den

Besitz des Klosters oder Amtes Lüne übergegangen sein. Denn um das Jahr 1666 finden wir die zwölf Höfe und fünf Koten in Edendorf folgendermaßen verteilt:[253]

I. Amt Medingen (Lüner Hoheit und Gericht)

1) Claus Meyer, der Meyerhof. Vollhof (kam 1710 an die Sander von Niendorf, 1781 an die Basse von Seedorf und deren Erben).
2) Peter Trips, Halbhof (kam von den Hohtrips 1680 an die Steinhauer, 1862 an Schulze aus Altenmedingen).
3) Johann Krusche oder Kruse, Halbhof (kam 1694 an Dietrich Meyer, wurde 1778 an Brunhöber, den Kutscher des medingischen Amtmanns, vergeben, gelangte 1838 an Linde aus Wentorf, 1850 an Heuer, 1851 an von Heimburg, wurde 1872 parzelliert, wobei die Hofstelle mit 70 Morgen und die Kirchen-, Pfarr- und Schullasten an H. Müller, die übrige Länderei an Kiehn, Wiese und Meyer übergingen).
4) Casten Ortmeyer, Kote (kam 1706 an Fr. König, 1730 an Hans Jakob Harms und 1850 an W.F.O. Hagelberg auf Solchstorf).
5) Jürgen Neddertrips, Kote (kam 1716 an Jobst Freytag, 1738 an Hans Christoph Meyer, 1776 an Hartig von Hassel, 1827 an Seyer von Boecke).

II. Amt Lüne.

1) Evert Männerich, Vollhof, soll auch Sattelhof gewesen sein, musste in Kriegszeiten einen Mann zu Pferd stellen (kam um 1740 an die Kruse von Edendorf, um 1780 an Joh. Ludw. Flügge und dessen Erben).
2) Jacobs, Vollhof, der Junkerhof (lag seit dem 30-jährigen Kriege wüst und wurde von drei Bauern gemeinschaftlich bewirtschaftet, um 1690 von Heidmann wieder bebaut, kam 1710 an Jobst Franz Kail, darauf an die Schröder, 1767 an die Burmester von Niendorf und 1845 an Kiehn von Stadorf, welcher den größten Teil der Hoflasten 1847 und 1864 mit 1576 Rthlr. ablöste). Der Hof war zehntfrei.
3) Casten Osten, Halbhof (blieb bis 1863 in der ostschen Familie, worauf er an J.H. Meyer aus Bröckel gelangte).
4) Casten Sachmann, Halbhof (kam um 1725 an die Behnke, 1781 an König aus Edendorf und seine Erben).
5) Henrich Osten, Kote (die alte Krugwirtschaft, kam 1707 an die Hoyer, 1772 an die Hörsten von Altenmedingen, 1855 an Niebuhr).
6) Die Hirtenkote.

III. Herzogtum Verden.

Ein Halbhof Thies Harms (blieb in dieser Familie bis 1811, kam dann an Basse von Barendorf und 1856 an Wiese von Aljarn).

IV. Kloster St. Michaelis in Lüneburg.

Eine Kote, Lense Vieth, vormals Hoyer (kam 1680 an Harms, 1815 an Gottfried Schwinekoben aus Molzen, 1849 an Oetzmann aus Addenstorf).

V. Die vier Lüner Gutsleute.

1) Henrich Konning, Halbhof (kam von der alten König'schen Familie 1785 an Müller und dessen Erben).
2) Engelke, Halbhof (um 1686 von den Heidmanns bebaut, fiel um 1714 an König, 1844 an Gienke von Wotersen).
3) Bartels, Halbhof (1685 von Hans Heidmann aus Deutsch Evern bezogen, kam 1714 an König, 1767 an Brunhöber aus Wichmannsburg (ursprünglich aus Klein Süstedt) und dessen Erben).
4) Siegel (um 1680 von Heidmanns bewohnt, kam 1711 an Schenk von Weste, 1803 an Dreyer von Hohnstorf und dessen Erben).

Bemerkenswert ist noch, dass die Höfe Orthmeyer (Hagelberg), Neddertrips (Seyer), Trips (Schulze) und der Junkerhof (Kiehn) von denjenigen Ländereien, welche am Hahnenberg und im Cotenfeld liegen, dem Pastor zu Altenmedingen von jedem achten Morgen den Zehnten geben mussten (abgelöst im Jahr 1843 mit 3000 Rtlr.). Diese Länderei wird ohne Zweifel der an Edendorf gefallene Teil der ehemaligen Feldmark Reisenmoor sein, den die Ortschaft, als ursprünglich cotesches und zum Veest Solchstorf gehöriges Gebiet, zurückforderte und bei deren Übertragung jene Abgabe auferlegt wurde. Für den an Solchstorf gefallenen Teil von Reisenmoor werden noch heute dem Pastor in Altenmedingen von jenem Gut 3 ½ Himten Roggen jährlich geliefert.

Im Jahr 1795 trat das Amt Lüne seine fünfzehn Hoheits- und Gerichtsleute, darunter die neun Gutsleute, an das Amt Medingen ab.[254] Der Zehnte des Dorfes war bereits an dieses Amt zu leisten. Wir finden denselben zuerst in der Hand derer von Lobeck. Johann von Lobeck verkaufte ihn 1287 gegen andere Güter an das Kl. Medingen, welches sich denselben 1296 vom Verdener Bischof bestätigen ließ.[255] Ja zu noch größerer Sicherheit ließ sich Propst Hartwig von Medingen seine sämtlichen Zehnten, darunter auch den Edendorfer, 1297 vom Bischof Konrad I. bei Gelegenheit einer im Kloster zu Altenmedingen gehaltenen Visitation nochmals konfirmieren.[256] Die Ablösung dieses Zehnten erfolgte 1853.

Außer den zwölf Höfen und fünf Koten besaß Edendorf um 1345 ein bereits erwähntes Gildehaus, über dessen Lage, Ursprung, Einrichtung und Zweck nichts Näheres bekannt ist. Es wird ein sogenannter Kaland gewesen sein, in welchem eine geistliche Brüderschaft an den Kalenden, d.i. am ersten jedes Monats, ihre geistlichen Übungen hielt. An diese pflegte sich dann ein wackeres Schmausen anzuschließen, welches im 15. Jahrhundert zur Hauptsache wurde und oft Tage lang währte.[257] Da dieses Haus uns später nicht wieder begegnet und auch nirgends ein Anzeichen ist, dass die Zahl von 12 Höfen und 5 Koten, die sowohl um 1414 wie um 1666 vorhanden war, durch dasselbe vermehrt sei, so ist anzunehmen, dass das Schloss auf dem Junkerhof (nach dem Abzug der Edendorfs und vor dem Einzug der Rottorps) zum Gildehaus benutzt worden sei.

Die Edendorfer hatten in Gemeinschaft mit den Hohnstorfern vor Zeiten einen schönen Holzbestand[258] von etwa 1000 Hektar oder ¼ Quadratmeile Inhalt, die davon eingeschlossenen Dörfer mitgerechnet. Derselbe hieß das Edendorfer Lo und Hohnstorfer Holz und ging vom Tripsberg nach dem Cotendiek, immer der alten von Karl d. Gr. angelegten Heerstraße folgend, welche von Bardowick nach Magdeburg führte und noch im 18. Jahrhundert von den Frachtwagen befahren wurde, dann bis zum Wobeck und der Ilmenau, von da nach dem Sandberg bei Wichmannsburg, dann nach dem Schwarzen Berg, weiter über den Heidberg bis an das Wulfstorfer Moor und von da zurück nach dem Tripsberg. Teile desselben waren der Hingsthop, Remen, Sunderhop, Bullhorn, Resig, Bruch, Ahle, Silberstein, Hassel, Landwehr, Spreetz oder Spreetzer Heide, Wulfhagen, Herrenholz u.s.w. Am Ausgang des Holzes dicht beim Buchholz lag in traulicher Waldesstille der 13 Morgen große Edendorfer Teich, der beste im Amt Medingen, an Karpfen und Hechten sehr reich.[259] In diesem Wald wurde der Lübbeslo (jetzt Lützlo) und der Steert gehegt. Bei 10 Mk. Brüche durfte darin weder gehauen noch geplaggt werden. Interessenten des Holzes waren die Dorfschaften Edendorf und Hohnstorf, ausgenommen zwei Kötner zu Edendorf (Hagelberg und Seyer), welche als Medinger Gutsleute zum Reisenmoorholz gehörten. Die übrigen Medinger Gutsleute (Basse, Schulze und Müller von Edendorf, Schlieckau und Roland von Hohnstorf) waren in beiden Holzungen interessiert, hatten auch das Recht, sich wegen der Fuhren, die sie dem Kloster leisten mussten, jährlich einen Rad- oder Felgenbaum anweisen zu lassen.

Um 1300 lag die Gerichtsbarkeit (*holtherschop*) dieses Holzes wie auch der Kläpe in den Händen der Ritter von Schwerin. Diese verkauften beide Gerichte 1361 am 25. April an das Kloster Medingen.[260] Damit steht freilich im Widerspruch, dass 1401 die Gerichtsbarkeit (*holtherschop*) über Edendorf und Hohnstorf als ehemaliges Hogehertisches Lehen von den Herzögen an das Kloster Lüne übertragen[261] und tatsächlich von diesem ausgeübt wurde. Nach einem Höltingsprotokoll von 1653 war die Sache indes so geordnet, dass Lüne die Holzgerichtsbarkeit, Medingen aber die Hoheit nebst der daraus fließenden Feldgerichtsbarkeit und die

148

Zuständigkeit für alles, „*so an Halß und Handt trede*", zuerkannt wurde. Deswegen schickte dieses Amt auch zu den Lüner Holzgerichten regelmäßig einen Beisitzer, um seine Interessen dabei wahrzunehmen. Die Protokolle dieser Holzgerichte von 1653 bis 1752 sind noch aufbewahrt. Letztere wurden abwechselnd in Hohnstorf und Edendorf, in der Regel im Monat Mai und meistens unter freiem Himmel im Wald gehalten. Die Forstverwaltung in dem Holz besorgte der Vogt zu Barendorf, für den Forstschutz wurde aus jeder der beiden Ortschaften ein Holzgeschworener vom Gericht bestellt, der durch Handschlag an Eides statt gute Aufsicht zu geloben hatte. Und dennoch gingen leider diese Schutzleute ihren Dorfgenossen im Waldfrevel oft mit schlechtem Beispiel voran.

Zu einem richtigen Holzgericht gehörten: 1) Der Holzgerichtsherr, d.i. hier der Propst oder der Amtmann namens des Herzogs. Er durfte weder Urteil finden noch Urteil schelten, sondern nur Urteil fragen und in Vollzug setzen; 2) der Vorsprecher oder Wortführer für Kläger oder Beklagte, den die Parteien wählten und der Richter bestätigte; 3) der Vogt, der die Straffälligen bezüchtigte und nachher die Strafgelder einzog; 4) die Höltingsleute oder Holzgenossen, in deren Hand die richtende Gewalt lag; 5) zwei Thiedings- oder Achtleute, die das Gericht auf Bitte des Vorsprechers gewährte, eine Art Gerichtsbeisitzer, die gemeinsam das Urteil fanden.

Den Holzgenossen stand Weide- und Holzberechtigung zu. Geweidet wurde „bis der Habicht einen Sperling auf dem Heister verzehren konnte". Der Holzbestand war in „Wiesungen" (Anweisungen) geteilt, in denen die Holzgenossen das Weich- oder Unterholz „schnatelten" und ihre „Dehlzucht" zur Mast eintrieben. auch erhielten sie beim Hausbau das nötige Bauholz vom Holzherrn angewiesen. Zu diesem Zweck musste ihnen der Holzförster den Baum „aufschließen". Daneben pflegten aber auch die Bauern das Holz (welches sie immer als ihr Eigentum betrachteten) fuderweise zum Verbrauch und zum Verkauf bei Tag und Nacht zu stehlen und ließen sich dann höchst gemütsruhig dafür brüchen. Bis 1770 wurde das Holzgericht nachweislich gehalten, vielleicht auch noch bis Ende des vorigen Jahrhunderts, wo sich infolge der schlechten Forstwirtschaft, des Raubsystems, des Plaggenhiebs und der Weide der Wald bis auf einige kleine Anpflanzungen aufgebraucht hatte. Auch wurde ein schönes Gehege durch einen Waldbrand zerstört, wovon sich die Erinnerung in dem Ortsnamen „afbrennten Heg" erhalten hat. Erst 1872 sind die Holzinteressenten vom königlichen Fiskus abgefunden. Übrigens muss man gestehen, dass sich sowohl Edendorf wie Hohnstorf erst nach Ausrottung des Waldes in wirtschaftlicher Beziehung gehoben haben. Was sich jetzt an Fuhren- und Birkenhölzern im Gebiet des alten Waldes als Schmuck der Landschaft vorfindet, sind neuerdings angelegte Privatpflanzungen der einzelnen Höfner. Aber es sind nur Anfänge, die man fortführen wird, sobald man noch besser erkannt hat, welche Vorteile der Landbau von solchen regulären Beforstungen hat, die vor Windschlag schützen, den Tau halten, die Luft erfrischen, den Boden verjüngen und ein wohlverzinstes Barkapital der Ackerhöfe bilden.

Fünfunddreißigstes Kapitel
Kurze Geschichte des Gutes Solchstorf

Wie bereits erwähnt, war dieser Ort vor Zeiten ein Dorf und hieß Zolkostorpe, dem Namen nach wendischen Ursprungs. Das Dorf enthielt sechs Höfe, nämlich fünf Haken- und eine Kotstelle, deren letzte Bewohner (1628) noch bekannt sind. Sie hießen Berend Soltmann, Jakob Gause, Jakob Gottspfennig, Berend Steinbeck, Lenert Schröder und Hinrich Harmens.[262] Das Dorf war ehemals ein alter Veestsitz, der bis 1628 noch die Dörfer Edendorf und Hohnstorf mit umfasste. Die Ortsnamen der Feldmark, welche etwa 1360 Morgen umfasst, sind fast sämtlich verloren gegangen. Die sog. „Mörderstätte" am Altenmedinger Weg wird irrtümlich mit dem nahen Heidenkirchhof in Verbindung gebracht, da sie sich vielmehr auf eine i.J. 1700 geschehene Gräueltat eines Wahnsinnigen bezieht.[263]

Als Herren von Solchstorf begegnen uns zuerst die Grafen von Schwerin, welche das Dorf „*mit allem Zubehör, bebauter und unbebauter Länderei, Wald, Bruch, Weiden, Wiesen, Vogtei, Zehnten, Zins nebst allen Eigenrechten und Freiheiten*" denen von Lobeck zu Lehen gaben. Diese verpfändeten 1316 das Dorf, so wie sie es besessen, für 200 Mark an das Kloster Medingen, und da sie es innerhalb der festgesetzten zweijährigen Frist nicht einlösten, erwarb das Kloster für weitere 150 Mark das Eigentum des Dorfes.[264] Zehn Jahre später begab sich Graf Gunzelin von Schwerin für sich und seine Erben auch des Lehnsrechts über die Vogtei und den Zehnten gegen die von Lobeck, welche beides dem Kloster Medingen abtraten.[265] Bei der Einziehung der Klostergüter 1529 und 1542 fiel das Dorf an die fürstliche Kammer. Wie es im Sommer 1626 durch Feuersbrunst schwer geschädigt und zwei Jahre später durch dänisches Kriegsvolk gänzlich in einen Aschenhaufen verwandelt wurde, ist schon oben berichtet. Daran anknüpfend soll nun erzählt werden, wie der Ort wieder bebaut und zu seiner jetzigen Gestalt gekommen ist.

Nachdem Solchstorf zwei Jahre wüst gelegen, ließ Herzog Christian auf Antrieb des Pastors von Wichmannsburg, der um eine Entschädigung für die aus jenem Dorf ihm zustehenden Gebühren bat, durch seinen Hofmarschall und Amtshauptmann in Oldenstadt Wilhelm von Hodenberg eine fürstliche Schäferei für 200 – 300 Schafe in Solchstorf erbauen und diese als Vorwerk zur Domäne Bienenbüttel schlagen.[266] Die Länderei aber verwuchs in Heide. Allein auch die Schäferei musste nach etlichen Jahren wegen der Kriegszeit wieder aufgegeben werden. Als 1639 friedlichere Aussichten sich eröffneten, beantragte der praktische Werner von Meding, Hauptmann in Medingen, der Herzog möge ihm statt des freien Futters für vier Pferde und des freien Hufbeschlags den Ort Solchstorf übertragen. Ob dieser Antrag genehmigt ist, geht aus den vorliegenden Akten[267] nicht hervor. Jedenfalls würde er ein gutes Geschäft dabei gemacht haben. Zur regelrechten Bewirtschaftung des Orts konnte übrigens erst nach dem Westfälischen Frieden geschritten werden. 1649 wurde dort, in der Erwartung, einen Pächter zu finden, ein neues Wohnhaus erbaut. Es fand sich auch 1650 der Bauer Hans Niemann von Stadorf, dem das Vorwerk zunächst für sieben Jahre verpachtet wurde. Er übernahm die Pflicht, von der Länderei so viel wie möglich wieder arthaft zu machen und bezahlte dafür in den ersten vier Jahren nur 14 Tlr., war auch von Kontribution und Landschatz frei; für die drei folgenden Jahre musste er außer den 14 Tlrn. noch 10 Tlr. Kontribution, dazu den fünften Diemen Roggen und den Zehnten geben. Er behielt das Vorwerk bis 1662, wo seines Bruders Sohn, Hans Behrens Niemann, in die Pacht eintrat und 100 Tlr. zahlte. Als dieser 1668 die Domäne Bienenbüttel pachtete, wurde Solchstorf an seinen Vetter Casten Dreyer aus Dreilingen ebenfalls gegen 100 Tlr. jährlich verpachtet, und blieb in dessen Familie bis 1712. Ein Sohn Casten Dreyers, Johann Jürgen, pachtete die Domäne Bienenbüttel und kaufte 1696 den Vollhof in Wichmannsburg, woselbst seine Nachkommen noch heute wohnen. 1712 wurde das Gut an den Amtsschreiber Johann Ludewig aus Medingen für 110 Tlr. verpachtet, 1724 an den Vogt Joh. Heinr. Meyer aus Barendorf gegen 140 Tlr. nebst Kontribution, die auf monatlich 1 Tlr. 19 mgr. 5 ½ Pf festgesetzt wurde.[268]

Eine wichtige Veränderung geschah, als Meyer 1736 das Vorwerk für sich und seine Nachkommen in Erbenzins erhielt. Doch war hierbei der Vorbehalt gemacht, dass, wenn das Gut einmal mit sechs Halbhöfnern besetzt werden könnte, es gegen Erstattung des Wertes der Gebäude, der auf 241 2/3 Tlr. geschätzt wurde,[269] wieder abgetreten werden sollte. An Erbenzins zahlte er 150 Tlr. jährlich, dazu wurde ihm die Kontribution auferlegt, aber Freiheit von Kriegsreisen, Einquartierungslasten etc. zugesichert, dazu seine Mast und Forstberechtigung anerkannt. Auch brauchte der Wiederaufbau der Bauernhöfe nur dann vom Erbenzinsmann gestattet zu werden, wenn er ein Jahr vor der (von sechs zu sechs Jahren zu erneuernden) Erbenzinsperiode angemeldet wurde. Nun, es hatte gute Wege mit der Neugründung des Dorfes in einer Zeit, wo viele Bauern im Lüneburgischen ihre Höfe verließen. Zunächst kam nun das Gut auf Meyers Sohn, Just Johann, dann an dessen Tochter Mann Bartels und durch dessen Tochter 1795 an Joh. Friedr. Clasen, der noch ein Gut in Barendorf besaß und Adendorf in Pacht hatte, ein großes Haus machte und im Armenhaus endete. 1803 stellte die Herrschaft einen neuen Erbenzinsbrief auf den Amtsschreiber Wynecken aus Grohnde aus, der das Gut von seinem Vorgänger für 10.000 Thlr. gekauft hatte. Diesem wurde bald nachher die wichtige Bedingung wegen Wiederaufbaus des Dorfes nachgelassen und völlige Befreiung von der Chausseearbeit, von allen Wegebesserungen, von Nebenanlagegeldern, Gefangenenwache und jeder anderen Art Landfolge und Diensten zugesichert. Von dieser Familie ging das Gut zunächst pachtweise und seit 1829 käuflich in die Hände von Carl Christian Hagelberg aus Melbeck über, dessen Erben jetzt darauf wohnen.

Rückblick

Damit haben wir unsere Wanderung auf diesem kleinen Fleck Erde, der kaum ein Drittel so groß ist wie die Weltstadt Paris, beendet. Fast ein Jahrtausend dörflicher Geschichte ist an unseren Blicken vorübergezogen und wir haben unverdrossen jeden Stein am Wege umgedreht, jedes vergilbte Blättchen darauf angesehen, ob es nicht ein Bröckchen zu dem Gesamtbild abwürfe, das wie Mosaik aus zahllosen Kleinigkeiten zusammengestellt wurde. Ob ferner Stehende die Geduld haben werden, das Büchlein von Anfang an bis zu Ende zu lesen? Für diejenigen, welche den Schauplatz dieser Chronik bewohnen, werden unsere geringfügigen Erhebungen jedenfalls von hohem Interesse sein. Ihnen, die bisher geschichtslos waren, wird es zur Freude gereichen, den Schleier ihrer Vergangenheit gelüftet zu sehen. Und diese Freude könnte und sollte man, zumal in dieser zerfahrenen neuerungssüchtigen Zeit, gerade den Landgemeinden, den Hintersassen des Volkes, in viel größerem Maß bereiten. Aber auch für den Freund alter Geschichte wird es vielleicht anziehend sein, an einem Beispiel durchgeführt zu sehen, wie die allgemeinen Bewegungen des Volks in der Einzelgemeinde nachwirken, welche Mächte des Beharrens in unserem Bauernstand gewohnt haben, solange er unfrei war; wie durch mehr denn 900 Jahre trotz der gewaltigsten Verheerungen die einzelnen Höfe in ihrem Bestand, die Dörfer in ihren Sitten sich gleich geblieben oder aber gänzlich untergegangen sind; wie langsam und allmählich die naturwüchsigen Ordnungen durch das erwachende Staatsleben untergraben und doch schließlich nur in anderer Form wieder aufgenommen wurden; welche heilsame Volkserziehung durch die jahrhundertlange Unfreiheit geübt und wie die gegenwärtige Selbständigkeit dem Bauernstand ohne sein Zutun über Nacht und als ein kaum geschätztes Gut aufgenötigt wurde.

So viel muss jedem klar werden, dass auch der Bauernstand seit kaum vierzig Jahren in eine Zeit eingetreten ist, die mit der vergangenen nur durch schwache Fäden zusammengehalten wird. Viel schwerer wird es fortan, wo fast alle Schranken des sozialen Verbandes gefallen sind, und jeder mit seiner Person und Habe nach Willkür schalten kann, für die aufeinander angewiesene Landbevölkerung sein, ihre einfachen Sitten, ihre kernige Kraft, ihren geordneten Fleiß, die Freudig-

keit ihres Berufs, die Selbstständigkeit ihrer Höfe und ein friedliches Zusammen-
wirken in den Dörfern zu wahren. Hier muss notwendig, wenn nicht alles zerfallen
soll, eine sittliche Macht des Beharrens, die kräftigste und zugleich sanfteste von
allen, die einzelnen beherrschen, die Macht des christlichen Glaubens, der unsere
Väter stark machte im Dulden und in der Hoffnung auf die besseren Zeiten, die wir
jetzt erleben. Treues Festhalten an dem heiligen Wort der Schrift und an dem Be-
kenntniss unserer Kirche, dies allein vermag jene Einfalt des Glaubens zu wirken,
die mit stillem Wesen arbeitend über den Gewinn und die Not des Augenblicks
hinaus nach dem Bleibenden, Ewigen trachtet und darum bittet, und jene Einträch-
tigkeit der Liebe, die nicht das Ihre sucht und nicht nach Schaden trachtet, sondern
ihre selbstsüchtigen Zwecke dem Wohl der Gemeinschaft zum Opfer bringt.

Superintendent Karl Kayser
Ölgemälde

Ortsregister

155

Personenregister

Quellennachweisung und Bemerkungen

Erstes Kapitel

[1] Annal. Lauresh. bei Pertz mon. Germ. I, 160, omnes Bardenganenses et multi de Nordleudis baptizati sunt. (um 1000 n. Chr.). Ferner Chronist Helmold bei v. Hammerstein, der Bardengau, pag. 67, omne robur Bardorum etc. (um 1062). Zuletzt Leverku, Lübecker Urkundenbuch Nr. 22 in einer Urkunde Herzogs Wilhelm dei gratia principis Bardinghie von 1205 über eine dem Stift Lübeck geschenkte Hufe in Neetze.

[2] Paulus Diaconus und die übrigen Geschichtschreiber der Longobarden, übersetzt von Dr. O. Abel I, 2, 3.

[3] Ebendaselbst I, 7, 10. Vergl. den Anhang: Die Wanderung der Langobarden. Saxo grammatiens nennt den Auswanderungspunkt Blekingia; dies ist ohne Zweifel Bleckede und mit Scoringa identisch. So auch v. Hammerstein a.a.O., pag. 48 ff.

Zweites Kapitel

[4] Vergleiche zum Folgenden v. Hammerstein a.a.O. und Riehl, die bürgerliche Gesellschaft I.

[5] Der Hingsthop, eine etwa 3 bis 4 Quadratruten große Fläche, lag früher mitten im Wald und war noch zu Anfang dieses Jahrhunderts etwas erhöht und mit sieben mächtigen Eichen umstanden. Jetzt ist sie geebnet und in Acker gelegt.

[6] Bemerkenswert ist, daß am linken Ilmenauufer innerhalb der Parochien Wichmannsburg und Bienenbüttel m.W. solche Grabhügel nicht vorkommen. Auch das bei Addenstorf unweit Bevensen um 1865 aufgegrabene vermeintliche Hünengrab ist neueren Ursprungs, wie die darin gefundene Stahlklinge mit der Aufschrift Anthonio Pichinio 1695 ausweist.

Drittes Kapitel

[7] v. Hammerstein a.a.O., pag. 76 ff., pag. 275 ff.

[8] Ebendaselbst, pag. 448 f.

[9] Ebendaselbst, pag. 212 ff.

[10] Ebendaselbst, pag. 609.

Viertes Kapitel

[11] Vergleiche Böttger, Einführung des Christentums in Sachsen, pag. 16 ff.

[12] Pertz, monum. Germ. hist. I, pag. 160.

[13] So auch v. Hammerstein a.a.O., pag. 277.

[14] Böttger a.a.O., pag. 52 f.

[15] Ebendaselbst, pag. 54.

[16] v. Hodenberg, Verdener Geschichtsquellen II, pag. 278 ff.

Fünftes Kapitel

[17] Dort gibt es noch jetzt bei Hohnstedt ein Dorf Unterbillingshausen.

[18] Wedekind, Noten zu einigen Geschichtschreibern des deutschen Mittelalters II, pag. 211 ff.

[19] Ebendaselbst II, pag. 63 ff. u. 227.

[20] Ebendaselbst, pag. 230 f.

[21] Lyßmann, Historische Nachricht von dem Kloster Meding, pag. 17.

[22] v. Hammerstein a.a.O., pag. 33.

[23] Autograph. St. Michael. bei Wedekind, Noten III, pag 101; auch abschriftlich im Wichmannsburger Kirchenbuch, pag. 319 f.

[24] Verzeichnis der von der Äbtissin Judith von Kemnade verschenkten Güter nach einem im Kloster Stablo aufgefundenen Blatt, bei Jaffé, monumenta Corbeiensia, pag. 155 f. In curia Wichmannsburc dedit in beneficio viginti novem mansos et de indominicata terra duodecim mansos com tribus domibus et curtibus earum. Dedit insuper viginti Slavicas ad eandem emiam pertinentes. Aus dem Jahre 1147.

[25] Die Weise, auf welche v. Hammerstein, a.a.O. pag. 108ff., die 29 Hufen zusammensucht, scheint fast unbegreiflich. Es sollen dazu gehören 15 hus in Hohnstorf (d.i. das ganze Dorf, denn mehr Stellen existierten dort nie), 5 hus und 1 kot in Edendorf, 3 hus in Bavendorf, wobei jeder Hof ohne weiteres zu einer Hufe gerechnet wird! Nun sind das aber erst 24 Stellen; es werden also zwei Hohnstorfer Höfe, welche die v. Schwerin 1355 und 1358 an das Kloster Lüne verkauft haben sollen, ferner ein Hof in Bavendorf, eine Kote in Edendorf, noch eine Kote in Bavendorf und eine in Edendorf, welche sie 1340 bis 1342 an das Kloster St. Michaelis übertrugen, noch dazu gerechnet, wobei nicht nur zwei Hohnstorfer Höfe zweimal gerechnet, sondern auch diese sechs Stellen willkürlich zu fünf

Hufen veranschlagt werden. – Die 12 Hufen der indominicata terra, d.h. selbstbebauten, kultivierten Gutslandes, haben ihren Gegensatz naturgemäß an dem unkultivierten Teil der Feldmark, der sog. Gemeinheit.

[26] Diese dringende Vermutung stützt sich auf folgende Erwägungen: 1) Es ist von vornherein wahrscheinlich, dass die 20 slawischen Dörfer, welche 1147 noch zu Wichmannsburg gehörten, nicht in der Ferne, sondern in der nächsten Nähe, auch nicht zerstreut, sondern wo möglich in geschlossenem Kreis zu suchen sind. Denn sie wurden nicht etwa wie der Besitz eines Klosters oder einer Adelsfamilie nach und nach durch Kauf oder Schenkung erworben, sondern gleich bei Gründung des hiesigen Haupthofes aus den billungschen Erbgütern diesem gräflichen Haushalt gleichsam als Vorratsquelle beigelegt. Da uns nun die beiden Parochien Wichmannsburg und Bienenbüttel als zwei geschlossene Ganze, die wiederum auf der alten Veesteinteilung beruhen, gerade 20 *villae* mit den untergegangenen, nicht mehr und nicht weniger, darbieten, diese aber zusammen einen Kreis bilden, in deren Mittelpunkte eben Wichmannsburg-Bienenbüttel liegt, so scheint es unnatürlich, diese Orte, wenn es sonst die Umstände erlauben, nicht zunächst ins Auge zu fassen. Man würde, wenn die Zahl der vorhandenen Orte nicht zureichte, geneigt sein, auf Wichmannsdorf bei der Rieste, oder auf das untergegangene Dorf Kumlose im Reisenmoor oder auf das untergegangene Dorf Breetze bei Grünhagen zugreifen; allein diese Orte gehören und gehörten nicht zu den Parochien Wichmannsburg und Bienenbüttel, während die untergegangenen Dörfer Cote und Verle sich gar nicht aus dem Verband des ehemaligen Haupthofes Wichmannsburg ausschließen lassen, da ihre Feldmarken ganz von den Parochialgrenzen Wichmannsburg umschlossen sind. Beide Orte wurden von den Rittern von Schwerin, den Unterschirmvögten des Klosters Kemnade, dem Wichmannsburg gehörte, veräußert, können also sehr wohl von Kemnade aus in ihre Hände gelangt sein. - 2) Was unserer Konjektur im Wege zu stehen scheint, ist, dass die Parochie Bienenbüttel seit Anfang des 13. Jahrhunderts sich größtenteils in den Händen des Klosters St. Michaelis in Lüneburg befindet, und dass man glauben möchte, diese Güter seien schon 967 bei der Teilung des wichmannschen Erbes (Kapitel 7) dorthin gefallen. Nun findet sich aber auch nicht die Spur einer Urkunde oder Nachricht, welche dem Kloster St. Michaelis den Besitz dieser Güter während jener dreieinhalb Jahrhunderte verbürgte, kein Verkauf oder Tausch, der mit denselben vor-

gegangen, keine Abgabe, die in jener Zeit von dorther geleistet wäre. Dieser Komplex würde geradezu herrenlos erscheinen, wenn nicht von anderer Seite zwischen 967 und 1147 seine Zugehörigkeit zu Wichmannsburg wiederholt auf das bestimmteste bezeugt würde. Denn 1016 und 1024 wird dem Kloster Kemnade der Besitz, nicht bloß Wichmannsburgs, sondern auch Bienenbüttels durch den Kaiser bestätigt, und daß wir unter diesen Namen nicht etwa bloß zwei Dörfer, sondern den ganzen dazu gehörigen Umkreis von *villae* zu verstehen haben, geht daraus hervor, daß 1004 statt der beiden Namen einfach Biangibudiburg gesetzt, also Wichmannsburg mit eingeschlossen ist, von welchem doch feststeht, daß es 20 Dörfer umfaßte. Die Haushalte werden vermutlich zwischen 1004 und 1016 gesondert worden sein, so dass schon damals unter Wichmannsburg der eine Teil mit 8 Dörfern, unter Biangibudiburg der andere mit 12 Dörfern zu verstehen war, beide aber, wenn auch wirtschaftlich getrennt, doch rechtlich und geschichtlich als ein Ganzes betrachtet und nach dem alten Hauptsitz *curia* Wichmannsburg benannt wurden. Es ist also abzuweisen, dass das Kloster St. Michaelis vor dem Jahr 1147 die Güter, welche ihm später in der Parochie Bienenbüttel gehörten, besessen habe. - 3) Dem entspricht nun auch, dass das erste Auftreten des Klosters St. Michaelis als Besitzer der Parochie Bienenbüttel im Jahr 1238 ein ziemlich unbestimmtes und schüchternes ist, und dass es damals Erwerbungen in diesem Kirchspiel macht, welche unerklärlich sein würden, wenn dem Kloster dieser Besitz aus dem Vollen des wichmannschen Erbes zugefallen wäre. Erst 1238 nämlich schenkt Herzog Otto von Lüneburg (Schirmvogt des Klosters Kemnade) dem Kloster St. Michaelis die Vogtei, nicht über ganze Dörfer, sondern bloß erst über die Güter des Klosters in Bienenbüttel, Rieste und den anderen umliegenden Ortschaften. In diesem *ac ceteris ibidem circumstantibus villis* haben wir die erste Andeutung des, die Gotteshäuser zu Bienenbüttel und Rieste umgebenden, nachmaligen Parochialkomplexes zu sehen. 1273 befreit Herzog Johann von Lüneburg (wiederum Schirmvogt des Klosters Kemnade) das nun bereits dem Kloster St. Michaelis gehörende Dorf Grünhagen von allen Vogteilasten. Der Zehnte in Bienenbüttel war noch 1324 in der Hand der Ritter von Schwerin (Untervögte des Klosters Kemnade) und der Zehnte in Rieste wurde erst 1327 von diesen an das Kloster St. Michaelis verkauft. - 4) Mit dieser unserer Vermutung würde allerdings die Konjektur Wedekinds, Noten II, 60 ff., unverträglich sein, wonach die von der gegen-

wärtigen Parochie Bienenbüttel umschlossenen Güter schon 959 vom Kaiser Otto an das Kloster St. Michaelis verschenkt sein sollen. Wenn Wedekind aber diese Mutmaßung u.a. auf der Urkunde zwei des Klosters St. Michaelis stützt, wo die Güter eines gewissen Wulfhard, Wulfhards Sohn, welche wegen dessen Auflehnung gegen Kaiser und Reich eingezogen waren, an das Kloster St. Michaelis verschenkt werden, und nun statt Wulfhard – Wichmann liest, so dürfte das, abgesehen von der willkürlichen Namensänderung, um so bedenklicher sein, als dort das ganze Erbteil des Wulfhard an das Kloster verschenkt wird, während in Betreff des Wichmannschen Erbes die Überlieferung nur von einer Teilung weiß, welche auch faktisch geschehen ist, aber nicht 959, sondern 967.

[27] In der Urkunde König Heinrichs von 1004 (bei J.F. Falke, tradit. Corbeiens. 905) fehlt Wichmannsburg. Es werden von den uns angehenden Orten nur genannt: Bardenuic, Hotmanessum (Ochtmissen), Unithorp, Britlingi, Biangibudiborg, Addunesthorp, Hatherbike (Hesebeck), Bodanhuson (Bahnsen), Sutherburg in Bardanga (im Bardengau). Die Urkunde von 1016 (bei Pfeffinger, Braunschweig-Lüneburgische Historie I, 742 f.) nennt aus dem Bardengau: Bardewic, Hotmanessum, Witthorp, Breitlingi, Biangi, Budiburg, Aldenestorp, Haderbiek, Bodenhusen, Sutherburg, Claniki (Schlankau?), Wigmannetburstal. Die Urkunde von 1024 (bei C.F. Paulini, dissert. de origine varior. monasterior., in specie Keminadensi, pag. 101) nennt Bardewich, Hotmanessim, Wittorp, Britlingi, Biangibudiburg, Addunestorp, Haterbiki, Bodenhusen, Suterburg, Clomkey, Wigmannesburg - -.

[28] Urkundenbuch des Klosters St. Michaelis, Nr. 312.

[29] Ebendaselbst Urkunde 233.

[30] Archiv des Klosters Medingen. Urkunde 59 u. 70.

[31] Gebhardi's Manuscript historisch-genealogischer Abhandlungen III, pag. 613.

[32] Ebendaselbst.

[33] Urkundenbuch des Klosters St. Michaelis, Nr. 658.

[34] Medinger Amts-Saalbuch, Erb- und Schloß-Register, pag. 302 u. 327.

[35] Wichmannsburger Sterberegister von 1719.

Sechstes Kapitel

[36] v. Hammerstein, Bardengau, pag. 93, der sich auf Wedekind stützt.

[37] Wedekind, Noten II, pag. 67 ff.

[38] Witichindi, Annales, ed. Meibom., pag. 33.

160

Siebtes Kapitel

[39] Paulini, dissert., pag. 101.

[40] Annalista Saxo. Nach der Ausgabe der monum. Germ., übersetzt von Eduard Winkelmann, pag. 23 u. 26.

[41] Siehe die elfte Bemerkung zum fünften Kapitel.

[42] Noch heute wird der Vollhof in Wichmannsburg vielfach Meiers Hof genannt, obwohl seit fast zweihundert Jahren keine Meyer mehr darauf sitzen.

[43] Einige leiten das Wort von Wih = Weihe her, so dass es ein bei kirchlichen Abgaben gebrauchtes Maß bezeichnete. Wohl richtiger knüpft man an die Gewohnheit an, die Getreidemaße nach den Städten zu benennen, wo sie gelten, z.B. Braunschweiger Himten, Hannoverscher Himten. Da nun um jene Zeit, wo der Wichhimten oder Wikhimten zuerst vorkommt, Bardowick die Haupthandelsstadt unseres Landes war, so bedeutet Wichhimten soviel als Bardowicker Himten, abgekürzt Wickhimten, ein Maß, welches gleich zehn neuen hannoverschen Himten war.

Achtes Kapitel

[44] Paulini, dissert. a.a.O.

[45] Chronogrophus Corbeiensis bei Jaffe in den monum. Corb., pag. 57 f.

[46] Paulini, dissertat., pag. 105 ff.

[47] Leibnitz, origines guelficae III, pag. 427 ff.

[48] Paulini, dissert., pag. 107.

[49] Siehe Bemerkung 8 zu Kapitel 5.

[50] Bemerkenswert ist auch der Umstand, daß der Abt vom Kloster St. Michaelis sich beim Kaiser rechtfertigen muss, dass er mit Judiths Bruder, Abt Heinrich, nichts zu tun habe. Er stand also in dem Verdacht, mit den Schwalenbergs gemeinsame Sache zu machen.

[51] Satis miramur tuam et aliorum principum prudentiam, schreibt Conrad III. an Heinrich d.L., cur talem foeminam (sc. die Judith) bona quae ad servitium Die ecclesiae collocata sunt, cum vanis hominibus deperdere et disperdere permittis. Leibnitz, orig. guelf., III, 436 f. Heinrichs Antwort, pag. 437, Ferner Jaffe, mon. Corb., pag. 488 – 490.

[52] Jaffe, mon. Corb., pag. 319.

[53] Jaffe im Epilog zu Wibald's Briefen, mon. Corb., pag. 607.

Neuntes Kapitel

[54] v. Hodenberg, Verdener Geschichtsquellen II., pag. 278 ff.

[55] Mahneke, Beschreibungen der Städte, Ämter und adligen Gerichte des Fürstentums Lüneburg, pag. 379 f.

[56] v. Hodenberg a.a.O. In einem in der Hamburger Stadtbibliothek aufgefundenen Pergamentblatt aus dem 14. Jahrhundert wird unser Kirchspiel als Wichmannsbuttel aufgeführt. v. Hodenberg I, pag. 85. Die Hohnstorfer Kapelle wird hier noch nicht erwähnt. Möglich, daß sie doch schon vorhanden war, da auch andere Kirchen, die nicht zur Synode gehörten, wie die Grünhagener Klosterkapelle, übergangen sind.

[57] Urkundenbuch des Klosters St. Michaelis I, pag. 95.

[58] Wichmannsburger Kirchenbuch, angelegt im Jahr 1685 vom Pastor Löhner, pag. 45. Zwei alte Leuchter unserer Kirche wurden 1865 pfundweise an den Herrn Stadtbaumeister Maske aus Lüneburg verkauft, möglich, dass der in Rede stehende Leuchter mit dabei gewesen ist.

[59] Wichmannsburger Kirchenbuch, pag. 15, wo es irrtümlich Wodemhaus genannt und dieser Name daraus erklärt wird, dass hier ehemals die Wodeme gewohnt hätten!

Zehntes Kapitel

[60] Archiv des Klosters Lüne, Urkunde 323.

[61] Gebhardi, Kurze Geschichte des Klosters St. Michaelis, pag. 78.

[62] v. Hammerstein, Bardengau, pag. 302.

Elftes Kapitel

[63] Schwerinsches Siegel im Urkundenbuch des Klosters St. Michaelis, Nr. 254.

[64] Ebendaselbst, Urkunde 315.

[65] Urkunde, abschriftlich im Wichmannsburger Kirchenbuch, pag. 319 ff.

[66] Urkundenbuch des Klosters St. Michaelis, Nr. 356.

[67] Sudendorf, Urkundenbuch zur Geschichte der Herzöge von Braunschweig und Lüneburg I, Nr. 540.

[68] Archiv des Klosters Medingen, Nr. 156 (Abschrift).

[69] Diese *bona adhaerentia* beschränkten sich damals schon auf unvollständige Rechte an den Dörfern der Parochie Wichmannsburg nebst den Zehnten in Bienenbüttel und Rieste.

[70] Bei Wedekind, Noten ec. III, pag. 101. Auch abschriftlich im Wichmannsburger Kirchenbuch, pag. 319 f.

[71] Abschriftlich im Wichmannsburger Kirchenbuch, pag. 321.

[72] Sudendorf, Urkundenbuch II, pag. 25. Der Rat zu Lüneburg erwarb 1348 das Privileg für die Schifffahrt und den Holzhandel auf der Ilmenau. Er errichtete vier Holzhuden, eine bei der Galgenmühle vor Uelzen, eine bei dem Bach, der bei Kirchweyhe in die Ilmenau fließt, beide am linken Flußufer, ferner eine bei Emmendorf und eine bei Jastorf,

die letzteren am rechten Flußufer. Vergleiche Sudendorf, Urkundenbuch II, pag. 139 ff.

[73] Medinger Erbregister, pag. 352. Im Jahr 1562 wurde auf Antrag des Rates zu Lüneburg die Brücke in Wichmannsburg repariert und der in Bienenbüttel gleich weit gemacht. Ebendaselbst.

[74] Archiv des Klosters Medingen. Urkunde 189.

[75] Ebendaselbst, Urkunde 190. Lyßmann, Historische Nachricht ec., pag. 41, setzt die Schenkung irrig in das Jahr 1392.

[76] Ebendaselbst, Urkunde 219.

[77] Archiv des Klosters Lüne, Urkunde 307 u. 320.

Zwölftes Kapitel

[78] Ein Mehreres über die Hogeherte soll sich finden im Anhang von *Butner's familiae patriciae Luneburg*. Die Rammekendorps führten im Wappen einen Helm mit zwei Büffelhörnern. Hartwig Rammekendorp war in der Umgegend Lüneburgs begütert, besaß u.a. fünf Höfe und eine Kote zu Eitzen I bei Bienenbüttel (Urkunde St. Michaelis 638).

[79] Urkunde bei Leibnitz, orig. guelf. IV, pag. 563.

[80] Urkunde im Medinger Erbregister, pag. 402. Vergleiche Lyßmann, angezogene Nachrichten, pag. 34, wo der Verkauf irrtümlich nach 1367 gesetzt wird.

[81] Mahnecke, Beschreibung I., pag. 333.

Dreizehntes Kapitel

[82] von Meding, Geschichte derer von Meding.

[83] Sudendorf, Urkundenbuch II, pag. 242 f.

[84] Ebendaselbst, pag. 313.

[85] Ebendaselbst, pag. 283.

[86] Schaumann, Handbuch der Geschichte der Lande Hannover und Braunschweig, pag. 134.

[87] Archiv derer von Meding in Schnellenberg, Urkunde 99, bei v. Meding a.a.O., pag. 170. Diese Urkunde, sowie die Nr. 104 u. 105, sind zur Zeit nicht im Archiv vorhanden.

[88] Lyßmann, angezogene Nachrichten, pag. 34. Näheres über diesen mysteriösen Handel ergibt sich aus den Urkunden des Klosters St. Michaelis, 788 b. u. 804, ferner Urkunde derer v. Meding 107, bei v. Meding a.a.O., pag. 305, und Lyßmann, pag. 40.

Vierzehntes Kapitel

[89] Nur ein Hof in Wichmannsburg, der sich nicht näher bestimmen läßt, war nicht mit in den Verkauf des Dorfes eingeschlossen, befand sich vielmehr noch in den Händen Hartwig Rammekendorps, der ihn 1376 an das Kloster Medingen abtrat. Archiv des Klosters Medingen, Urkunde 298.

[90] Archiv derer v. Meding, Urkunde 104 u. 105, bei v. Meding, pag. 171.

[91] Bei Harenberg, historia Gandershemensis diplomatica, p. 1694.

[92] Lyßmann, angezogene Nachrichten, pag. 35, setzt den Tod dieses Propstes irrig ins Jahr 1363 statt 1367.

[93] Dieses Holz ist bis 1840 herrschaftliche Forst gewesen. Weil aber fuderweise daraus gestohlen und ein geordneter Betrieb unmöglich gemacht wurde, dazu die düstern Föhren den Schlupfwinkel von allerhand wegelagerndem Gesindel, namentlich auch von durchziehenden Zigeunerbanden, bildeten, welche mit der im Hirtenhaus wohnenden Wichmannsburger Taternfamilie im Bund die Umgegend brandschatzten, so wurde die Kläpe an drei Wichmannsburger Höfner verkauft, welche den größten Teil davon in Acker oder Heide gelegt haben.

Fünfzehntes Kapitel

[94] Lyßmann, angezogene Nachrichten, pag. 248.

[95] Ebendaselbst, pag. 252 ff.

Sechzehntes Kapitel

[96] Archiv des Klosters Lüne, Urkunde 439.

[97] Lyßmann, a.a.O., pag. 35 ff.

[98] Ebendaselbst, pag. 39 ff.

[99] Das Dorf Breetze, jetzt eine kahle Heidefläche, war in den Händen derer von Estorff, und wird, meines Wissens, zuletzt im Jahr 1314 erwähnt. Sudendorf, Urkundenbuch I, pag. 143.

[100] Urkundenbuch des Klosters St. Michaelis, Nr. 804.

Siebzehntes Kapitel

[101] Medinger Erbregister, pag. 1054 ff.

[102] Ebendaselbst, pag. 958.

[103] Ablösungsrezeß von 1842.

[104] Im Jahr 1842 lösten ab: Dreyer in Wichmannsburg mit 539 Thlr., Schlieckau in Hohnstorf mit 556 Thlr., Basse, v. Heimburg und Steinhauer in Edendorf mit 552 Thlr. bzw. 533 Thlr.

[105] Im Ganzen war die Gemeinde auf folgende Gutsherren verteilt:

1) Kloster Medingen; in Wichmannsburg 1 Vollhof, 5 Kötner und 3 Brinksitzer; in Solchstorf 6 Halbhöfe; in Edendorf 1 Vollhof, 2 Halbhöfe, 2 Kötner; in Hohnstorf 2 Halbhöfe. Dazu Dienstpflichtige in allen Ortschaften; Zehntpflichtige alle, außer Bargdorf.

2) Kloster Lüne; in Edendorf 2 Vollhöfe, 2 Halbhöfe, 1 Kote und 4 Leute; in Hohnstorf 1 Halbhof und 8 Leute.

3) Kloster St. Michaelis; in Bargdorf 2 Vollhöfe und 3 Halbhöfe.

4) Herzogtum Verden; in Edendorf ein Halbhof.

5) Die Kirche zu Bienenbüttel; in Bargdorf 1 Halbhof.

6) Die Kirche zu Natendorf; in Bargdorf 1 Halbhof.

7) Die Pfarre zu Wichmannsburg; in Bargdorf 1 Kote; in Wichmannsburg 1 Brinksitzer; dazu den Halbhof zur Höhnkenmühle (Medinger Erbregister, pag. 1431 bis 1472.

Achtzehntes Kapitel

[106] Propsteien waren zu Veerßen, Uelzen, Dannenberg, Lüchow, Dähre, Schnackenburg, Schnega, Seehausen und Ebstorf. v. Hodenberg, Verdener Geschichtsquellen II. pag. 270 ff.

[107] Ebendaselbst II, pag. 161.

[108] Schon Konrad von Heimwide, der um 1318 und bis nach 1333 das Kirchendiakonat in Bevensen bekleidete, war Verdener Domherr. Urkundenbuch des Klosters St. Michaelis, Nr. 265. Lyßmann a.a.O., pag. 23.

[109] Ebendaselbst II, pag. 270.

[110] Urkundenbuch des Klosters St. Michaelis. Urkunde 133.

[111] Ebendaselbst, Urkunde 460.

[112] Urkundenbuch des Klosters Isenhagen, Nr. 276. In dieselbe Zeit fällt die Urkunde Nr. 274 ohne Datum, wo unter den *discretis viris* (neben Johannes Hoyer, rector in Dalenborch u.a.) *Hinricus de Wichmannsborg* als Zeuge dafür erscheint, daß der Ratsherr Hinrich v.d. Möhlen in Lüneburg (dieser starb vor 18. Juli 1364) mehrere fromme Stiftungen in Lüneburg, Isenhagen und Bardowick macht.

[113] Urkunde bei Lyßmann a.a.O., pag. 60 – 63.

[114] Meister Hinrich van Kampen hat u.a. 1511 die schöne St. Johannisglocke in Uelzen, ferner zwei von den prächtigen Glocken von St. Nicolai in Lüneburg 1516 und 1518, sowie die große i.J. 1687 umgegossene Wachtglocke von St. Johannis in Lüneburg gegossen. Mithoff, Kunstdenkmale und Altertümer im Hannoverschen IV, pag. 147, 156.

[115] Als Papst Johann XXII. 1325 verordnete, dass in allen Kirchen dreimal täglich die Betglocke gezogen werden sollte, waren im lüneburgischen fast noch nirgends Glocken vorhanden. Veerßen erhielt 1332 eine Glocke mit dem Wappen derer von Estorff. Als 1336 die Klosterjungfrauen von Altenmedingen nach Zellensen übersiedelten, wurden sie mit Glockenklang und Orgelton empfangen (bei Lyßmann a.a.O., Anhang Tafel XII). Auch die Glocken in Raven und Salzhausen sind aus dem 14. Jahrhundert. Die übrigen ältesten Glocken im lüneburgischen aus dem 15. Jahrhundert, z.B. die in Embsen von 1440, in Hittbergen von 1475, in Reinstorf von 1466. Die in Bienenbüttel erst von

1524. Seit dieser Zeit wurden fast überall Glocken eingeführt. Sogar die kleine Kapelle in Hohnstorf, welche im 30-jährigen Krieg verwüstet wurde, trug zwei „feine, wohlklingende Glocken" (Medinger Erbregister, pag. 1815 f.).

[116] Wichmannsburger Kirchenbuch, pag. 328.

Neunzehntes Kapitel

[117] Die genaue Beschreibung dieses Antependiums findet man bei Mithoff, Kunstdenkmale und Altertümer im Hannoverschen IV, pag. 271 f.

[118] Dies Gildehaus wird b.J. 1345 erwähnt. Archiv des Klosters Medingen. Urkunde 222.

[119] Lyßmann a.a.O., pag. 126.

[120] Lyßmann a.a.O., pag. 71 ff., pag. 87 ff.

[121] Ebendaselbst, pag. 110.

Zwanzigstes Kapitel

[122] Lyßmann, a.a.O., pag. 135 ff.

[123] Uhlhorn, Urbanus Rhegius Leben und ausgewählte Schriften, pag. 164 ff.

[124] Später wurde es von der Prinzessin Katharina bewohnt, welche am 25. Februar 1615 starb.

[125] Seidensticker, Über die genossenschaftlichen Holzungsrechte und Holzgerichte im alten Amte Medingen, pag. 9.

[126] Zweites Kirchenbuch III, § 2.

Einundzwanzigstes Kapitel

[127] Wichmannsburger Kirchenbuch, pag. 194.

[128] Ebendaselbst, pag. 201 u. 203 b.

[129] Ebendaselbst, pag. 202.

[130] Ebendaselbst, pag. 437.

[131] Ebendaselbst, pag. 377. Auch findet sich in der Kirchenrechnung desselben Jahres „1 Thlr. für Haspen, Krampen und Nägel zu den Türen, so von den Sachseschen Räubern im pfarrhauß zerschlagen", desgleichen für neue Bretter an die Türen ec.

[132] Ebendaselbst, pag. 197.

[133] Ebendaselbst, pag. 458.

[134] Ebendaselbst, pag. 464.

[135] Medinger Erbregister, pag. 690 – 789. In der Gemeinde Wichmannsburg waren schon 1630 außer den sechs Solchstorfern noch 4 Höfe und 5 Koten wüst. Wichmannsburger Kirchenbuch, pag. 203. Vergleiche Medinger Erbregister, pag. 1738 ff.

[136] Schaumann a.a.O., pag. 324.

Zweiundzwanzigstes Kapitel

[137] Der Galgenberg an der Straße von Bevensen nach Secklendorf war die Richtstätte für den Galgen. Die Hinrichtungskosten trugen die Goleute. Die Kosten für Aufhängen, Rädern und Köpfen einschließlich der Nebenbemühungen betrugen 7 M

4ß = 3 ½ Thlr. Für Anwendung der Folter wurden 2 M extra berechnet. Die Veestherren erhielten das zur Anschaffung einer Tonne Bier erforderliche Geld. Seidensticker a.a.O., pag. 5.

[138] Anno 1655 kam der Hönkenmüller in Streit mit Thies Harms aus Edendorf wegen einer Wiese, auf welche beide Anspruch erhoben. Der Müller gehörte an das Amt Medingen, Thies Harms aber an die Kirche zu Verden, deren Vertreter der dortige Amtmann Poppe war, welchen die schwedische Regierung zu Stade einsetzte. Nach längeren Verhandlungen einigten sich die Herren Beamten dahin, daß man am 11. Februar 1656 sich auf der Mühle einfinden und die Sache dort erledigen wolle. Erschien denn auch am besagten Tage, morgens acht Uhr, der Amtsschreiber von Medingen und ein Notar von Lüneburg, sowie die beiden Parteien mit einer Anzahl Zeugen, darunter Lütke Rademacher aus Edendorf, damals Sülzer in Lüneburg, der über 100 Jahre in dieser Welt gelebt, dazu der Pastor von Wichmannsburg als Gutsherr der Mühle; nur der schwedische Amtmann erschien nicht. Man wartete eine Stunde und noch eine, fing dann an, des Müllers Zeugen zu verhören, während Thies Harms keine Zeugen namhaft machen konnte. Ob nun dem schwedischen Herrn die Sache zu unbedeutend oder die Reise nach Verden, welches seine 14 Meilen abliegt, zu weitläufig vorkam, genug, er ließ die Leute im Stich. Als man bis drei Uhr geharrt hatte, riß dem Amtsschreiber die Geduld, er hob den Termin auf, kriegte nun aber den guten Thies her und fragte ihn: „Wie er dazu komme, daß er dem Herrn Amtmann zu Verden vorgebracht, es hätte Einer oder der Andere schimpflich von den königlich schwedischen Bedienten geredet? Wer diejenigen und was es für Reden gewesen, wolle der Herr Amtschreiber nun wissen." Harms legte ins aufs Leugnen, mit Vorwenden, hätte mehr nicht, als wegen seiner Wiesung geredet etc. und konnte froh sein, daß er mit heiler Haut aus dem Staube kam. Wichmannsburger Kirchenbuch, pag. 298 ff.

[139] von Hammerstein a.a.O., pag. 439.

Dreiundzwanzigstes Kapitel

[140] Unter anderem kam es der Gemeinde sehr zu statten, daß der Herzog dem Pfarrer sehr gewogen war. 1622 nämlich konnte Horneburg dem Herzog Christian von Lüneburg, der in einen Prozeß mit dem Abt des Klosters St. Michaelis wegen der Gerichtsbarkeit in Grünhagen und der zu dem dortigen Abtshof gehörigen Fischereigerechtigkeit verwickelt war, große Dienste leisten, da er im Besitze der Abschrift eines in dieser Angelegenheit zur Zeit Ernst des Bekenners geschlossenen Rezesses war und das Original nachweisen konnte. Der Prozess wurde vom Herzog gewonnen. Das fürstliche Handschreiben an den Pastor vom 2. März 1622 findet sich im Wichmannsburger Kirchenbuch, pag. 135.

[141] Uelzener Probstei-Protokoll I, pag. 158.

[142] Der Pastor war zur Abholung seines Weiseholzes nach dem Reisenmoor gefahren, in Solchstorf beim Verwalter eingekehrt, und abends zu der von Lüneburg kommenden Botenfrau von Altenmedingen, die wegen ihrer scharfen Zunge in der ganzen Gegend gefürchtet war, hinausgegangen und hatte vorwitziger Weise, und vielleicht etwas bezecht, mit ihr angebunden. Als er sie dann wegen einer Unwahrheit zur Rede gestellt und sie erwidert, solches könne nur ein Schelm ihr nachsagen, hatte er sich zu den Worten hinreißen lassen: Sie habe den Staupbesen neunmal verdient, sei eine alte Hexe und wäre würdig, daß sie so schwarz gebrannt würde, wie die Brände. Die Magdalen beschwerte sich beim Propst und drohte geradewegs zum Abt Molan zu reisen, wenn ihr nicht genug geschähe. Denn eine Hexe gescholten zu werden und das vom Pfarrer, war damals lebensgefährlich. Sie wäre nicht die erste gewesen, die hier zu Lande dem Scheiterhaufen hätte verfallen können. Blanckart bat um Verzeihung und die Sache wurde beigelegt. Bevenser Ephoralakten.

Vierundzwanzigstes Kapitel

[143] Eine Übersicht der Reparaturkosten, wobei indes das Holz, welches forstzinsfrei von der Kammer geliefert wird (Forstbereitungsprotokoll des Amtes Medingen, Cameralia, Fach XIV, Act. 2, pag. 84) und die Hand- und Spanndienste der Gemeindeglieder nicht mit berechnet sind, wird das Gesagte bestätigen:
1641 der Kirchturm ausgebessert, Kosten .. 158 Rthlr.
1644 ein Stützpfeiler hinter dem Chor reponiert 60 Rthlr.
1659 die Reparatur nach dem Einsturz der Kirche 304 ½ Rthlr.
1679 die Prieche erneuert 23 ½ Rthlr.
1682 ein zweiter Pfeiler am Chorende reponiert 60 Rthlr.
1683 die beiden Längsmauern wegen Baufälligkeit abgerissen und erneuert 300 Rthlr.
1687 – 90 Kirchturm und Kirchendach ausgebessert 97 Rthlr.
1704 Kirchen- und Turmdach durch einen schrecklichen Sturm abgerissen, Reparatur 64 Rthlr.

1705 der ganze Kirchturm gründlich ausgebessert 105 ¾ Rthlr.

1724 an der Kirche verbaut 90 Thlr.

1725 Kirchen- und Turmdach repariert ? Rthlr.

1747 vorläufige Reparaturen an Kirche und Turm 28 Rthlr.

1749 den Kirchturm wegen Baufälligkeit abgebrochen, Abbruchkosten 50 Rthlr.

Zugleich an die Kirche gewendet 110 Rthlr.

1770 den Turm wieder aufgebaut mit hoher schlanker Spitze. Da das gelieferte Holz nicht reichte, wurde noch für 47 Rthlr. zugekauft, auch eine Eiche aus dem Reisenmoor zugestohlen (Kirchenrechnung von 1770). So auch schon beim Pfarrhausbau 1693. Kirchenrechnung, pag. 98), für welche 10 ß Brüche erlegt wurden, Alles in Allem 475 Rthlr.

1787 der Turm in Dach und Fach repariert 26 Rthlr.

1815 wurde eine Vorratskollekte zur Reparatur der Kirche und des Turms bewilligt, welche ca. 100 Rthlr. betrug. Der Turm bekam einen kurzen, stumpfen Helm. Aus der Gemeinde wurden aufgebracht 266 Rthlr., macht mit der Kollekte zusammen 366 Rthlr.

Bis 1848 wurden nun, wie es scheint, keine größeren Reparaturen gemacht.

1849 wurden die südlichen Langmauern vorgeblendet 254 Rthlr.

1870 an Turm und Kirche verbaut 348 Rthlr.

Nach alledem wurde das Chorende durch Maurermeister Stieger aus Bevensen unter Leitung des Baurats Hase in Hannover erneuert und die Kirche im Innern völlig restauriert. Abgesehen von dieser letzten Reparatur betrug also die bloße Geldausgabe von 1641 – 1870 über 2916 Rthlr.; das freigelieferte Holz und die Hand- und Spanndienste können aber gewiß jedes gleich hoch gerechnet werden, das gäbe über 8748 Rthlr., für ehemalige Zeiten, nach heutigen Preisen mindestens 25 – 30 Tausend Taler. Wie viel mehr hätte man für dies Geld haben können, wenn man zur rechten Zeit einen Neubau von tüchtigen Meistern hätte aufführen lassen!

[144] Wichmannsburger Kirchenbuch, pag. 361.

[145] Ebendaselbst, pag. 484.

[146] Kirchenrechnung von 1707, pag. 156 u.ö. Der Gebrauch des Leichlakens hörte 1842 auf, weil dasselbe zerrissen war".

[147] Mithoff a.a.O., pag. 271.

[148] Wichmannsburger Kirchenbuch I, pag. 45 f.

[149] Ebendaselbst, pag. 479 u.ö.

[150] Uelzener Propsteiprotokoll II, pag. 240.

[151] Diese Buchstaben sind vermutlich zu deuten: *Have agne venerande omnium innocentissime*, welches unserm: „O Lamm Gottes unschuldig" entsprechen würde. Zu beachten ist auch, daß die Buchstaben in umgekehrter Reihenfolge den Namen IOVAH = Jehovah ergeben.

[152] Daß eine Familie Lampe in Wichmannsburg ansässig war, erfahren wir aus einer Urkunde, Nr. 289, im Archiv des Klosters Medingen von 1376. Noch 1693 war ein Balthasar Lampe Hirte in Bargdorf.

[153] Wichmannsburger Kirchenbuch, pag. 441, 463 u.ö.

[154] Ebendaselbst, pag. 471, 477, 485, 493 u.ö.

[155] Bei der Restauration des Altars ist Erasmus irrtümlich in den heiligen Ambrosius verwandelt, deswegen ist auch der Stiel der Winde, mit der ihm die Eingeweide aus dem Leibe gewunden wurden, entfernt, dagegen eine Bischofmütze auf das Haupt gesetzt.

[156] Beim Zählen dieser Gelder erhielten der Pastor, die Juraten und der Küster ein sog. Biergeld, welches jetzt abgeschafft ist.

[157] Kirchenrechnung von 1714 – 18.

[158] Wichmannsburger Kirchenbuch, pag. 504. Nach der Taufe wurde das Kind um den Altar getragen, wobei die Gevattern opferten. – Von einer Einsegnung der Wöchnerinnen findet sich in hiesiger Gemeinde keine Spur.

[159] Uelzener Propsteiprotokoll I. pag. 601.

[160] Bienenbütteler Kirchenbuch.

[161] Seit 1769 wurden an dieser Stelle die kirchlichen fortlaufenden Vorlesungen eingeschoben, deren Inhalt freilich oft nicht zu dem Grundton des Sonntags stimmte. Daher wurden sie 1874 durch meisterhaft ausgewählte, auf die einzelnen Sonntage verteilte Lektionen ersetzt.

[162] Noch 1649 veranstalteten die Gebrüder Stern in Lüneburg eine neue Auflage ihrer 1611 erschienenen „Geistliken Leder vnde Psalmen." Hannoverscher Volksschulbote 1867, pag. 162.

[163] Dieses wurde in Veranlassung des Herzogs Christian Ludwig von Braunschweig-Lüneburg hauptsächlich durch den damaligen Konrektor in Celle, nachheriger Pastor in Einbeck, Ernst Sonnemann, zusammengestellt. Die erste (Pracht-) Ausgabe erschien 1661; die zweite (Volks-) Ausgabe 1665. Ebendaselbst, pag. 164 ff

[164] Eine Tochter des 1740 erschienenen hannoverschen Gesangbuchs, zusammengestellt durch die vier hannoverschen Konsistorialräte Jacobi, Götten, Riebow und Chappuzeau. Ebendaselbst, pag. 186 ff.

[165] Uelzener Propsteiprotokoll I, pag. 529.

[166] Ebendaselbst I, pag. 602. II, pag. 327.

[167] Ebendaselbst II, pag. 339.

[168] Z.B. 1688 kostete die Visitation 13 Rthlr. 23 Sgr 1 Pf.; 1691 noch 15 Rthlr. 10 ß. Aber 1697 die Generalvisitation 41 Rthlr. 5 ß 8 Pf. 1699 die Visitation 24 Rthlr. 18 ggr; 1707 19 Rthlr. 4 ß; 1711 die Generalvisitation 32 Rthlr. 7 ß 4 Pf., Ziffern, bei denen der damals hohe Wert des Geldes in Betracht kommt.

[169] Kirchenrechnung von 1697.

[170] Urkunde des Klosters St. Michaelis Nr. 458.

[171] Die Namen der Juraten seit zweihundert Jahren sind: Hilmer aus Wichmannsburg und Meyer aus Hohnstorf 1664. Albert Meyer aus Wichmannsburg gestorben 1710 seines Alters 78 Jahre. Jürgen Köllmann aus Wichmannsburg um 1684, und Andreas Meyer aus Wichmannsburg + 1729. Michel Roland aus Hohnstorf + 1716. Franz Jürgen Roland aus Hohnstorf + 1726. Joh. Brunhöber aus Wichmannsburg + 1737, und Pet. Jürg. Köllmann aus Wichmannsburg um 1740. Matthias Jürg. Harms aus Edendorf + 1752. Joh. Friedr. Stradtmann aus Wichmannsburg und Hans Heinrich Schenk aus Edendorf, beide um 1772. Ernst Fried. Christian Hörsten aus Edendorf + 1813, 73 Jahre alt, und Joh. Pet. Stradtmann aus Wichmannsburg + 1805. Joh. Joach. Stradtmann aus Wichmannsburg + 1833 und Jürg. Heinr. Hörsten aus Edendorf + 1843, 70 Jahre alt. Joh. Jürg. Sommer aus Wichmannsburg + 1873, 82 Jahre alt, und Joh. Jürg. Hörsten aus Edendorf.

[172] Wichmannsburger Kirchenbuch, pag. 471, 477, 485, 493 u.ö.

[173] Die Namen der bisherigen Kirchenvorsteher sind: 1) Hauswirt Jürg. Heinr. Dreyer aus Wichmannsburg 1850 – 1852. 2) Hauswirt Peter Jürgen Scheele aus Hohnstorf 1850 – 1855. 3) Hauswirt Joh. Jürg. Fried. Schröder aus Bargdorf 1850 – 1852. 4) Hauswirt Jürg. Heinr. Rademacher aus Hohnstorf 1850 – 1862. 5) Hauswirt Joh. Jürg. Müller aus Wichmannsburg 1852 – 1858. 6) Hauswirt Joh. Heinr. Harms aus Bargdorf 1852 – 1858. 7) Hauswirt Joach. Heinr. Christ. Kiehn aus Edendorf 1854 – 1855 und 1866 – 1872. 8) Hauswirt Joh. Heinr. Dreyer aus Edendorf 1855 – 1859. 9) Hauswirt Joh. Heinr. Christoph Schulz aus Wichmannsburg 1858 – 1864. 10) Hauswirt Joh. Heinr. Schröder aus Bargdorf 1858 – 1864. 11) Hauswirt Joh. Jochen Fried. Gienke aus Edendorf 1859 – 1862. 12) Hauswirt Jürg. Heinr. Wulf aus Hohnstorf 1862 – 1866. 13) Hauswirt Jürg. Heinr. Wiese aus Edendorf 1862 – 1866. 14) Hauswirt Joh. Jürg. Dreyer aus Wichmannsburg seit 1864. 15) Hauswirt Heinr. Christoph Hartig aus Wichmannsburg 1864 – 1869. 16) Hauswirt Jürg. Heinr. Siegel aus Bargdorf 1866 – 1871. 17) Hauswirt Joh. Heinr. Schlieckau aus Hohnstorf seit 1869. 18) Hauswirt Jürg. Heinr. Dreyer aus Edendorf seit 1872. 19) Hauswirt Jürgen Heinrich Hallensleben aus Bargdorf seit 1872.

[174] Im Jahre 1641 hatte man noch die alten drei Klassen, Vollhöfner, Halbhöfner und Kötner, welche seit undenklichen Zeiten im Verhältnis von 4, 3, 2 bezahlten, (Wichmannsburger Kirchenbuch, pag. 380). 1664 finden wir zuerst vier Klassen, weil inzwischen in Wichmannsburg und Edendorf die sogenannten Brinksitzer hinzugekommen waren. Von jetzt an beginnt die Verwicklung und der Wechsel. Zuerst zahlte man nach dem Fuß von 10, 7, 5, 3 (ebendaselbst, pag. 413 f.), wobei die Juraten frei waren. 1690 änderte man die Zahlen in 4, 3, 2, 1 (Kirchenrechnung von 1690); 1714 in 12, 8, 6, 3 (Kirchenrechnung pag. 19) und 1770 in 12, 9, 6, 4 (Kirchenbaurechnung von 1770). Als nun nach der Verkoppelung die An- und Abbauerstellen entstanden, wurden diese als fünfte Klasse mit herangezogen und zwar nach dem Verhältnis von 8, 6, 4, 2, 1. Dieses Prinzip galt indes nur für die baren Geldausgaben. Die Handdienste wurden „Nachbargleich" und die Spanndienste von den Bespannten in natura geleistet. Ferner wurde das Dachstroh von den drei ersten Klassen allein geliefert. Auf Ziegeldächer war überall nicht Rücksicht genommen. Die fünfte Klasse war von vornherein unzufrieden, weil sie in den bürgerlichen Gemeindelasten niedriger angesetzt war. Ihr Unwille brach 1870 heraus, als der Vorstand die Deckung des Turms in Akkord gab und die Kosten nach dem bestehenden Fuß auf alle verteilte. Zwanzig Unzufriedene verklagten den Vorstand beim Obergericht in Lüneburg, daß er sie teils zur Leistung von Spanndiensten, teils zu den Kosten der Dacharbeiten herangezogen habe, von denen sie frei seien. Im ersten Punkte hatten die Kläger Recht, im zweiten Unrecht. Aber es fehlte von beiden Seiten an den nötigen schriftlichen Beweisen. Man hatte schon drei Jahre prozessiert und gegen 1000 Mark verschleudert, da wurden die meisten Kläger ihrer Sache müde. Im Verwaltungswege wurde nun die Angelegenheit mit Zustimmung der Gemeinde nach den allein zweckmäßigen und für die unteren Klassen vorteilhaften Absichten des Vorstandes geordnet. Da ließen auch die letzten Unzufriedenen ihre Klage fallen.

Fünfundzwanzigstes Kapitel

[175] Wichmannsburger Kirchenbuch, pag. 504.

[176] Wie sehr diese Lehen überall im Laufe der Zeit entwertet sind, dafür ist die Geschichte der Pfarrkote in Wichmannsburg lehrreich. Um 1645 wur-

den die Dienste des Kötners aufgezeichnet (Wichmannsburger Kirchenbuch, pag. 151 ff.), danach hatte er: *„im Frühling zu zäunen, im Garten zu graben und zu pflanzen, item Hopfen zu staken* wie *auch die Wiese eben zu machen; in der Ernte: Korn und Gras zu mähen, zu binden, einzubringen, zu dreschen, rein zu machen, das Gras zu drögen und einzubringen, item Flachs aufzuziehen, zu repen, ins Wasser zu bringen, zu schwingen und zu hecheln; im Herbst Rüben aufzuziehen; im Winter und sonsten wenns die Zeit und Gelegenheit giebt, auch die Not erfordert, Holz und Busch zu hauen, item Mist aus den Ställen zu bringen, Mist zu laden, Miete aufs Feld, da es nötig ist, zu machen helfen, auch andere Arbeit zu thunde, so oft man's behöef und nötig hat, als Waschen, Backen, Wasser, wenn man brauet, helfen zu tragen.“* Der Kötner war also der tägliche Tagelöhner auf der Pfarre und kostete dem Pastor nur die Zehrung. Aber schon 1663 konnte die Kote nicht anders ausgetan werden, als dass statt der ungewissen Tage ein wöchentlich zwei, macht jährlich 104 Tage gesetzt wurden. Zwei Jahre später beanspruchte der Lehnsmann, ein widerwärtiger Mensch, die Kote als sein Eigentum. Der Pastor mußte einen Prozess gegen ihn führen, der ihn 70 Rthlr. kostete. Als der Lehnsmann verlor, dankte er ab. Die Kote stand leer. Wollte der Pastor sie anbringen, so mußte er seine Forderungen ermäßigen, zumal da die Bauern damals angehenden Brinksitzern Gemeinheitsland zu günstigen Bedingungen zum Eigentum anboten. Genug, zwei Jahre später ließ er sichs gefallen, dass statt des Dienstes und Zinsgeldes jährlich im ganzen – vier Rthlr. geleistet wurden! Dahingegen behielt er nun größtenteils das Land zurück. Dabei konnte wieder der Kötner auf die Dauer nicht bestehen und kündigte schon nach Jahresfrist die Kote. Diese wurde nun bis 1704 an kleine Mietsleute – die ersten in der Gemeinde – für im ganzen acht Rthlr. ausgetan, wovon der Pfarrer viel Verdruß hatte. 1704 wurde also die Stelle wieder als Lehen ausgetan gegen sechs Rthlr. und ein Rauchhuhn und 6 nach Belieben zu fordernde Dienst- und *„Hawdage“* jährlich. In der französischen Zeit 1810 wünschte die Regierung die Ablösung dieser unfreien Kotstellen und veranschlagte in diesem Fall das Ablösungskapital auf 157 ½ Rthlr. Kassengeld oder 177 Rthlr. Ct. Aber der damalige Pastor konnte sich nicht entschließen, das ganze Lehen für solch ein Spottgeld herzugeben. 1872 – also nachdem das Geld um die Hälfte entwertet war, - provizierte der Gutsmann die Ablösung und erlangte sie nach dem Gesetz für 165 Rthlr. Ct.

[177] Kirchen- und Schulbericht von 1812/13.

[178] Wichmannsburger Kirchenbuch I, pag. 8.

[179] Kirchenrechnung von 1714, pag. 13.

[180]) Der Garten war auf diese Weise sehr zusammengeschrumpft. Pastor Blumenthal nennt ihn 1667 einen *„engen Winkel, darinnen wegen der Hühner nicht eine Handvoll kann vertheidigen, welches in der Haushaltung sehr unbequem und schädlich“*. Medinger Erbregister, pag. 1813 f.

[181] Uelzener Probsteiprotokoll II v.J. 1718. Kirchen- und Schulbericht von 1840. – Die am 3. September 1841 gegründete Prediger-Witwenkasse für den Konsistorialbezirk Hannover setzte gleich mit 40 Rthlr. Pension für die erste Klasse ein.

Sechsundzwanzigstes Kapitel

[182] Uelzener Propsteiprotokoll I, pag. 681.

[183] In anderen Gemeinden, z.B. Hanstedt, Bevensen, Ebstorf, finden sich viel früher Namen von Küstern. Auch in Bienenbüttel wird in der Kirchenrechnung von 1574, „als Meyer von Steddorp und Schele von Borstel Kerkenjuraten wören“, ein Küster Lütke Jeniken erwähnt.

[184] Uelzener Propsteiprotokoll I, pag. 182.

[185] Schmid, pädagog. Encyclopädie III, pag. 320.

[186] Kirchen- und Schulberichte von Wichmannsburg v.J. 1778/79.

[187] Das erste Schullehrer-Seminar unserer Provinz wurde erst 1751 in Hannover vom Kaufmann Böttcher gestiftet.

Siebenundzwanzigstes Kapitel

[188] Uelzener Propsteiprotokoll I, pag. 182. Das Komische dieser Nachricht verliert sich etwas, wenn man erwägt, daß um 1693 von den 36 Außenschulen, die es damals neben den Küsterschulen in der alten Probstei Uelzen gab, der dritte Teil mit Professionisten besetzt war. Schneider waren die Schulmeister in Oetzen, Oetzendorf, Veerßen, Malchau, Jelmstorf, Reinstorf, Heuersdorf und Lüder; Schuster der in Ostedt bei Lehmke; Leineweber der in Groß Liedern; Barbierer der in Scherflingen bei Ohrdorf; Kuhhirte der in Rohrstorf bei Himbergen; abgedankte Soldaten die in Hanstedt II bei Rätzlingen und in Hohnstorf. Uelzener Propstei-Protokoll I, pag. 470 f.

[189] Ebendaselbst I, pag 611.

[190] Diese Jahreszahl erfahren wir merkwürdiger Weise aus einem Brett in der Stalltür des jetzigen Schulhauses, auf dem sich eingekerbt die Worte befinden: Anno 1702 den 31 October bin ich Hinrich Ehrlich in diese Schule gekommen. Das eichene Brett aus dem alten Haus wurde nämlich aus Pietät

1823 beim Bau des jetzigen Schulhauses der neuen tannenen Tür zum Andenken eingefügt.

[191] Uelzener Propsteiprotokoll I, pag. 472.

Achtundzwanzigstes Kapitel
[192] Uelzener Propsteiprotokoll I, pag. 470.
[193] Ebendaselbst I, pag 681.

Neunundzwanzigstes Kapitel
[194] Das Nachstehende beruht größtenteils auf Erzählungen alter Leute aus der Gemeinde.
[195] Kirchen- und Schulberichte v.J. 1813/14.

Dreißigstes Kapitel
[196] Den nachfolgenden Darstellungen liegen mündliche Berichte alter Leute aus der Gemeinde zu Grunde.
[197] Die Heidflächen Norddeutschlands. Eine Preisschrift von Wilh. Peters. 1862. pag 95.

Einunddreißigstes Kapitel
[198] Wichmannsburger Kirchenbuch I, pag. 20.
[199] Archiv des Klosters Medingen, Urkunde 112 und 113. Urkundenbuch des Klosters St. Michaelis Nr. 356 und 357.
[200] Urkundenbuch des Klosters St. Michaelis, Nr. 358.
[201] Ebendaselbst, Nr. 359.
[202] Ebendaselbst, Nr. 388, 388a, 389.
[203] Ebendaselbst, Nr. 427.
[204] Ebendaselbst, Nr. 368.
[205] Ebendaselbst, Nr. 574 und 574a.
[206] Aus dem Nekrologe des Klosters St. Michaelis bei v. Hammerstein a.a.O., pag. 112.
[207] Urkundenbuch des Klosters St. Michaelis, Nr. 431.
[208] Ebendaselbst, Nr. 698.
[209] Urkunde in Abschrift bei den Akten des schulteschen Hofes in Bargdorf auf dem Amt Medingen.
[210] Vermutlich ist dies der Hof, welchen 1396 am 22. September die Knappen Segeband und Eberhard von Estorff an das Kloster Isenhagen für 60 Mark Lüneburger Pfennige verkauften. Isenh. Urkundenbuch Nr. 381. Dieser und der buhrsche Hof wurden drei Jahre lang dem Kloster streitig gemacht von Ritter Joh. von Eldingen, der die Höfe *„in veyde hadde van zeghebandes wegen van Estorpe“*. Erst am 10. August 1399 gab er nach Beendigung der Fehde seine Ansprüche auf. Ebendaselbst Nr. 387.
[211] Wichmannsburger Kirchenbuch I, pag. 213 ff.

Zweiunddreißigstes Kapitel
[212] Wichmannsburger Kirchenbuch I, pag. 251 f.
[213] Ebendaselbst I, pag. 297.

Dreiunddreißigstes Kapitel
[214] Urkundenbuch des Klosters Isenhagen, Nr. 319. Auch Nr. 281. Er starb 26. Januar 1402.
[215] Archiv des Klosters Medingen, Urkunde 59. Urkunde XX, 15.
[216] Sudendorf I, Urkunde 540. Die Angabe von Hammersteins, dass in Hohnstorf 17 Höfe existiert hätten, welches er vermutlich Manecke, Beschreibungen der Städte, Ämter etc. I, 401 nachschreibt, muss auf einem Irrtum beruhen.
[217] Archiv des Klosters Lüne, Urkunde 439.
[218] Archiv des Klosters Medingen, Urkunde 374 und 375.
[219] Akte der Kirche zu Wichmannsburg.
[220] Vielleicht ist dieser Reyner derselbe, den wir 1323 als Schatzmeister im Kloster St. Michaelis finden. Urkundenbuch St. Michaelis Nr. 303.
[221] Diese Wiese gehört noch heute zu der ritzschen Stelle, ein Beleg dafür, wie ungemein zähe der Bestand der Höfe seit den letzten 600 Jahren festgehalten ist.
[222] Archiv des Klosters Lüne, Urkunde 307.
[223] Ebendaselbst, Urkunde 323.
[224] Ebendaselbst, Urkunde 345.
[225] Ebendaselbst, Urkunde 357.
[226] Ebendaselbst, Urkunde 439.
[227] Ebendaselbst, Urkunde 438.
[228] Ebendaselbst, Urkunde 440.
[229] Medinger Erbregister, pag. 1146.
[230] Notiz bei Gebhardi III, pag. 613.
[231] Archiv des Klosters Medingen, Nr. 221.
[232] Notiz bei Gebhardi III, pag. 613, f. 61.
[233] Urkundenbuch des Klosters St. Michaelis, Nr. 102.
[234] Ebendaselbst, Nr. 194.
[235] Manecke, Beschreibungen I, pag. 401.
[236] Lyßmann a.a.O., pag. 112.
[237] Wichmannsburger Kirchenbuch I, pag. 110, A.

Vierunddreißigstes Kapitel
[238] Archiv des Klosters Medingen, Urkunde 234.
[239] Ebendaselbst, Urkunde 266.
[240] Notiz im Archiv des Klosters Medingen.
[241] Von Hodenberg, Verdener Geschichtsquellen I, pag. 61.
[242] Sie führten im Wappen einen schräglinken Balken mit zwei ausgestreckten Händen belegt. Archiv des Klosters Medingen, Urkunde 292.
[243] Notiz bei Gebhardi III, pag. 606.
[244] Ebendaselbst.
[245] Sudendorf I, Urkunde 540 und 542.
[246] Urkundenbuch des Klosters St. Michaelis, Nr. 444, 445.
[247] Archiv des Klosters Medingen, Nr. 222.
[248] Notiz bei Gebhardi III, pag. 613.

[249] Archiv des Klosters Lüne, Nr. 357. Gebhardi II, pag. 98.

[250] Archiv des Klosters Medingen, Nr. 292.

[251] Ebendaselbst, Nr. 295.

[252] Archiv des Klosters Lüne, Nr. 439, „*veer besettede houe to Edendorpe vnd dree wuste houe to Bauendorpe, de de meygere to Edendorpe buwet vnd tyns vor gheuet*".

[253] Medinger Erbregister, pag. 1144.

[254] Manecke a.a.O., I, pag. 347.

[255] Pfeffingers historischer Bericht von Ankunft und Fortgang des Geschlechtes in Sachsen derer von Medingen, Urkunde 38, bei von Meding a.a.O., pag. 286. – Archiv des Klosters Medingen, Urkunde 59.

[256] Lyßmann a.a.O., pag. 12. Archiv des Klosters Medingen, Nr. 70.

[257] Vorsteher dieser geistlichen Brüderschaft wird vermutlich Ritter Otto von Schwerin gewesen sein, welcher auch im Nekrolog des Klosters St. Michaelis als *laicus frater* aufgeführt wird.

[258] Vergleiche zum folgenden Seidensticker über die genossenschaftlichen Holzungsrechte im alten Amt Medingen, pag. 14 f.

[259] Medinger Erbregister, pag. 380 ff. Der Teich ist jetzt in Wiesen gelegt, heißt aber noch immer *de diek*.

[260] Copie der Urkunde im Medinger Erbregister, pag. 402.

[261] Archiv des Klosters Lüne, Urkunde 438 und 439.

Fünfunddreißigstes Kapitel

[262] Wichmannsburger Kirchenbuch, pag. 7.

[263] In dem Medinger Kirchenbuche wird diese Untat folgendermaßen beschrieben: „ *Anno 1700 am 11. Maji geschah zwischen Lüneburg und Altenmedingen im Reisenmohr ein grausamer Mord und wurden zwei Dirnen aus alte Medingen getötet, eine war Jürgen Hartich, des Kirchvaterß Tochter von 20 Jahren, die andere Henny Lüdchen Schröders, des Feistherrn, Tochter von 12 Jahren. Der Feistherr, so nach Lüneburg gewesen und besagte zwei Dirnen aufm Wagen hatte, nimmt auch mit auf einen gewesenen Dragoner Jürgen Dietrich Frömke, so vordem unter Major Degen compagnie gedienet, nachgehends hinter Lüchau zu Mückenburg sich häuslich niedergelassen und daselbst gewohnt, auch mit der Frauen einen Sohn gezeuget. Wie er aber in Brabant vordem einmal in delirio gewesen, also hat ers auch für diesmal in Lüneburg erwiesen, daß es nicht richtig mit ihm. Aufm Wagen hat er sich zu Zeiten vernünftig, zu Zeiten unvernünftig bezeiget. Endlich sticht er die ältere Dirne in die Lende, die vom Wagen springet, er ihr nach* */

und sie tief in die Kinnbacke hauet, daß sie niederfällt. Der Feistherr läuft mit seiner Tochter an der Hand, die verfolgt er und haut der Tochter den Kopf glatt weg, darauf er sich an den Feistherrn machet und demselben vier Wunden giebt, sich auch mit ihm in die Arme giebt und mit ihm zur Erde fällt. Endlich doch, vielleicht in der Meinung, daß er tot, von ihm aufsteht und zu der älteren Dirne, welche bisher elendiglich auf der Erde gelegen und mit Händen und Füßen die Erde gekratzet, wiederläuft und derselben den Kopf auch abhauet. Die Leute von Solxdorf, wohin der Feistherr sich retiriret, haben ihn gefangen genommen und sehr zuschlagen und zuhauet, weil er sich nicht geben wollen. Den 12 Maji morgenß wurde er schon gefänglich gebracht und in der Pforte eingeschlossen. Bisweilen rasete er unmenschlich, bisweilen kam er zu sich selbst, da er seine Sünden erkennte und betete. Ihm wurde zweimal die Ader gelassen, auch war Herr D. Danckwerts, physic. in Ülzen, publice verordnet, des scheins, daß es wol etwas besser würde. Die paroxysmus blieben aber nicht aus. Er fiel aber dabei in eine Krankheit, daß ihm alles Fleisch verfiel und er nicht als aufm Rücken liegen konnt. Daher ihm auch alle Fesseln abgenommen wurden. Endlich wurde er aus der Pforte nach der Stalstube gebracht, in welcher er am 1. Julii verschieden, den Tag vorher fein betete und sich zum Tode schickete; Von Zelle kam Order, daß an einem abort sollte begraben werden, also wurde er aufm Kirchhof in dem Winkel bei dem Mahrstall und der Planke des Abens begraben. Zu Zelle, wie Herr Hofrath Goldberg sagte, hat man vorgehabt, denselben in ein Dollhaus zu bringen."

[264] Archiv des Klosters Medingen, Nr. 96.

[265] Ebendaselbst, Nr. 124. Notiz bei Gebhardi III, pag. 606. Lyßmann a.a.O., pag. 31, setzt diesen Kauf irrig in das Jahr 1346 statt 1326.

[266] Wichmannsburger Kirchenbuch, pag. 203.

[267] Generalakten über das Gut Solchstorf, im Besitz des Herrn Gutsbesitzers K. Hagelberg.

[268] Manecke, Beschreibungen ec. I, pag 388.

[269] Ebendaselbst.

Erläuterungen

zusammengestellt von Holger Runne:

Zum erleichterten Verständnis des von Karl Kayser verfassten Textes und seines Stils sollen nachfolgend, jeweils in den einzelnen Kapiteln aufgeführte, heute nicht mehr geläufige Begriffe und auch Redewendungen in alphabetischer Reihenfolge aufgezeigt und erklärt werden. Begriffe, auch Variationen davon, die in folgenden Kapiteln wiederum erscheinen, werden jedoch nicht nochmals angeführt.

Bei Auffassungen des Verfassers, die bekanntermaßen dem heutigen Wissensstand nicht entsprechen, wird durch entsprechende Bemerkungen darauf hingewiesen.

1. Kapitel

Laten / Liten - auch Lassiten, litones – nach altgermanischer Rechtsauffassung Halbfreie, die oft rechts- und vermögensfähig, jedoch durch Besitz an den Grund und Boden gebunden und dem Grundherren (Eigentümer) zinspflichtig waren.

Longobarden (Langobarden) - aus Skandinavien im 2. Jahrhundert v.Zw. in das Gebiet südlich der Unterelbe (Bardengau) eingewanderter, bevölkerungsmäßig wenig zahlreicher Volksstamm. Wohl in mehreren Auswanderungswellen überschritten die Langobarden nach 166 n.Zw. erstmals die Donau, wurden jedoch von den Römern zurückgedrängt. Das Vordringen der Sachsen in Norddeutschland führte zur Auswanderung nahezu aller Langobarden. Um 490 n.Zw. gelangten sie an die mittlere Donau

und setzten sich vorübergehend im Karpatenbecken fest. König Alboin führte die Langobarden 568 nach Oberitalien (heutige Lombardei). 774 besiegte Karl d. Gr. die Langobarden und verleibte ihr Gebiet dem Frankenreich ein, beließ ihnen jedoch eine Sonderstellung.

Paulus Diaconus, Verfasser der „Historia Langobardurum", setzt den Stammesnamen mit „Langbärten" gleich. Zutreffender dürfte der Verweis auf die hauptsächlich benutzte Waffe „Barte" sein.

Scheffel - Hohlmaß, bei Roggen und Weizen ca. 38 – 43 kg

Wenden - Sammelbezeichnung für westslawische Volksstämme

Winiler - Bezeichnung eines Stammes, der vor den Langobarden im Unterelbegebiet wohnte. Auf sie gehen einige Ortsbezeichnungen wie Wienebüttel, Wienhausen, Winsen zurück.

2. Kapitel

besprechen - nach altem Glauben konnten Krankheiten wie Rose (d.i. eine Nervenentzündung), Auszehrung, Leib- und Zahnschmerzen durch das Sprechen gewisser Redeformeln geheilt werden

Burmal - Gemeindeversammlung

Burschult (in wendischen Gebieten), sonst Burmester (Bauermeister) - s.v.w. Vorsitzender eines Bauerngerichts, oft auch für die Einziehung und Abführung der Abgaben zuständig

Holzmark - Bezeichnung für Waldflächen, wobei auch Buschwerk darunter verstanden wurde

Hufe - ursprünglich eingehegtes Ackerland (huba), später Hofgröße (meist 30 Morgen – ca. 7,5 Hektar)

Knüppel - mit Nachrichten, Mitteilungen versehener Stecken, der im Dorf reihum ging und zur Versammlung einlud

Mergelkuhle - Fundstelle eines aus Ton bzw. Lehm und kohlensaurem Kalk bestehendes Gemisch, das zur Verbesserung der Sandböden eingesetzt wurde. Zu häufige Mergelung führt jedoch zur Zerstörung der Humusschicht (vgl. ausmergeln)

Meier - von lat. major. Bezeichnung für den Besitzer des größten Hofes in einer, überwiegend westlich der Ilmenau liegenden Dorfgemeinde, der die Aufsicht über die Güter eines Grundherrn führte und für diesen die Abgaben einzog.
Später wurde die Bezeichnung auch Familienname.

Parochie - Kirchensprengel, -gemeinde; daher:
Parochiane – Angehöriger der Kirchengemeinde

Quadratrute - Flächenmaß, bis 1836 21,73 m², danach 21,84 m²

Reisenmoor - heute Forstgebiet bei Altenmedingen, auch Försterei. Ursprünglich ein Ort, der zum größten Teil dem Kloster St. Michaelis in Lüneburg gehörte

Schnede - Grenze der Feld- oder Waldmark

Verle (Virle) - ausgegangener Ort zwischen Hohnstorf und Niendorf. Der Name ist noch erkennbar im Vierenbach.

3. Kapitel

Go(h) / Veest - räumlich gegliedertes Gebiet, das insbesondere für die Ausübung der Rechtsprechung (Gogericht) und Angelegenheiten des Wehrwesens geschaffen wurde, meist untergliedert in Veeste, die i.d.R., mehrere Orte umfassten, und denen jeweils ein Veestherr vorstand; später in die Ämter aufgehend

Höltingsleute (Holzungsleute) - Angehörige eines Holzgerichts (Forstgerichts), das in Angelegenheiten der Waldwirtschaft entschied

Kammrad - hölzernes Rad mit radial eingesetzten Zähnen, diente als Hauptrad für den Antrieb der Mühlsteinwelle

Kesselhaken - Haltevorrichtung für den eisernen Grapen (Kessel) über der offenen Feuerstelle; galt in früherer Zeit als besonderer Ort z.B. für Vertragsabschlüsse, Heiratsversprechen.
hier: Grenzpunkt der Gogrenze

4. Kapitel

Diözese - Amtsbezirk eines (katholischen) Bischofs (heute: Bistum)

Wittekind (Widukind) - westfälischer Stammesherzog, stärkster Widersacher Karls d. Gr. während der Sachsenkriege (772 – 804)

Zehnt - von Karl d. Gr. eingeführte Abgabe auf landwirtschaftliche Erzeugnisse, die ursprünglich der Kirche allein zustand, dann durch Schenkung, Verkauf auch an Adelige, einzelne Bürger oder Städte gelangte und sich zur drückendsten Last für die Bauern entwickelte.

5. Kapitel

Cote - ausgegangener Ort nordwestlich von Altenmedingen

gegen Morgen - gegen / nach Osten

Hliuni - alte Bezeichnung Lüneburgs, offenbar zunächst für die Burg auf dem Kalkberg

Kemnade - Errichtung des Kanonissenstifts an der Weser durch die billungischen Gräfinnen Frideruna und Imma, die das Stift (Kloster) auch mit um Wichmannsburg gelegenen Ländereien ausstatteten.

Lage der Wichmannsburg - A. Keseberg geht in „Sachsenherzog Hermann Billung und die Grafen Wichmann" (Schweiger & Pick Verlag Celle, 1973) von einer „Höhenburg" im Bereich der Kirche aus, die er als eine zwischen 924 und 933 errichtete Wehrkirche einstuft.
Weder eine Wasserburg noch eine Höhenburg sind als eine Burg i. S. einer militärischen Festung anzusehen, da die Ilmenau abseits einer burgähnlichen Anlage kein unüberwindbares Hindernis darstellte. Man wird die „Wichmannsburg" eher als Verwaltungszentrum in Gestalt eines sogen. festen Hauses (Herrensitz) zu verstehen haben.

Linonen - westslawischer Stamm, um Lenzen an der Elbe ansässig

Oheim - alte Bezeichnung für Onkel

Redarier - slawischer Stamm im Gebiet östlich der Müritz entlang der Peene

Urkunden
von 1016 und 1024 sind nicht in der Monumenta Germaniae Historica (MGH) – Geschichtsdenkmäler Deutschlands – einem maßgeblichen Sammelwerk mittelalterlicher Urkunden - aufgeführt.

7. Kapitel

Aufteilung der Wichmannschen Güter - erfolgte nach A. Mindermann (Urkundenbuch der Bischöfe und des Domkapitels von Verden – Verdener Urkundenbuch 1. Abt.) bereits im Jahr 956.

Gerichtsbarkeit - Ausübung der Rechtspflege mit Körperstrafen (hohe G.) bzw. in Bagatellsachen (niedere G.), meist an besonderen Gerichtstagen.

Heerbann - militärisches Aufgebot

Hörige - Personen, die aufgrund des Besitzes an Grund und Boden (Scholle) dem Grundherrn unterstanden
kaiserlicher Schatz - im heutigen Verständnis: Finanzverwaltung

Schirmvogtei - i.S. als Stellvertretung der kaiserlichen Verwaltung

Wichhimten - Getreidehohlmaß von 12 Himten

8. Kapitel

Burgbahn - offenbar die mit dem Besitz einer Burg verbundene Berechtigung zur Ausübung der Gerichtsbarkeit

Constantinopel - das heutige Istanbul

Corvey / Fischbeck - Klöster im Weserraum bei Hameln, wobei Corvey durch Übernahme der um Wichmannsburg gelegenen Güter hier Einfluss gewann

Domina - s.v.w. Äbtissin

Dunin - wohl das heutige: Demmin

Lutizien (Liutitzen) - slawischer Stamm, im 12. Jahrhundert sesshaft zwischen Demmin – der Müritz – Prenzlau – Templin

Paphlagonien - Landschaft am Südufer des Schwarzen Meeres zwischen Cide und Sinop

Pfarrsprengel, Parochie - Kirchspiel

St. Vitus - 15. Juni

Stablo - Kloster in Ostbelgien. Hier wurde das Verzeichnis der kemnadischen Güter aufgefunden.

9. Kapitel

Archidiakonat - Gebiet (Sprengel) in einem Bistum, das von einem Archidiakon als Vertreter des Bischofs verwaltet wurde

Dotierung - Ausstattung, meist mit Grundbesitz

Kote - Kleinbauernstelle

Küsterei, Küsterat - Gesamtheit (Bereich) der Tätigkeit des Küsters als Gehilfe des Pastors, der eigenständig kirchliche Aufgaben wie Beaufsichtigung des Kirchengebäudes und der Kultgeräte erledigte , dazu oft auch Organist und Schullehrer sowie später Vorsteher des Kirchenbüros war

mehrere Stunden im Umfang - Umschreibung für ein Gebiet, auch für eine Wegstrecke

Oratorium - (privates) Bethaus, das nur während eines Gottesdienstes allen Gläubigen offen stand

Parochialkirche, Pfarrkirche - Kirche eines Kirchspiels, Sprengels

Patronat - Schutzherrschaft, ausgeübt vom Patron als Schutzherr, oft der Gründer, einer Kirche

Tumba - sarkophagartiges Grabmal am Altar

10. Kapitel

Brüche - Geldstrafen, Gerichtsgebühren

Hals- und Handgerichtsbarkeit (über Hals und Hand) - berechtigte zur Verhängung der Todesstrafe bzw. Körperstrafe

Jakobitag - 25. Juli
Patrimonialgerichtsbarkeit - die Ausübung der Rechtspflege über seine Untertanen stand dem Grundherrn zu

Pfriemen - Werkzeug mit kurzer, gerader oder gebogener Nadel zum Stechen von Löchern

Prälat - Inhaber höherer (kathol.) Kirchenämter, regelmäßig mit der Befugnis zur Ausübung der Gerichtsbarkeit verbunden

Reichsheerschild - (symbolische) Darstellung der militärischen Hierarchie

Ruralis - Landbewohner; hier: Beauftragter für ländliche Aufgaben

Vasall - Gefolgsmann

Vogteirecht - hier: Ausübung der Rechtspflege (Advokatie)

11. Kapitel

Apostel Paulustag - 25. Januar

Aufkünfte - s.v.w. Einnahmen

Consul - Ratsherr

Ever (Ewer) - mit einem Segel versehenes kahnartiges Schiff

Faden - Brennholzmaß, entspricht dem Klafter

fahrbarer Weg - zwischen Wichmannsburg und Bienenbüttel verhinderte ein größeres Moorgebiet den direkten Straßenverkehr

Halremunt - Hallermunt, Schloss und Ort bei Peine

Haushalt - hier: Wirtschaft
Konvent - Gemeinschaft der Mönche bzw. Nonnen

lediges Schiff - unbeladenes Schiff

Modestorf - altes Pfarrgebiet der St. Johanniskirche in Lüneburg zwischen dem Sande und der Ilmenau

Prior, Priorin - Oberer bzw. Oberin eines Klosters, das nicht Abtei ist

Propst (Klosterpropst) - Leiter und allgemeiner Vertreter des Klosters, der auch die Verwaltung der Klostergüter wahrnahm

Provisor - Verwalter, Verweser

reitender Krieg - ein durch kleine Truppenabteilungen geführter, länger andauernder Krieg z.B. bei einer Fehde

Rente - hier: Geldeinkünfte

Revers - i. S. von schriftlicher Beurkundung

Salzgut - Anteil in der Lüneburger Saline

Soltmann - war – entgegen Kayser - ein in Salzwedel gebrautes Bier

das in der Uelzener Kirche aufgehängte kupferne Schiff - das sogen. Goldene Schiff, Wahrzeichen für Uelzen

12. Kapitel

arrondieren - abrunden, vervollständigen

Fischereigerechtigkeit - Recht zur Ausübung des Fischfanges

Fruchtrente - (Pacht-) Abgabe von Naturalien
Grimm - am westlichen Stadtrand Lüneburgs gelegene Siedlung

Liegers Recht - Einlager, im Mittelalter Bekräftigung bei Abschluss eines Vertrags, da bei dessen Nichterfüllung die versprechende Person in Arrest – als Beugehaft – bis zur Vertragserledigung genommen werden konnte

Patrizier - Angehöriger von angesehenen, i.d.R. wohlhabenden Familien, die in Städten die Ratsherren stellten
Zu den Lüneburger Patriziern zählten u.a. die Familien der vom Berge, Beve, v. Bintrem, v. Doren, Hoyke, Huth, Hogeherte, Lange, v. Lobeck, Mile, von der Mölen, v. Rammekendorp, Stöterogge, v.d. Sulten, Viscule

Sattelhof - größerer Hof oder Landgut mit gewissen Vorrechten, ohne jedoch die mit einem Rittergut verbundenen Privilegien zu besitzen

Schatzung erheben - Abgaben, Steuern einnehmen

Schönweiberkote - Freudenhaus, Bordell

Vicarie (Vikarie) - Kirchenamt, meist an Kapellen, regelmäßig von einem Vikar als Stellvertreter des Bischofs ausgeübt

13. Kapitel

Acht und Bann - Ausstoßung aus der Rechts- und Friedensgemeinschaft bis zur Vogelfreiheit d.h. straffreien Tötung der Person

Fourage - Hart- und Weichfutter für die Militärpferde

Gillbeck - heute die Sothrieth, die bei Müden in die Örtze mündet

Grand - feiner Kies bzw. grober Sand

Kastell - kleine Burg, befestigtes Schloss

Knappe - Jüngling, der im Dienst und unter Anweisung eines Ritters das ritterliche Waffenhandwerk erlernte

Landschatz - im ganzen Land erhobene Steuer, Abgabe

Loingau - Gebiet zwischen Aller, Böhme und Örtze

Marschallamt - höheres Hofamt, ursprünglich Aufseher über die Pferde

Marstall - Gebäude für Pferde, Wagen usw., auch alle Pferde eines Fürstenhofs

Ministeriale - zunächst auf Geburt beruhende, privilegierte jedoch unfreie Haus- und Hofdiener im fürstlichen Verwaltungs- und Kriegsdienst, die später als Dienstmannen in den Ritterstand gelangten

Obligationen - Schuldverschreibung

Schnellenberg - Familiensitz und heute Gutshof der v. Meding westlich von Lüneburg

14. Kapitel

Bombenschuss - s.v.w. Kanonenschuss

Schwarzer Berg - Anhöhe östlich der heutigen B 4 an der Grenze des Bienenbütteler Gewerbegebietes

15. Kapitel

annis discretionis - s.v.w. Mündigkeit (Diskretionsjahre)

Hintritt - Tod

Information - hier: Unterricht, Lehrtätigkeit

Klausur - Verbot, in einem Kloster die Räume der Mönche bzw. Nonnen zu betreten

Konventualin - Angehörige des klösterlichen Konvents

Leibeigenschaft - persönliche Abhängigkeit von einem (Grund-) Herrn mit Verlust der Freizügigkeit, oft verbunden mit zu leistenden Frondiensten

Predella - hier: Sockelgemälde eines Altaraufsatzes

Scholar - Schüler, auch reisender Student

unterm Krummstab... - ...einen Bischof oder Abt als Grundherrn zu haben. Die Kirche war bei der Einziehung des Zehnten und anderer Abgaben nachsichtiger als andere Grundherren

Vesperzeit - Mitte des Nachmittags

Wrogengericht - Rüge- oder Anklagegericht, das nur Geldbußen verhängte

16. Kapitel

aufhelfen - unterstützen

Breetze (Breeze) - ausgegangener Ort westlich von Grünhagen, dessen Feldmark nach Eitzen I gelangte

Kumlosen (Kummlosen) - ausgegangener Ort zwischen der Försterei Reisenmoor und Aljarn

Siechenhaus - Gebäude, oft von der Dorfgemeinde gestellt, für Kranke, auch alte Personen

1388, 28. Juni - Sieg der welfischen Herzöge bei Winsen an der Aller

17. Kapitel

Diemen - bei Getreide, meist aus 17, auch 20 Garben zum Trocknen zusammengestellt

Himten - Hohlmaß, besonders für Getreide, mit unterschiedlicher Größe, wurde auch als Maß für die Aussaat berechnet (Himten Einfall)

Klosterwerber - Bediensteter, der sich um die Bewirtschaftung und Unterhaltung der Gebäude zu kümmern hatte

Kommission - hier: Durchführung von Aufträgen, Bestellungen

Kontribution - Geldabgabe zur Unterhaltung des Militärs

Kornbanse - Fach in der Scheune zum Aufschichten des Getreides, auch geschichteter Getreidehaufen
hier: Garben in die Scheune bringen

Pfandvieh - der bei jeder Gemeinde bestellte Feldhüter (Feldpfänder) hatte Vieh, das auf nicht freigegebenen Ackerflächen weidete, zu beschlagnahmen (pfänden) und für den Abtransport zum Amt zu sorgen

Pfennigzins - s.v.w. Grundzins, Pacht

Reihedienst - Ableistung der Dienste in einer, für die Höfe genau festgelegten Abfolge

18. Kapitel

Absterben - hier: Tod

Bischof von Verden - der Bardengau war dem Bistum Verden zugeordnet

Ephorie - Kirchenbezirk

Gebhardi - Verfasser einer Geschichte des St. Michaelisklosters Lüneburg

Heerbann - im germanischen Recht Aufgebot aller waffenfähigen, freien Grundbesitzer, später der Adligen und deren Vasallen

Heiligensermon - Predigt über das Leben eines Heiligen

Himmelskönigin in der Glorie mit dem Kinde - Jungfrau Maria mit dem Heiligenschein und dem Jesuskind

Kapitel, bischöfliches - ursprünglich Versammlung der Klostergemeinschaft oder Domherren, später deren Angehörige

Kaplan - ursprünglich Geistlicher an einer Kapelle, später Hilfsgeistlicher

Konkubine - Nebenfrau, Geliebte

Korrektion / Visitation - meist jährlich ausgeübte Überprüfung einer Kirchengemeinde

Legat - Vertreter, Gesandter des Papstes; aber auch Stiftung

Minoriten - andere Bezeichnung der Franziskaner

Pfründe - Kirchenamt, mit einem nutzungsfähigen Vermögen ausgestattet, das dem Pastoren zukam; in späteren Zeiten das Amt selbst

Reisepsalter - harfenähnliches Saiteninstrument, das auf Reisen mitgenommen wurde

Sacerdotus - s.w.v. Pfarrer, Priesterwürde

Synodalkirche - Kirche, der ein (kathol.) Archidiakon bzw. ein (evang.) Superintendent vorstand

19. Kapitel

Altardecke / Antependium - diente der Bekleidung der Altarwände

Ablassbrief (Beichtbrief) - berechtigte ursprünglich den Inhaber zur Nachlassung der Sünden einen Beichtvater frei zu wählen; später diente ein Brief als Nachweis für erlassene Sünden

Ablasswesen - Ausartung bei der Durchführung des Nachlasses einer auferlegten Kirchenbuße, da Sündenstrafen gegen eine Geldzahlung erlassen wurden und somit die Dauer des Fegefeuers abgekürzt werden konnte.

Umherfahrende Priester handelten mit entsprechenden Briefen gewerbsmäßig, wobei das Geld in besondere Kästen zu entrichten war. Bekannt ist der Spruch: „Wenn das Geld im Kasten klingt, die Seele aus dem Feuer springt."

Absolution - Lossprechung von Sünden

Gildehaus - Ort der Zusammentreffen eines Kalandes

Hildesheimer Stiftsfehde - Krieg (1519 – 1523) des Bischofs von Hildesheim, Städten im Lüneburgischen und Adliger gegen die Braunschweiger Welfenherzöge um die Wiedereinlösung verpfändeter Güter; die Welfen unterlagen

Indulgenzbrief - beinhaltete je nach der Sündenstrafe und Geldzahlung eine zeitlich befristete Nachlassung einer Strafe

Kaland, -brüderschaft - Zusammenschluss von Geistlichen, tlw. auch mit Laien ohne Bindung durch Ordens- oder Klosterregeln, regelmäßig zu wohltätigen Zwecken

Keltertreter - (Jes. 63, 2 f.) : Jesaja Kap. 63 Vers 2: „Warum ist denn dein Gewand so rotfarben und dein Kleid wie eines Keltertreters ?"
Die gelesenen Weintrauben wurden früher barfüßig zertreten (gekeltert), wobei rote Trauben entsprechend färbten. Die Treter trugen daher kurze Gewänder.

Medaillon - von einer runden Einfassung umgebenes gemaltes Bildwerk, hier: von Köpfen der Heiligen

Mystik - seit frühchristlicher Zeit vertretene Lehre der inneren Vereinigung mit Gott bzw. dem Absoluten zur Erlangung der seligen Gewissheit, diese Vereinigung erreicht zu haben

Prälatenkrieg - langjähriger – besonders zwischen 1455 und 1463 ausgetragener – Zwist des Lüneburger Rates mit den Sülzbegüterten, hauptsächlich den an Siedepfannen berechtigten Prälaten, wegen der Besteuerung dieser Pfannen zur Abtragung städtischer Schulden

Seraphinen - lobsingende, feurige Flügelwesen

20. Kapitel

Abschied - hier: Entlassung

absolvieren - hier: vergeben (der Sünden)

Administration - Verwaltung

Annexion - gewaltsame Aneignung, Inbesitznahme

Augsburgische Konfession - grundlegende Bekenntnisschrift der lutherischen Kirche, von protestantischen Fürsten auf dem Reichstag in Augsburg 1530 beschlossen

Chor (Kirchenteil) - für die Geistlichkeit bestimmter Raum mit dem (Haupt-) Altar

den größten Ernst gebrauchen - s.v.w. strengste Maßnahmen vornehmen

engagieren - anstellen, berufen

Evangelisation - endgültige Durchsetzung der Reformation mit Einführung der Lehre Luthers fürstliche Kammer - höchste Verwaltungseinheit im Fürstentum Lüneburg, s.v.w. Regierung

Fuß - Maßeinheit, ca. 29 cm

gekränkte Rechte - beeinträchtigte Rechte

Herrenhaus der Herzogin-Witwe - Witwensitz der Celler Herzogin Katharina, später Sitz des Amts Medingen und bis 1973 Amtsgericht; heute: Stresemann-Institut

Holzdeputat - Zuwendung von Brenn- oder Bauholz

Horen (hora) - Gebetsstunden

Inspektion - hier i. S. eines Kirchenbezirks

Joch - hier: Herrschaft, sonst Fronarbeit; auch: Ochsengespann

Katechese - mündliche Einzelunterrichtung zur Erklärung der Glaubenslehre (katechisieren), auch mit Gesang, Gebet und Verlesen der heiligen Schrift verbunden

Landtag - Treffen der Stände des Fürstentums Lüneburg, meist im Schoot bei Hösseringen, um Beschlüsse zu fassen

Patronatskirche - einem Schutzherren gehörige Kirche

Prozession - Umzug bei kirchlichen Übungen

Rhegius (Rieger), Urbanus (1489 – 1541) - katholischer Geistlicher, wechselte in Augsburg zum evangelischen Glauben, sorgte ab

1531 für die Verbreitung der Reformation in Niedersachsen

Schutzbrief - schriftliche Zusicherung des Schutzes bzw. der Hilfe

Superintendentur - (evang.) kirchlicher Amtsbezirk, der mehrere Kirchspiele umfasst

Vermahnung - nachdrückliche Aufforderung

Vikar - Stellvertreter eines Domherren oder Pfarrers, der gegen ein geringes Gehalt dessen Amt verwaltet (Vikariat)

21. Kapitel

Accord, mit A. ausliefern - ehrenhafte Kapitulation nach einer getroffenen Übereinkunft

Adjunkt - Gehilfe

Bartholomäustag - 24. August

Breitenfeld - Ort bei Leipzig, in dessen Nähe der schwedische König Gustav Adolf am 7. Sept. 1631 über die Kaiserlichen unter General Tilly siegte. Am 23. Okt. 1642 schlugen hier die Schweden unter Torstenson erneut die Kaiserlichen.

Bruch - mit Buschwerk bestandenes, an einem Bach gelegenes Sumpfgelände

Calenberg - welfisches Fürstentum an der unteren Leine, das zum Grundstock des Kurfürstentums Hannover wurde

Fehrbellin - Ort im Havelland nordwestlich von Berlin; Sieg des brandenburgischen

Kurfürsten Friedrich Wilhelm über die Schweden am 28. Juni 1675

Hauptmann in Niedersachsen - im Reich wurden nach 1512 mehrere Länder bzw. Herrschaften zu „Wehr"- Kreisen zusammengefasst, denen ein Hauptmann (Kriegsoberst) als Befehlshaber der zu stellenden Streitkräfte vorstand.
Der niedersächsische Kreis umfasste das Herzogtum Mecklenburg, die Fürstentümer Calenberg, Braunschweig-Wolfenbüttel, Grubenhagen und Lüneburg, das Bistum Hildesheim und die Stifte Halberstadt, Magdeburg und Verden sowie das Gebiet von Schleswig-Holstein.

Junkerhof in Edendorf - wohl Stammsitz des Niederadel-Geschlechts der v. Edendorf

Kassengeld - im Hannoverschen verwandtes Währungsgeld

Lützen - Ort zwischen Leipzig und Weissenfels; am 16. Nov. 1632 unterlagen hier die Kaiserlichen unter Wallenstein den Schweden unter König Gustav Adolf, der jedoch fiel

Magazin - Vorratslager, i.d.R. für das Militär

Michaelistag - 29. September

Mittfasten - vierter Donnerstag vor Ostern; regional auch der dritte Sonntag vor Ostern

Pass Lüdershausen - Übergangsstelle über die Neetze an der Straße Lüneburg – Artlenburg – Lauenburg, wo bis Anfang des 17. Jh. nur eine Fähre vorhanden war
Poltawa (Pultava) - vernichtende Niederlage des schwedischen Königs Karl XII. gegen Zar Peter d. Gr. am 8. Juli 1709 im Nordischen Krieg; Russland stieg danach zur beherrschenden Macht im Ostseeraum auf.

Requisition - Einsammeln von Lebensmitteln und anderer, zu Militärzwecken benötigter Güter; artete oft in eine Plünderung und Brandschatzung aus

römisch gesinnt - dem Papsttum zugeneigt

Schanzarbeit - Pflichtarbeiten der Landbevölkerung an Befestigungsanlagen z.B. Wällen, Schanzen, Gräben; viel in den Bereich der Hand- und Spanndienste. Die Wallanlagen der Stadt Lüneburg wurden zwischen 1821 und 1837 abgetragen.

Scharfentinle - Sitte im Mittelalter, besonders großen Geschützen Namen zu geben

Scharmützel - zufällig entstandenes Gefecht zwischen kleinen Truppeneinheiten

Stackzaun - Zaun aus Holzwerk oder Pfahlwerk (Staketen)

Sturmglocke - bei Gefahr, besonders bei Feuer, wurde die Kirchenglocke als Alarmgerät eingesetzt

Studiosus - Student

Tilly - kaiserlicher Feldherr des 30-jährigen Krieges; hielt sich 1626 – 1628 auch in unserer Gegend auf

Tross - nicht kämpfender Teil der Truppe, der in erster Linie den Nachschub beförderte

Wallenstein - kaiserlicher, öfters mit weitreichenden Befugnissen versehener Feldherr des 30-jährigen Krieges; 1634 in Eger ermordet

22. Kapitel

Arkebuse - Luntenschlossgewehr des 15. Jahrhunderts

Branntwein - meist aus Roggen bzw. Weizen hergestelltes alkoholisches Getränk, dessen Genuss zu gewissen Zeiten vom Staat gefördert wurde

Fensterschenken - Freunde und Nachbarn schenkten bei einem Neu- oder Wiederaufbau eines Wohnhauses Glasfenster (Butzenscheiben), auf denen sich häufig der Spender (Schenkgeber) darstellen ließ

Feuerrohr - einfaches Gewehr der Landbevölkerung

Genossenschaft - Vereinigung; hier i. S. ohne einen wirtschaftlichen Zweck

Go(h)tag - hier: Gerichtstag, später als Landgericht bis Anfang/Mitte des 18. Jahrhunderts ausgeübt

Harnisch - Brustpanzer als Schutz

Hauswirt - andere Bezeichnung für den Bauern als Vorsteher der Familie

Hellebarde - im 15. Jahrhundert aufkommende Hieb- und Stichwaffe, deren Stoßklinge sich auf einem ca. 2 m langen Holzschaft befand

junge Dirne - Mädchen

Kontribution - Abgabe der Landbevölkerung zur Unterhaltung des Militärs

Kossate - Kötner

Krämphut (Kremphut) - Hut mit aus Filz, Samt, Pelz o.ä.. umlaufenden Rand (Krempe)

Krämpstiefel - hohe Stiefel mit ringförmigen Wülsten

Kriegs- oder Kriegerfuhre - vom pflichtigen Bauern für das Militär durchzuführende Transporte

Landfahne, bäuerische - Landmiliz

Lanzknecht - für Landsknecht, Söldner

Pattenrock - mit Taschenklappen versehene Jacke

Rent(en)kammer - Teil der staatlichen Verwaltung, besonders für die zu erhebenden Abgaben

Säbelbandelier (Bandelier) - breiter Gürtel, an dem früher die Pulvertasche, Lunte usw. getragen wurde; hier: Gürtel für den Säbel

Säcken - eine besondere Strafart

Seitenwehr - d.i. das Seitengewehr : kurze degenartige Blankwaffe

Staatskutsche - nur für besondere Anlässe benutze Kutsche

Stelle - andere Bezeichnung für einen Hof (als Wirtschaftseinheit)

Sturmhaube - Helm des Fußvolks ohne Visier

Viehschatz - Besteuerung des auf einem befindlichen Großviehs nach der Stückzahl

Wälsche (Welsche) - Bezeichnung für Fremde, besonders Franzosen und Italiener

23. Kapitel

Accidenzien - Nebeneinkünfte eines Amts

adjungieren - beigeben, unterstützen (s. Adjunkt)

Bienenzaun - im Freien aufgebaute, überdachte regalartige Wand zum Aufstellen der Bienenstöcke

Blattern - Pocken, eine ansteckende Infektionskrankheit, durch Schutzimpfung bekämpft

Breese im Bruch - Ort bei Dannenberg

Cand.(itus) min.(ist.) - Theologe, der nach bestandener Prüfung die Anwartschaft auf ein Predigeramt erhalten hatte

…chiliastische und enthusiastische Schwärmerei - …auf ein tausendjähriges Reich hoffende und gottbegeisterte Schwärmerei

Dom. Quasimod. (Quasimodogeniti) - erster Sonntag nach Ostern

Eimbeck - Ort, am Deister gelegen

Einfall, vor dem E. - hier: vor einem Zusammenbrechen, Einsturz

Esbeck - Ort bei Elze –Hildesheim

Fixum - festes Einkommen

Gieboldehausen - Ort nördlich von Duderstadt

großer Komet 1680/81 -.. der Halleysche Komet, der als einziger nur mit dem bloßen Auge zu erkennen ist

hitziges Fieber - tritt meist bei Auszehrungskrankheiten z.B. Lungenschwindsucht auf

Hornviehseuche - Rinderpest, eine übertragbare, fieberhafte Krankheit mit meist tödlichem Ausgang
Hungerstelle - hier: mit wenigen Einkünften versehene Stelle

Kantate - 4. Sonntag nach Ostern

Kirchenärar - Kirchenvermögen

Konsistorium - oberste Behörde der Verwaltung und Aufsicht der Kirchen

Kuhpockenimpfung - Schutzimpfung mit Kuhpockenerregern, im größeren Maß ab 1796 vom Engländer E. Jenner eingeführt

Leichenbegängnis - Begräbnis

Leichenstein - Grabmal

Lichtmess - 2. Februar

Magister - akademischer Titel, ähnlich dem Doktortitel

Maire - im Königreich Westfalen (1807 – 1813) wurden französische Verwaltungsstrukturen eingeführt. Somit stand jedem Ort ein Maire = Bürgermeister vor, der die

Tätigkeit ehrenamtlich ohne Besoldung ausführte

Mauritiustag - 22. November

Melioration - durch besondere Bearbeitung des Bodens eintretende Verbesserung des Ackers

nachgebären - hier: nach dem Tode des Mannes/Vaters geboren

Nutritor - s.v.w. Spender, „Sponsor"

Oiste - Ort an der Weser, südlich von Verden

orthodox - rechtgläubiger, an alten Vorstellungen hängend

Patent - hier die obrigkeitliche Erlaubnis, Zustimmung

Pietismus - im 17. Jahrhundert aufkommende religiöse Bewegung, die auch das persönliche Lebens einer stärkeren Frömmigkeit unterwarf

Ps. 9, 1 – 6 - Psalm 9, ein Danklied für die Rettung von Feinden und Bitte um weiteren Beistand

qui bene latuit, bene vixit - wer gut verborgen bleibt, der lebt gut; i. S. v. ein unauffälliges Leben führen, da früher in den Akten regelmäßig nur die negativen Vorfälle erfasst wurden

Rentenbuch - Verzeichnis über Einnahmen bzw. Abgaben auf Grundbesitz; heute: Grundbuch

reponieren - hier: in die ursprüngliche Lage bringen

Riß und Anschlag - Bauzeichnung und Kostenvoranschlag

Salzburger Emigranten - vom Salzburger Erzbischof im Winter 1731/32 vertriebene Protestanten, von denen einige auch im Kurfürstentum Hannover eine neue Bleibe fanden; die Mehrzahl wurde vom Großen Kurfürsten in Ostpreußen angesiedelt

Sargversicherungsgesellschaft - Zusammenschluss von Personen, um die finanzielle Belastung für eine Beerdigung zu verteilen

Seitenprieche - Seitenempore; Prieche ist die niederdt. Bezeichnung für Empore

Spanischer Erbfolgekrieg - um das Erbe des letzten spanischen Habsburgers Karl II. von 1701 – 1714 geführter europäischer Krieg

verabfolgen - hier: liefern

Vertreibung der Türken - Sieg der deutsch-polnischen Allianz vor Wien, in dessen Folge über Jahrhunderte die Türken auf dem Balkan zurückgedrängt wurden

zehrende Krankheit - s.v.w. Schwindsucht

Zivilstandsregister - von der westfälischen Verwaltung eingeführte Register wie Geburts-, Heirats- und Sterbebuch; werden heute beim Standesamt geführt

24. Kapitel

Abrenunziation - vom Taufpaten erklärtes Gelöbnis, dem Teufel und dessen Werke zu entsagen

Abteilungswahl - eine Art Klassenwahl

Altarist - Person, die bei liturgischen Diensten am Altar aushilft

alter Walter - vom Celler Generalsuperintendenten Michael Walther verfasster Katechismus

Armen- und Opferstock - Behältnis zur Aufnahme von Geldspenden

aufwarten - hier i. S. von überwachen

Bede - erbetene Abgabe, die später steuermäßig erhoben wurde

Beitragsfuß - Höhe einer Abgabe nach festgelegten Einstufungen z.B. der Hofgröße

Bienenbüttel gehörte nach Lüne - das Kloster Lüne hatte in Bienenbüttel keine Rechte, da die Kirche zum Patron das Kloster St. Michaelis in Lüneburg hatte

Broyhan - eine nach einem in Hannover tätigen Brauer benannte Biersorte

Büßerlaken - s. gefallenes Mädchen

dedizieren - zueignen, widmen

dingliche / persönliche Last - bei einer dinglichen Last haftet für die Abgabe das Grundstück, wobei es nicht auf die Person des Eigentümers ankommt. Eine persönliche Last ist nur vom betreffenden Schuldner aufzubringen

Diptychon - zusammenklappbares Altarbild, Flügelaltar

Epistel - Brief eines Apostels im Neuen Testament

Evangelium - i. S. einer Botschaft von Jesus Christus

Franzwein - Wein aus Frankreich

gefallenes Mädchen - ein unverheiratetes Mädchen, das Unzucht betrieben hatte, stand außerhalb der Gemeinschaft und musste beim Bruchsitzen, d.h. auf einem besonderen Platz in der Kirche, das sogen. Büßerlaken tragen

Grabstätte / Reihe zu begraben - bei einer Grabstätte wurde ein bestimmter Teil des Kirchhofs für Grabstellen genutzt, während in der Reihe zu begraben die Gräber in laufender Reihenfolge angelegt wurden; dadurch kam es nicht mehr zu Mehrfachbelegungen

Judica - 2. Sonntag vor Ostern

Jurat - auch Kirchenjurat, im heutigen Sinn: Kirchenvorsteher

Katechismus, Luthers kleiner K. - von Martin Luther erarbeitetes, aus Predigten hervorgegangenes Lehrbuch für die Kirchengemeinde

Katechismussturm - 1862 aus politischen Gründen entstandene Unruhen im Königreich Hannover, wobei als Anlass der neu

184

eingeführte Landeskatechismus vorgeschoben wurde

Katechetik - Gesamtbereich der christlichen Unterweisung

Kirchenlade - größere Kiste oder Truhe, in der die Kultgeräte aufbewahrt wurden

Kirchweihe - Tag der Weihung einer Kirche, meist am Namenstag des Schutzheiligen

Kollekte - Sammlung, meist von Geld für bestimmte, oft mildtätige Zwecke

Kommunion - Feier des Abendmahls; die Teilnehmer waren die Kommunikanten

Kommunionopfergeld - im Zusammenhang mit einem Abendmahl gegebene Spende, Kollekte

Konsekration - hier: bei einem Abendmahl nach der Glaubenslehre erfolgende Verwandlung von Brot und Wein in den Leib und das Blut Christi

Kyrie, Gloria und Credo - bei der Liturgie gebrauchter Bitt-, Lob- und Glaubensgesang

Leichenhaus - Gebäude, in dem Gerätschaften für Beerdigungen aufbewahrt wurden; auch eine Aufbahrung erfolgen konnte

Leichensermon - Predigt bei einer Beerdigung

Lektion - im Gottesdienst vorgetragenes Lesestück, meist die Epistel

Litanei - Wechselgesang zwischen Pastor und Gemeinde

Mariä Himmelfahrt - 15. August

Minuskel - besondere, bei Urkunden eingesetzte Schreibschrift

Missionsharfe - ein Gesangbuch, gedacht für Missionszwecke

Morgen - Flächenmaß; im Hannoverschen bis 1836 2.608 m², danach 2.621 m²

Pastörsche - Frau des Pastors

Pilger der Gemeinde - hier: Angehörige der Kirchengemeinde

Quart - Flüssigkeitsmaß von ca. 0,94 Liter (1/4 Stübchen)

Rationalismus - hier: Zeitraum der Aufklärung im 17./18. Jahrhundert

regulieren - hier: einrichten, bestimmen

revidieren - überprüfen

Sakristei - Raum zur Aufbewahrung der kirchlichen Geräte, Gewänder und liturgischen Bücher

Seiger - eine Art Haltevorrichtung

sine strepitu … prudence - ohne Aufsehens (Lärm) und mit theologischer Vorsicht

Statuette - kleines Standbild, Statue

Stübchen - Hohlmaß für Flüssigkeiten, ca. 3,8 Liter

Taufstein - s.v.w. Taufbecken

Welfenmuseum - in Hannover eingerichtetes Museum, in dem landesweit Gegenstände aus der Geschichte des Königreichs Hannover gesammelt wurden

Westerhemdchen - westenähnliches Hemd

25. Kapitel

abgeschoren - abgetrennt

Backhaus, Malzdarre - diese Nebengebäude wurden abseits vom Haupthaus auf der Hofstelle errichtet, da von ihnen eine hohe Feuersgefahr ausging (Backofen, Darrofen)

Büche - offenbar Holzmaß

Eisenbahn - die Bahnlinie Hannover bzw. Lehrte – Harburg wurde 1847 eröffnet

Flet (auch: Fleet, Flett) - an der Diele des Hauses anschließender Platz (Raum) mit der Feuerstelle

Fundations – Intraden - bei Errichtung einer Stiftung / Pfründe ausgeworfene Einkünfte

fünfter Diemen - hier: Umschreibung der Pacht, die nicht in Geld, sondern als Getreidelieferung erbracht wurde

Gemeinheitsteilung / Ablösung - in der ersten Hälfte des 19. Jahrhunderts beginnende Aufteilung des der Dorfgemeinde insgesamt gehörenden Landes – meist Weide- und Waldflächen – auf die berechtigten Hofstellen. Die auf den Hofstellen liegenden Abgaben wurden durch eine Geldzahlung, regelmäßig der 25-fache Jahresbetrag, abgelöst. Diese Vorgänge führten dazu, dass der Hofbesitzer nicht mehr Erbpächter

blieb, sondern freier Eigentümer wurde, der auch keine Abgaben mehr an den (früheren) Grundherren entrichten musste.

Inspektions – Kollekte - Kollekte, die nur im Bereich eines Kirchenkreises (Inspektion) eingesammelt wurde

Klafter - Holzmaß, das sich auf ca. 3,5 – 5,4 m³ belief

Laden - Fensterladen, der außen am Haus beweglich angebracht war

Lichtschere - wurde zum Kürzen des Kerzendochts benötigt, damit das Licht nicht unmäßig flackerte

Mästkoven - kleine, entlang der Diele (Tenne) gelegene Stallräume

Meister Sommer - Wichmannsburger Bauunternehmer, der als Angehöriger der westfälischen Armee, die zur Grande Armée Napoleons gehörte, fiel. Die Familie war in Wichmannsburg über Generationen im Baugewerbe tätig; so waren zu stellvertretenden Vertrauensmännern in der Baugewerks-Berufsgenossenschaft bestellt worden z.B. 1893 H. Sommer, Zimmermeister, und 1895 Wilhelm Sommer, Zimmermeister

Missendör - große Tür an der Giebelseite, die das Einfahren von Wagen auf die Diele ermöglichte; regional auch eine kleine Nebentür.

Nießbrauch - Berechtigung zur Nutzung z.B. eines Grundstücks

Obershagen - Ort bei Burgdorf / Uetze

Schock - 60 Stück einer Gattung

Sott - niederdt. für Ruß, Asche

Spinnrocken - Spinnrad

verheuert - vermietet
Wittum - Vermögen, das der Versorgung einer Witwe (hier der Pastorin) diente

zinspflichtig - abgabepflichtig

Zubuße - Zuwendung, Gabe

zu getrösten - hier: mit benutzen

26. Kapitel

Anger - meist der Dorfplatz, oft als Gemeindewiese genutzt

auf einen anderen Fuß bringen - in einen anderen Zustand versetzen

Außendorf - abseits des Kirchortes liegende Dörfer

Darrigstorf - bei Wittingen gelegen

dispensieren - befreien, beurlauben

Einspringelgeld - Schulgeld

Emeritus - Ruheständler

fakultativ - i. S. von wahlfreien Unterricht

Gedächtnis - hier: (zum) Gedenken an

Informator - i. S. von Lehrer

Johannistag - 24. Juni

Landbau - Landwirtschaft

Marientag - 15. August (Maria Himmelfahrt)
Der Text lautet: Marientag, Frosch in den Teich – Kinder aus der Schule

nicht weichen - nicht ablassen

Realien - Dinge, Gegenstände; Tatsachen

Regulative - s.v.w. Verordnung, Anweisung

Rochows Kinderfreund - Schulbuch, das nach der Fibel benutzt wurde

seminarische Vorbildung - Ende des 18. Jahrhunderts beginnende Ausbildung zum Lehrer mit Besuch einer kirchlichen, später staatlichen Seminar – Anstalt

Subsellien - Schulbänke

Torfmoor - Moor, aus dem durch Stechen Torfsoden als Brennstoff gewonnen wurden

traktiert - hier: geübt

Vakanz - Nichtbesetzung

Winter- /Sommerschule - es wurde lediglich im Winterhalbjahr ein einigermaßen geordneter Schulunterricht regelmäßig abgehalten, da im Sommer die Kinder zu Hütearbeiten herangezogen wurden

27. Kapitel

Bahnsen - Ort bei Suderburg

combinieren - vereinigen

concedieren - zugestehen

confirmandi - Konfirmanden

contentieren - hier: zufrieden stellen

custos - hier: Küster

Dreikönigstag - 6. Januar

Graulingen - heute in Suderburg (Bahnhof) eingemeindet

illi - bei ihnen, d.h. den Hohnstorfern

informieren - hier i. S. von unterrichten

in statu quo - im gegenwärtigen Zustand

Lopau - früher Ort bei Wriedel, jetzt in den Truppenübungsplatz Munster – Nord einbezogen

Petition - Bittschrift, Ersuchen

removieren - entfernen, wegschaffen; hier: entlassen

Richterscher Griffel eine unerschöpfliche Fülle schätzbarer Vorwürfe…- Umschreibung für eine Körperstrafe durch Benutzung eines Stocks

testieren - bezeugen

Torfstich - Berechtigung, Torfsoden zu stechen

Vahrendorf - nicht „unser" Varendorf, sondern Ort bei Harburg

28. Kapitel

Amortisationszins - Zinsbetrag für die Rückführung (Tilgung) eines Kredits

Breloh - Ort bei Munster

Daensen - Ort südlich Buxtehude

engagieren - hier: anstellen, beschäftigen

Essern - Ort nordwestlich von Minden / Weser

Kopfgeld - pro Person aufzubringende Abgabe

Parochialschule - Kirchspielschule; die Schulen unterstanden der Aufsicht durch den Superintendenten

privatim - privat

Schuldienst - Anfang 1889 wurde die Lehrerstelle „mit 750,70 Mark nebst Familienwohnung im Werthe von 48 M, 51 ar Gartenland beim Hause" bewertet

Tuberkel - auffällige Knötchen, die zu chronischen Entzündungskrankheiten führen

… vor der Hand - …ohne rechtliche Verpflichtung

29. Kapitel

Accise (Akzise) - Bezeichnung für Verbrauchssteuern

Bonaparte - Kaiser Napoleon I.

Departement der Aller - entstand bei Neugliederung des Lüneburger Gebiets im März 1811 und gehörte zum Königreich Westfalen

Douanier - französischer Zollbeamter, auch im Grenzdienst eingesetzt

einrangieren - hier: in den Militärdienst übernehmen

englische Legion - nach 1803 in England aus Angehörigen der aufgelösten hannoverschen Armee entstandene, vom König selbst besoldete Truppe (King's German Legion), die vorwiegend in Spanien eingesetzt wurde

Fouragier - besorgte das Futter (Furage) für die Militärpferde

Gendarm - Landpolizist; aus dem Französischen Gens d'armes, s.v.w. bewaffnete Leute

Jena - katastrophale Niederlage der Preußen bei Jena und Auerstedt am 14. Okt. 1806 gegen Napoleon

kaltes Fieber - s.v.w. Schüttelfrost

Klinge - Säbel- oder Degenklinge; flach eingesetzt galt sie als Bestrafungsmaßnahme

Knittel - Knüppel

Konskription - nach Altersklassen bestimmte Verpflichtung zum Kriegsdienst, auch Erfassung in Musterungs-/ Erhebungsrollen

Kontinentalsperre - von Napoleon 1806 angeordnete Wirtschaftsblockade Englands, an der nahezu alle europäischen Staaten – außer Schweden – teilnahmen

Kosak - russischer Reitersoldat, vorwiegend zur Grenzsicherung gegen asiatische Länder eingesetzt

Kriegsfuhre - für das Militär durchzuführende Gespannfahrten

Lieferantenmarke - Berechtigungsnachweis, Abzeichen eines Händlers

Lizenzsteuer - Erlaubnissteuer
Magazinlieferant - Händler, der die eingerichteten Vorratsstellen (Magazin) des Militärs mit Lebensmitteln und sonstigen Gebrauchsgütern belieferte

Marketenderin - verkauft an Soldaten Lebensmittel und Bedarfsgegenstände

Quartier, ins Qu. einrücken - s.w.v. Besetzung des Landes

Qui vive ? - d.h. wer lebt ? Frage eines Wachtposten nach der Parole

requirieren beschlagnahmen

Sande in Lüneburg - Haupt(markt)platz der Stadt, damals Verkehrszentrum

Schriftwort 1 Petr. 3, 10 - Bibeltext nach dem 1. Brief des Petrus 3. Kap., Vers 10: „Denn wer leben will und gute Tage sehen, der schweige seine Zunge, dass sie nichts Böses rede, und seine Lippen, dass sie nicht trügen."

schwerer Arrest - Einzelhaft bei Wasser und Brot

Septemberschlacht - Treffen an der Göhrde am 16. Sept. 1813

Sergeant - älterer Unteroffizier, Feldwebel

2. April - Gefecht einer preußisch-russischen Einheit unter dem Befehl v. Dörnbergs gegen die Franzosen am Neuen Tore in Lüneburg; bekannt durch das Auftreten der Johanna Stegen, die im Kampf preußischen Füsilieren Munition zutrug

30. Kapitel

amtliche Kuratel - behördliche Verwaltung, Aufsicht

Armenhaus - jede Gemeinde hatte für ihre armen Einwohner für Unterkunft zu sorgen; dies geschah tlw. in eigens errichteten Gebäuden

arthaft machen - (re)kultivieren, urbar machen

Auswandereragent - von den Behörden zugelassene Person, die eine Auswanderung vermittelte

Berner Spielwerk - aus Bern/Schweiz stammende Uhr mit Stundenschlag

Branntweinblase - Destilliergerät

Brinkksitzer - Siedler auf einer, der Dorfgemeinschaft gehörigen Fläche

Bultenhieb - i. S. von Torfstücke aus Moorgelände zu hauen

Buschhieb - Berechtigung zur Entnahme von Buschwerk

Domänenkammer - höchste Verwaltungsstelle des säkularisierten Kirchenlandes

einheimsen - hier: einfahren

englischer Schwingpflug - aus England stammender, den Ackerboden wendenden Pflug ohne Radführung

gemalte Plafonds - bemalte Zimmerdecke

Gemeindehirt - von der Dorfgemeinde bezahlter Hirt (je nach Viehart)

Hackfrüchte - Früchte wie Kartoffeln, Rüben, die zum besseren Ertrag gehackt werden müssen

…hoch am Mittag - …genau im Süden

Hutfell - Gamasche aus Filz oder Leinen

Irrglaube - d.h. Katholizismus

Kluftholz - gespaltenes, gehauenes Brennholz

Köst - niederdt. für Hochzeit

Kuhweide - hier: Berechnungsgröße

Landwirtschaftlicher Verein - der 1830 in Uelzen gegründete Land- und Forstwirtschaftliche Provinzialverein für das Fürstentum Lüneburg, der sich um die Verbesserung der Agrarproduktion aber auch Ausbildung der Bauern bemühte

Langensalza - Gefecht der siegreichen hannoverschen Armee gegen eine preußische Armeeabteilung am 27. Juni 1866

Meierhof - dem Besitzer (Meier) war der Anspruch auf Erbfolge eingeräumt; somit blieb der Hof in der Familie des Bauern

Mergelung - Düngung des Ackers mit Kalk (Mergel) – s. Mergelkuhle

Plaggenhieb - Berechtigung zum Plaggen (Abschälen) von Heide oder Grasflächen (verplaggte Weiden), um Dünger zu gewinnen

Preussenhass - bis zu Beginn des 20. Jahrhundert verbreitete Ablehnung der preußischen Regierung im Hannoverschen

Professionist - Handwerker, der seinen Beruf umfassend erlernt hatte

rechtliche Arme - tatsächliche Arme

Ringelwalze - aus mehreren Eisenscheiben, die drehbar auf eine Welle gesetzt wurden, bestehendes Bodenbearbeitungsgerät

Sackuhr - Taschenuhr

Vorspann - Bauern halfen gegen Geld an schwierigen Stellen den Fuhrleuten mit zusätzlichen Pferden aus, so besonders am Kläpenberg südlich von Bienenbüttel

Verkoppelung - im Zuge der Gemeinheitsteilung wurden die regelmäßig in Streulage liegenden, oft unrentablen Ackerflächen der einzelnen Hofe zu größeren, wirtschaftlichen Einheiten zusammengefasst (i. S. einer Flurbereinigung)

weißer Stab, mit dem w.St. heimkehren - Zeichen für die in ihre Heimat entlassene, noch Uniform tragende Kriegsteilnehmer, um so deren Nichtkämpferstand zu dokumentieren

Zwangs –Kreiswerkhaus - s.v.w. Arbeitshaus

31. Kapitel

An- und Abmeierrecht - Recht des Grundherrn, einen Bauern den Hof zur Bewirtschaftung zu überlassen bzw. wieder zu nehmen

auferben - durch Erbgang erhalten
Bienenwirt - Imker
Dach, ...in D. und Fach selber in Bau und Besserung erhalten - Verpflichtung zur Renovierung und Sanierung eines Gebäudes

v. Estorff - Niederadelfamilie mit Sitzen in Barnstedt, Veerßen und Neetze

Fuder Heu (Wiesenwuchs) - Menge des geernteten Heus, je nach Bodenqualität zwei – acht Zentner pro Morgen

... zu Gelde setzen - ...in Geld umgewandelte Naturalien

Herrendienst - Ausübung des Handdienstes am Sitz des Grundherrn
Hofzins - Pachtabgabe für die Hofstelle

Hünenbett - Großsteingrab, das nach Ansicht der Bevölkerung von Hünen (Riesen) errichtet wurde

Kirchengeschworne - Mitglied des Kirchenvorstandes

Kloster Heiligenthal - Mönchskloster der Prämonstratenser, das 1382 in die Stadt Lüneburg umzog

papenbuer - Pfaffenbauer, d.h. der Grundherr war ein Pastor

Schulden halber ... verkaufen - s.v.w. Notverkauf

Zaun- und Pfahlgerichtsbarkeit - Ausübung der Rechtspflege innerhalb des Hof- bzw. Hausbereichs

32. Kapitel

c. - circa, ca.

Cotendiek - eingegangener Teich des Hönkenmühler Baches bei Reisenmoor

frischmilchend - eine Kuh, die erstmals Milch gibt

Immunität - hier: nicht der staatlichen Verwaltung (Amt) unterliegend

konfirmieren - hier: bestätigen

Kuh abgepfändet... - Pfändung einer Kuh, um die Ableistung geschuldeter Dienste zu erlangen; s.v.w. Zwangs-, Beugemaßnahme

Landfolge - besondere Verpflichtung der Einwohner, Dienste aufgrund einer besonderen Anordnung auch für andere Ämter erbringen zu müssen
Linden - Ort südlich von Ebstorf

Provokation - hier: Antrag, Ersuchen

supplizieren - bitten

Wasserprozess - hier: Rechtsstreit über den Wasserzufluss zum Betreiben der Mühle

33. Kapitel

bemeiern - anmeiern, d.h. einen Bauern auf den Hof setzen

Besetzungsrecht - Recht des Grundherrn zur Einsetzung eines Bauern

Biergeld - s.v.w. Zehrgeld

Deputatholz - dem Berechtigten zustehendes Brenn- bzw. Bauholz

Gerechtsame des Hofes pfänden - Pfandrecht auf Rechte und Einkünfte des Hofes ausbringen

Haken - hier: Größenordnung eines Hofes nach der Pflugform

Holzherrschaft - Recht zur Bewirtschaftung eines Waldes, meist mit Ausübung des Holzgerichts verbunden

Leibzucht - Altenteil

Likhüser - „Leichenhäuser", Bezeichnung für Sarg (?)

Not- oder Sarggilde - Verein bzw. genossenschaftlicher Zusammenschluss für bestimmte Zwecke

Pflichtgeld - Zwangsabgabe
Plog - Pflug, hier: Größenordnung eines Hofes

Skapular - haubenartiges Teil einer Nonnentracht

Sondergut - Grundbesitz, der nicht dem Grundherrn unterstand und von dem keine Einkünfte gezogen werden konnten

v. Spörcken auf Lüdersburg - Niederadelfamilie

Tatern - Ort östlich von Uelzen

v. Thondorf - ausgestorbene Ministerialen Heinrichs des Löwen mit Sitz in Gr. Thondorf

Trinitatiswoche - Woche nach dem Pfingstfest

wüster Hof - aufgegebener Hof

Zinsschwein - Abgabe eines Hofschweins als Naturalzehnt

34. Kapitel

Advokat - Rechtsanwalt

bezüchtigen - bestrafen, vollstrecken

bis der Habicht ... verzehren konnte - Zeitdauer für einen aufwachsenden Baum

Brökel - Einzelhof (an der Straße nach Bruchtorf)

brüchen - bestrafen (mit Geld)

Buchholz - noch heute bestehendes Waldstück

Burglehen - mit einer Burg verbundener Grundbesitz, der für gewisse Ämter z.B. Burgvogt als Lehen ausgegeben wurde

Deelzucht zur Mast - Berechtigung, die in den Ställen neben der Diele befindlichen Schweine zur Mast in den Wald zu treiben

v. Edendorf - Niederadelgeschlecht des 13. Jahrhunderts, aus Edendorf stammend

Edendorfer Teich - vom Wobeck durchflossen; 1776 als Nunnendiek bezeichnet, heute nicht mehr vorhanden

Feldgerichtsbarkeit - Rechtspflege für in der Feldmark vorkommende strafbare Ereignisse

Geometer - Landvermesser

Höltingsprotokoll - Protokoll der Sitzung eines Holzgerichts

Holzgeschworener - Angehöriger / Beisitzer des Holzgerichts mit Aufsichtsbefugnis

Holzherr - Grundherr des Waldes

...in beiden Holzungen interessiert - die Berechtigten bildeten eine Interessentengemeinschaft (Realgemeinde)

von Karl d. Gr. angelegte Heerstraße... - bereits im frühen Mittelalter vorhandene Fernverbindung

Lübbeslo / Steert - Name von Waldstücken

... Mann zu Pferde stellen - ...einen Reitersoldaten stellen

v. Moltzen - Niederadelfamilie mit Sitz in Molzen bei Uelzen

Palmarum - Sonntag vor Ostern

parzellieren - Land in kleinere Stücke aufteilen

Rad- oder Felgenbaum - Baum, dessen hartes Holz die Herstellung eines Wagenrades bzw. von Felgen ermöglichte

schnateln - hier wohl i. S. von Leseholz sammeln

Stadorf - Ort bei Ebstorf

Sunder - abgesondertes Waldstück

schwere Mark - vollwertige Geldmünze

Thiedings-, Achtleute - Beisitzer

Urteil finden - fragen – schelten - Urteilspruch, der nach entsprechendem Vortrag (Frage) gefällt wurde und gegen den Beschwerde erhoben werden konnte (schelten)

Wentorf - Ort entweder bei Ahrensburg oder bei Reinbek

Wobeck - Bach von Altenmedingen zur Ilmenau

Wortführer - Vorsitzender, Sprecher

Wotersen - Ort und Schloss bei Schwarzenbek

35. Kapitel

Chausseearbeit, Wegebesserung - Verpflichtung zu Arbeiten an Wegen und Straßen

Domäne - staatliches Gut
Erbenzins - s.v.w. Erbpacht

Grohnde - Ort an der Weser südlich von Hameln

...ein großes Haus machen - ...über die finanziellen Verhältnisse leben

Einquartierungslast - Unterbringung von Soldaten, meist Reiter

Mast- und Forstberechtigung - Recht zur Mast und Holznutzung

Tochtermann - Schwiegersohn

Vorwerk - vom Haupthof abseits gelegene, mit Gebäude bestandene Wirtschaftsstelle

Fußnoten

Nr. 6 – Addenstorf: entgegen Kayser handelt es sich bei dem Gräberfeld um eines aus der Bronzezeit um 1500 v. Zw.

Nr. 26 - Konjektur = hier: mutmaßliche richtige Lesart

Nr. 27 - bei dem in der von Kayser aufgeführten Urkunde mit Claniki bezeichneten Ort handelt es sich um Clenze.

Nr. 43 - Gemäß = i. S. einer Maßeinheit

Nr. 72 - Weyhe = Kirchweyhe. Bei dem Bach handelt es sich um den Ahrbeck, der zugleich als Gogrenze galt.
Auch in Bienenbüttel gab es an der Ilmenaubrücke eine Hude.

Nr. 93 - bei der Taternfamilie handelte es sich um Angehörige der Familie Victoria, die nach heutigem Verständnis als Asoziale gelten würden.

Nr. 138 - das Stift Verden war im Westfälischen Frieden 1648 der Krone Schwedens zugeschlagen worden. Somit geriet der, dem

Stift Verden gehörige Grundbesitz unter schwedische Verwaltung, die in Stade eine Regierung einrichtete. Erst 1719 übernahm das Kurfürstentum Hannover den schwedischen Besitz.

Sülzer = Arbeiter auf der Saline

Nr. 174 - Dachstroh liefern = Verpflichtung, brauchbare Strohgarben zur Dacheindeckung zu liefern

in Akkord ... geben = beauftragen

Nr. 176 - Miete = Erdvorratslager auf dem Acker z.B. für Rüben

behöef = bedarf

Zehrung = Beköstigung

ungewisse Tage = nicht genau bestimmte Tage; bei Hand- und Spanndiensten besonders lästig, da der Grundherr ohne Rücksicht auf die Umstände des Pflichtigen den Tag der Leistung bestimmte

Rauchhuhn = Abgabe für eine Feuerstelle

Hawdage = Hautage; Tag für zu leistende Handdienste

Nr. 188 - abgedankte Soldaten = Militärangehörige nach Beendigung ihrer vertraglichen Dienstzeit

Nr. 206 - Nekrolog = Verzeichnis der Sterbedaten von Personen, deren Andenken durch Gebete / Fürbitte gedacht wurde. Oft handelt es sich um Personen, die dem Kloster oder der Kirche besondere Zuwendungen zukommen ließen.

Nr. 263 - Dollhaus = Irrenanstalt